Veronika Beci
Joseph von Eichendorff

Veronika Beci

Joseph von Eichendorff

Biographie

Artemis & Winkler

Bibliografische Information der Deutschen Nationalbibliothek

Die Deutsche Nationalbibliothek verzeichnet diese Publikation
in der Deutschen Nationalbibliografie;
detaillierte bibliografische Daten sind im Internet
über http://dnb.d-nb.de abrufbar.

© 2007 Patmos Verlag GmbH & Co. KG, Düsseldorf
Alle Rechte vorbehalten.
Umschlagmotiv: Portrait Joseph von Eichendorff.
Radierung von Eduard Eichens. © akg-images.
Umschlaggestaltung: init, Bielefeld
Printed in Germany
ISBN 978-3-538-07238-1
www.patmos.de

Inhalt

Erstes Kapitel

Jugend in Schlesien

Kaiserkron und Päonien rot,
Die müssen verzaubert sein,
Denn Vater und Mutter sind lange tot,
Was blühn sie hier so allein.

Der Springbrunnen plaudert noch immerfort
Von der alten schönen Zeit,
Eine Frau sitzt eingeschlafen dort,
Ihre Locken bedecken ihr Kleid.

aus: Der alte Garten

Ein Schloss in Schlesien

Im südlichen Zipfel von Oberschlesien, dort wo es allmählich ins Böhmische und Mährische übergeht, lag einst das freiherrliche Schloss Lubowitz, *Lubowice* in polnischer Namensform. Ein ländlicher Herrensitz des 18. Jahrhundets, schmucklos, aber hell und geräumig, umgeben von einer Parkanlage mit grünen Laubengängen und einem schattigen Obstgarten, dessen sanfte Hänge zur Oder abfielen, die hier in weitem Bogen vorbeifließt. Nur wenige Wegstunden waren es zur nächst gelegenen Stadt, Ratibor, einer Residenz der weitverzweigten Piastendynastie. Hügel und Park, Felder und Wiesen, ein plätschernder Bach und ein majestätischer Strom, ringsum viel Wald, so sah das kleine Arkadien rund um Schloss Lubowitz aus. Am 10. März 1788 wurde hier Joseph Karl Benedikt von Eichendorff als zweiter Sohn des Freiherrn Adolph Theodor Rudolph von Eichendorff und seiner Ehefrau Karoline Freiin von Kloch geboren und bald darauf katholisch getauft. Auf dem Schloss verbrachten

Schloss Lubowitz

7

Joseph und seine Geschwister eine unbeschwerte Kindheit in Freiheit und Ungebundenheit. Zumindest an Werktagen blieb den Eichendorffkindern der Zwang zur standesgemäßen Etikette erspart, wie ihn ihre Altersgenossen, die in Residenzstädten aufwuchsen, nur allzu oft zu spüren bekamen. Das Eichendorffsche Gut Lubowitz verfügt über ausgedehnte Stallungen, Speicher und Wohngebäude für die zahlreichen Bediensteten, vom Herrn Verwalter abwärts bis zu den »erbuntertänigen« Bauern und dem einfachen Hofgesinde. Die Kinder der Gutsherrenfamilie hatten viel Platz für ihre Spiele, tobten auf dem weiträumigen Gelände herum, waren im Park wie im Kuhstall zu Hause, schauten beim Dreschen oder beim Kuhkalben den Knechten und Mägden über die Schulter; ihr Treiben wurden nur durch Mahlzeiten und Unterrichtsstunden bei ihrem Hofmeister unterbrochen. Der freiherrliche Gutshof – ein Kinderparadies, in dem es nach kuhwarmer Milch, frischem Heu, gedarrtem Getreide, nach Misthaufen und Schafwolle roch.

Die Grashügel rings um Lubowitz waren in der Tat ein ideales Terrain für die Schafzucht, der sich Eichendorffs Vater – ganz moderner Landwirt nach englischem Vorbild – mit Hingabe widmete, das zweite Standbein seiner Wirtschaft war der Anbau von Getreide und Futterpflanzen. Daneben wurden Kühe, Schweine und Hühner gehalten, mehr oder weniger zum eigenen Gebrauch. Die Überschüsse wurden möglichst günstig verkauft und der Gewinn in den Haushalt investiert. Eichendorffs Vater hatte Schloss Lubowitz erst drei Jahre vor Josephs Geburt von seinem Schwiegervater erworben und zum Hauptsitz des Geschlechts gemacht. Es war aber nur eines von mehreren Gütern, welche die Familie besaß, es gehörten ihr auch Krawarn, Tost, Sedlnitz, Slawikau, Radoschau und Kauthen.

Die Verwaltung dieser verstreut gelegenen Güter machte zahlreiche Reisen des Vaters nötig, auf die er Frau und Kinder nach Möglichkeit mitnahm. Joseph lernte die Städte der weiteren Umgebung wie Breslau und Prag kennen – er kam somit schon als junger Mann über den engen Horizont der väterlichen Gutswirtschaft hinaus. Oft fuhr er mit zu den Bällen ins nahe gelegene Städtchen Ratibor oder auf die Nachbargüter. ›Seppel‹, wie er von den Seinen genannt wurde, war ein begeisterter Tänzer – und wir werden erfahren, dass Tänze, Bälle und Maskeraden in seinen Gedichten und Novellen immer wieder eine große Rolle spielen. »Der Tanz der ist zerstoben, / Die Musik ist verhallt, / Nun kreisen Sterne droben, / Zum Reigen singt der Wald. // Mein Herz möcht' mir zerspringgen // … Mein Herz wird mir so weit« heißt es in einem seiner Lieder.

Auch Josephs Mutter veranstaltete hin und wieder Hausbälle, bei denen sich alle Nachbarn trafen. Diese Art von Geselligkeit pflegten auch ihre Standesgenossinnen, doch Karolines Bälle waren etwas Besonderes, weltläufiger und daher beliebter als die Festivitäten der Gutsnachbarn; Freifrau von Eichendorff führte bekanntermaßen ein ›großes Haus‹. Hermann von Eichendorff hat seine Großmutter und ihre gesellschaftlichen Aktivitäten beschrieben:»Eine geistvolle, lebendige, überall entschieden und tätig eingreifende Dame war … die Mutter, die, von bedeutender Schönheit … Geselligkeit und heitern Glanz gern um sich sah … Das Schloß zu Lubowitz war der stete Mittelpunkt eines regen Verkehrs, wo mannigfache Festlichkeiten sich folgten und Gäste aus nah und fern zusammengeführt wurden … oft von bedeutender Persönlichkeit.« Diese bedeutenden Persönlichkeiten, die bei den Eichendorffs verkehrten, waren vor allem Generäle und höhere Offiziere, die in den umliegenden Garnisonen stationiert waren.

Eichendorffs Kindheit war weder auf Lubowitz beschränkt noch war sie abgeschieden. Abwechslung gab es genug. Kirchweihfeste und Jahrmärkte waren für den zehn-, elf-, zwölfjährigen Eichendorff ein Hochgenuss, ebenso wie die Schlittenpartien durch verschneite Wälder zu den beliebten Winterbällen und die Streifzüge durch den ›Hasengarten‹ auf Lubowitz, ein Wäldchen mit romantischen Lichtungen und einem Teich. Bald traten Wachsfiguren und Kunstkabinette an die Stelle der Jahrmarktsbuden. Im April 1801 etwa durfte sich Joseph die großen historischen Persönlichkeiten anschauen, lebensecht in Wachs gegossen: den Kaiser Franz II. von Österreich, den Preußenkönig Friedrich Wilhelm III., den Konsul Napoleon Bonaparte und seine skandalumwitterte Josephine, den unglücklichen, durch eine Mordtat zu Tode gekommenen Schwedenkönig Gustav III. und die »Zarin aller Reußen«, die berühmt-berüchtigte Katharina, den noch immer hoch verehrten Heldenkönig Friedrich den Großen, aber auch die Geistesgrößen Kant, Voltaire und Leibniz sowie als Schauerstück die Ermordung des Jakobiners Jean-Paul Marat, der in seiner Badewanne von Charlotte Corday erdolcht wurde.

Jede Möglichkeit zur Bildung der Eichendorff-Kinder wurde von den Eltern gewissenhaft genutzt. Manche Tage waren in dieser Hinsicht recht ausgefüllt, so der 25. November 1801:»Früh im Naturalienkabinette … gewesen, wo wir Krokodile, Eidechsen, den Nautilius u.s.w. sahen, Abends in der Comedie.« Tiere interessierten Joseph sehr. Er war stolzer Besitzer eines Pferdes, mehrerer Hunde, wohl Jagdhunde, selbstgefangener Vögel und einmal sogar einer kleinen Schlange. Mit Leimruten und Schlingen auf Vogeljagd auszuziehen war sein Liebstes. Am 8. Oktober

1803 jubelte der Fünfzehnjährige: »Der einträglichste Lerchenfang, bestehend aus 23 St.« Außerdem sammelte er und versuchte sich in der Seidenraupenzucht. Natürlich beteiligte er sich an den auf Lubowitz und den Nachbargütern abgehaltenen Jagden. Er war ein guter Jäger, wobei er das Reiten jedoch mehr genoss als das Schießen.

Neben dem Reiten war und blieb das Schwimmen ein Lieblingssport des Dichters. Meist ab Mai, sobald die Wassertemperatur nur ein bisschen gestiegen war, schwamm er regelmäßig in der Oder, trotz der reißenden Strömung dieses mächtigen Flusses. Seine sportliche Betätigung zahlte sich aus – der junge Eichendorff war selten krank, ausgesprochen selten für die Zeit des beginnenden 19. Jahrhunderts, als jede noch so kleine Infektionskrankheit mangels wirksamer Therapien schnell zum Tode führen konnte.

Die Eichendorffs waren erprobte Frühaufsteher. Das Landleben begann auch für die Herrschaft vor Tau und Tag. Mit dem Morgengrauen war gewöhnlich alles auf den Beinen. Nicht nur der Arbeitstag, auch Ausflüge und Landpartien begannen zur frühesten Morgenstunde, etwa die am 9. Juni 1802 mit Freunden unternommene Wanderung von Breslau nach Plugschwitz, wo es eine riesige »urförmliche« Eiche von ungeheurem Umfang zu bewundern gab: »Es war ein schöner Morgen. Um 4 uhr hatten wir das noch schlummernde Breslau im Rücken und wandelten, begrüßt von dem Gezwitscher der erwachenden Vögel, auf den noch bethauten Wiesen, immer längst dem Ufer der Oder hin. Um halb Sechse kamen wir nach Pürschen. Dort verzehrten wir in einer Laube unseren Coffee … und kamen endlich um 9 uhr in Treschen an … Endlich wollten wir … nach Breslau zurückkehren, wurden aber durch ein Gewitter genöthigt, in Ottwitz abzutreten, wo wir Bier tranken … und nach aufgeklärtem Himmel unter immerwährenden Scharmützeln nach Pürschen zurückgegangen. Dort sangen wir bis 9 uhr Abends, schliefen alle auf einer Streue, und giengen dann endlich wieder den anderen Morgen um acht Uhr nach Breslau hinein.«

Die naturwissenschaftlichen Studien und Exkursionen schlagen sich in Form einer selbstverfassten Naturgeschichte nieder, an der Joseph im November 1800 zu arbeiten beginnt und für die der junge Naturliebhaber auch Zeichnungen anfertigt. Ungefähr zu diesem Zeitpunkt beginnen auch die regelmäßigen Tagebuchnotizen im »Pro Memoria«. Eichendorff entleiht Bücher aus einer Leihbibliothek in Ratibor. Wie ein erhaltenes Verzeichnis zeigt, stillt er seinen Lesehunger nicht nur mit den damals beliebten Räuber-und Schauerromanen im Stil des »Rinaldo Rinaldini«, er beschäftigt sich auch mit Jean Pauls Romanen »Quintus Fixlein«

und »Die unsichtbare Loge«, Schillers Trauerspiel »Die Räuber«, dem klassischen spanischen Schelmenroman »Lazarillo de Tormes«, Bürgers »Münchhausen« sowie mit »Volksbüchern«, zu einem Zeitpunkt, als die Neudeutung der »Deutschen Volksbücher« als vermeintliches Werk des nationalen Volksgeistes durch Joseph Görres noch bevorsteht. Von 1802 an setzt in dichter Folge Eichendorffs frühe poetische Produktion ein.

Dichterschmiede

Joseph war in Breslau angelangt. Bis 1801 waren die Eichendorffschen Söhne von einem Hofmeister erzogen worden, dann wechselten sie über zum katholischen Gymnasium in der schlesischen Hauptstadt, das sie bis 1804 besuchten. Hauslehrer der Kinder auf Lubowitz war bis dahin der katholische Theologe Bernhard Heinke gewesen, ein konsequenter Pädagoge, von dem Eichendorff viel profitierte, was er seinem Lehrer zeitlebens dankte. Ein Hofmeister hatte nicht nur für die Wissensvermittlung zu sorgen, sondern musste sich voll und ganz, vierundzwanzig Stunden täglich, um seine Schüler kümmern. Er war Lehrer, Pfleger und Diener zugleich. Dadurch wurde Heinke zur eigentlichen Bezugsperson der Eichendorff-Söhne; die Bindung war emotional. Heinke stand den Kindern bei Krankheiten zur Seite, ritt mit ihnen aus, durchstreifte mit ihnen Park und Wald des Anwesens und wenn sie es nötig hatten, strafte er sie, und zwar mit dem probaten Mittel, ihnen die Lektüre wegzunehmen. Alle Eichendorff-Kinder lasen gerne. Joseph und sein älterer Bruder Wilhelm leidenschaftlich gern.

Bernhard Heinke, zu dem der Kontakt auch später nicht abbrach – zumal er von 1801 bis 1808 am Breslauer Dom eine Kaplanstelle bekleidete, bevor er Landpfarrer wurde –, hatte den Willen (und sicher auch den elterlichen Auftrag), aus Joseph und Wilhelm junge Männer zu machen, die dem weltläufigen Gesellschaftsleben einer Residenzstadt gewachsen waren. Das bedeutete in erster Linie, sie hatten alles Provinzielle, Bäuerische abzulegen und dazu gehörte zunächst einmal der Dialekt. ›Seppel‹ sprach mit hartem schlesischen Tonfall und mit rollendem R. Diese Mundartfärbung konnte wohl bei kleinen Leuten, nicht aber bei einem jungen Mann von Rang und Stand geduldet werden, der ein reines Hochdeutsch, Französisch und die klassischen Sprachen zu beherrschen hatte. Fast ebensowenig Ansehen wie der schlesische Dialekt genoss die polnische Sprache, die dennoch in Oberschlesien vielerorts im Schwange war und die auch Joseph nahezu perfekt sprach und schrieb. Mutmaßlich hatte sich eine polnische Kinderfrau um die ältesten Eichendorffschen Geschwister gekümmert, während die wesentlich jüngere Schwester Louise von einer Böhmin gewartet wurde – die böhmischen Kindsammen waren sehr gefragt – und von daher mit der tschechischen Sprache vertraut war.

In den östlichen preußischen Provinzen war im Übrigen um 1800 von nationalen Abgrenzungen und Gegensätzen noch wenig zu spüren, so wie etwa im Baltikum noch bis weit ins 20. Jahrhundert die Sprachen der Litauer, Esten und Letten neben Deutsch und Russisch bestanden und die Bevölkerung wie selbstverständlich mit den verschiedenen Sprachen lebte. Dennoch blitzte in Eichendorffs Jugendzeit das erste Wetterleuchten des späteren Nationalismus am Horizont auf. Der Nationalgedanke wurde als Gegenentwurf zum Weltbürgertum der Aufklärung ins Spiel gebracht, es hatte vereinzelte Versuche gegeben, nationale Kunstwerke »teutscher« Prägung zu schaffen. Ignaz Holzbauers Versuch einer Nationaloper, »Günter von Schwarzburg« (Mannheim 1776), fand wie vorher schon Goethes Sturm- und Drang-Drama »Götz von Berlichingen« (1773) regen Zuspruch beim patriotisch bewegten Publikum. Mit den Bemühungen Johann Gottfried Herders um die Volkspoesie wurde ein noch entschiedenerer Schritt in Richtung einer national geprägten Kunst getan. Dies alles blieb aber noch auf eine recht dünne Schicht von Intellektuellen beschränkt. Nationale und nationalistische Haltung als ein tiefverwurzelter Grundkonsens der gesamten Gesellschaft kam offensichtlich erst als Folge der Verarbeitung des dreifachen Urerlebnisses ›Französische Revolution – Zusammenbruch des Alten Reiches – Napoleon‹ auf und verbreitete sich mit den Ängsten, die Napoleons Fremdherrschaft und seine blutigen Kriegszüge zunehmend erregten. Der Fremdbestimmung setzten viele die Hoffnung auf einen starken deutschen Nationalstaat entgegen, den man sich gern als eine moderne Neuauflage des mittelalterlichen Kaisertums vorstellte. Von nun an war nationale Abgrenzung ein Thema, äußerlich ablesbar etwa an der Gründung eines Kreises wie der »Christlich-deutschen Tischgesellschaft« durch Achim von Arnim.

Wir haben den Fluss der Lebenserzählung des jungen Joseph von Eichendorff ein wenig unterbrochen, weil wir uns vergegenwärtigen wollten, in was für eine Umbruchzeit der künftige Dichter von »Schloß Dürande« und »Ahnung und Gegenwart« hineingeboren wurde. Eichendorff wuchs also zunächst bilingual auf, sang nicht nur deutsche, sondern auch polnische Volkslieder, las und sammelte deutsche wie polnische Märchen und Sagen. Nützlich war es für einen späteren Gutsbesitzer und Geschäftsmann allemal, beide Sprachen zu beherrschen. Auf dem Breslauer Gymnasium gab es daher auch eine wöchentliche Unterrichtsstunde Polnisch. Trotzdem wuchs in der Zeit der gesellschaftliche Anspruch nach ›geschliffener‹ deutscher Ausdrucksweise, sowie die Abneigung gegen die Verwendung fremder Sprachen im Alltagsleben (mit Ausnahme der Weltsprache Französisch), und als Mitglied der höheren Stände musste der junge Eichendorff sich dem Druck in gewisser Weise fügen. Viel Polnisches aus seiner Feder hat sich jedenfalls nicht erhalten. Figuren der polnischen Sagenwelt wie die Waldhexe fanden allerdings ihren Eingang in Eichendorffs Dichtungen. In späteren Berliner Zeiten wurde Eichendorff wie alle Schlesier als »halber Pole« scheel beäugt. Als er im Alter die alte Heimat besuchte, sprangen ihm die Ressentiments, welche die schlesische und polnischen Bevölkerung ihrerseits gegen Preußen hegte, ins Auge. Das war aber um die Mitte des 19. Jahrhunderts, als die übersteigerte Nationalidee bereits in schönster Blüte stand.

Es waren allerdings nicht nur die Sprachen und Dialekte Schlesiens, die den jungen Dichter prägten, es waren Land und Leute selbst. Eichendorff bekennt: »Wer einen Dichter recht verstehen will, muß seine Heimat kennen, auf ihre stillen Plätze ist der Grundton gebannt, der dann durch alle seine Bücher wie ein unaussprechliches Heimweh fortklingt.«

Die Liebe zur schlesischen Landschaft und ihrer Lebensader, der Oder, spiegelt sich in einem wohl 1808 (in einer ursprünglichen Fassung) geschriebenen Gedicht voll jugendlicher Aufbruchsstimmung wider.

AN DIE ODER

Du blauer Strom, an dessen grünem Strande
Ich Licht und Lenz zum ersten Male schaute,
In frommer Sehnsucht still mein Schifflein baute,
Wie manch' Schiff unten kam und zog und schwand.

Von blauen Bergen überm glänz'gen Lande
Brachtst du mir Gruß und fröhl'ge sel'ge Laute,
Daß ich den lauen Winden mich vertraute,
Vom Ufer lösend hoffnungsreich die Bande.

Noch wußt ich nicht, wohin und was ich meine,
Doch Morgenrot sah ich unsterblich quellen,
Wie lieb ich Freiheit, Liebe, Kraft und Tugend.

Als ob das schöne Leben mich nur meine,
Fühlt ich zu ferner Braut die Segel schwellen,
All' Wimpel rauschten da in ew'ger Jugend!

Die schlesische Landschaft – ein fruchtbares Stück Welt – ist vielfältig, lebt vom bunten Wechsel der Felder, Wiesen und Wälder und vom Anblick der dramatischen Bergkulisse des Riesengebirges am fernen Horizont. Caspar David Friedrich und Ludwig Richter ließen sich von desser urtümlichen Berglandschaft inspirieren, als deren Verkörperung der Riese Rübezahl galt, halb schreckenerregender Unhold, halb gutmütiger Schalk und allzeit bereit, die gottesfürchtigen Armen zu belohnen und die hartherzigen Reichen zu bestrafen. Rübezahl und sein Sagenkreis waren dem lesendem Publikum durch die »Volksmärchen der Deutschen« (1782–1786) des Weimarer Gymnasialprofessors Johann Karl August Musäus längst vertraut geworden; in Eichendorffs Werk spielt der vierschrötige Berggeist allerdings keine größere Rolle. Rübezahls märchenhaftes Schlesien, aber auch die reale preußische Provinz war ein von Menschentypen traditionellen Zuschnitts bevölkerter Landstrich – Bauern, Mägde, Hirten, Pächter, Gutsbesitzer, Häusler, Jäger, Müller, Kohlenbrenner, Korbflechter, Glasbläser, Leineweber, Dorfpfarrer und Wirte machten noch zu Eichendorffs Zeit das Personal einer pastoralen Szenerie aus. Die Frauen gingen in der oberschlesischen Tracht mit weißen Röcken, weißen puffärmeligen Blusen und roten Miedern; ihr Stolz waren die vielgefältelten Schürzen und adretten Kragen. Auch von den erwachsenen Frauen arbeiteten die meisten in der Landwirtschaft, nicht anders als im übrigen Preußen: Insgesamt 65 % der preußischen Bevölkerung war um 1800 in der Landwirtschaft tätig. Der Großteil der Agrarfläche Schlesiens war in der Hand von Gutsbesitzern. Jedes Gut stellte einen eigenen Kosmos dar, der adlige oder bürgerliche Gutsherr lenkte patriarchalisch die Geschicke seines kleinen Reiches; die ›Häusler‹, Tagelöhner mit wenig eigenem Landbesitz, rangierten dagegen auf der unteren Sprosse der gesellschaftlichen Leiter. Der soziale Gegensatz lag offen zutage: Die Gutsherrschaft residierte in ihrem prächtigen, großräumigen Herrenhaus, großspurig ›Schloß‹ genannt, aber natürlich eher praktisch auf das agrarische Interesse hin erbaut, die Häusler und Insten (Dienstleute) lebten in kleinen, geduckten Hütten, kaum 1,80 m hoch. Ein Stolz der Gutsherrin war der mit Brennholz wohlversorgte Kamin, die Häusler heizten mit Reisig, Torf und Kartoffelkraut. Auf Gedeih und Verderb waren die Menschen rund um den Gutshof von ihrer Herrschaft abhängig. Der Gutsherr hatte die ›patrimoniale‹ Gerichtsbarkeit inne, strafte, schlichtete, befahl.

Er führte die Aufsicht über Schule und Kirche, allerdings hatte er auch die Fürsorgepflicht für seine Untergebenen zu beachten, und seine Macht war keineswegs unbeschränkt, denn das 1794 erlassene »Allgemeine preußische Landrecht« erkannte eine grundsätzliche Gleichheit aller vor dem Gesetz an, und das galt zumindest theoretisch auch für Untertanen niederen Standes. Die ›Erbuntertänigkeit‹, die sich praktisch kaum von der Leibeigenschaft unterschied, hatte allerdings auch Friedrich der Große, der Initiator des preußischen Landrechts, nicht anzutasten gewagt. Die Bauern hatten ihren Gutsherren Hand- und Spanndienste zu leisten, der Frondienst auf den Herrschaftsfeldern kam vor der Arbeit auf dem eignen Stückchen Land. Über das Leben der Gutsherrn, der Bauern und Häusler, das sich auch mit der Bauernbefreiung (1807) vielerorts nicht schlagartig änderte, geben übrigens der Briefwechsel Achim und Bettine von Arnims sowie die Romane der Schriftstellerin Elizabeth von Arnim, die mit einem preußischen Gutsbesitzer (unglücklich) verheiratet war, interessante Einsicht. In den Dichtungen Eichendorffs ist die Welt der kleinen Leute, der Häusler und Insten, dagegen ausgeblendet.

Eichendorffs Vater besaß in Lubowitz 240 Hektar Land, zahlreiche Menschen waren von ihm abhängig. Im Dorf Lubowitz lebten 68 Leute (d. h. Haushaltsvorstände mit ihren Familien), darunter 25 Gärtner (d. h. Kleinbesitzer). Die zahlreichen Beziehungsvarianten zwischen Gutsherrn und Untergebenen – vom kumpelhaften Umgang mit gleichaltrigen Knechten bis zur herablassenden Geste – ist in Eichendorffs Jugendtagebüchern schön nachzulesen. Ereignisse bei den Bauern und Häuslern, von Geburt bis Todesfall, verzeichnete Eichendorff wie Begebenheiten aus dem engsten Familienkreis.

Zum Diener Daniel fühlte Eichendorff sich besonders hingezogen. So ist eine Zeichnung von Eichendorffs Hand erhalten, die den alten Diener mit Dreispitz, Zopf und gutmütigen Gesichtszügen darstellt. Daniel und seine Familie mussten manchen Schabernack der Eichendorffs aushalten. In ihrer abhängigen Position blieb ihnen anderes kaum übrig. Daniel Nickel hatte offenbar die Anweisung, die Jungen im Auge zu behalten. Im Tagebuch findet sich unter dem 29. März 1807 der Eintrag. »Nachmittags mit Aloys Wilhelm u. H. Caplan wüthende Kahnfahrten. Auf die Insel verschlagen – Baumkletterungen daselbst – Endlich von Daniel Nikel erlöst.« In dem Novellenfragment »Unstern« setzte der Dichter dem alten Daniel ein Denkmal und malte zugleich eine Lubowitzer Idylle aus: »Da träumte mir, ich säße auf der Schwelle vor meines Vaters Haus und blätterte in Bertuchs Bilderbuch, der Schnee tröpfelte fleißig vom Dach, die Sonne schien warm durch die Fenster über den getäfelten Fußboden der Zimmer hinter mir, drin hörte ich die Flötenuhr das alte Stückchen spielen. Seitwärts aber sah ich den alten Danieln, den Diener des Hauses, bis an die Brust in Morgennebel stehn und Haselstöcke schneiden, im mittelsten Gange des Gartens ging mein Vater schweigend auf und nieder.«

Eine schillernde Figur in Eichendorffs Kindheit war der exzentrische Kaplan Paul Ciupke. Ein trinkfester und erfinderischer Geist, der immer an irgendetwas werkelte, einmal sogar ein Klavier baute. Genialisch und äußerst bizarr war er eine verkörperte »romantische« Natur, wie einem Roman Jean Pauls oder E. T. A. Hoffmanns entsprungen. Er war für jeden Ulk der Eichendorff-Söhne zu haben, zettelte selber einige Streiche an und verführte Joseph und Wilhelm zum Tabakrauchen; Joseph blieb passionierter Pfeifenraucher. Ciupke schien Malheur anzuziehen, was ihn zur beliebten Zielscheibe für Spötteleien machte. Eichendorff berichtete über alle kleinen Unfälle, die dem skurrilen Kaplan begegneten: Einmal fiel er in den Lubowitzer Waldteich, dann biss ihn ein Hund in die Zehen, ein anderes Mal fiel er vor Freude über die überraschend heimkehrenden Jungen glatt zu Boden.

Ciupke wurde später Pfarrer und verließ Lubowitz. Doch während ihrer Breslauer Gymnasialzeit hatten die Eichendorff-Brüder noch Gelegenheit, die faszinierende Freundschaft Ciupkes zu genießen.

Breslau

In Breslau waren die Kinder im Josephskonvikt untergebracht; zwei Stockwerke eines Barockhauses waren den Schülerwohnungen vorbehalten. In der Nähe, direkt am Ufer der Oder, lag die Universität, in deren Gebäude das Katholische Gymnasium eingerichtet war. Entlang der Oder zog sich eine Uferpromenade hin, die bei Schülern und Studenten als Flaniermeile beliebt war.

Die Trennung von Lubowitz war schmerzlich, aber der strenge Stundenplan und die schnell geschlossenen Freundschaften ließen keine lange Trauer über die Trennung aufkommen. Griechisch, Latein, lateinische Lektüre, Mathematik, Rhetorik, Geschichte, Naturwissenschaften und Ethik füllten die Studienwoche. Zeichnen, Musik, später auch Französisch kamen dazu. Es gab die üblichen Schülerstreiche, zum Beispiel umgeworfene Bänke während einer unerwarteten Freistunde, Prügeleien, Geheimbünde. Examen ließen die Eichendorffs schwitzen, vor allem die öffentlichen Prüfungen in der Aula, bei denen die Schüler nacheinander vor die Professorenversammlung treten mussten und in

Gegenwart privater und studentischer Zuschauer examiniert wurden. Natürlich wurde wie in jedem Konvikt der Aufseher als Kerkermeister empfunden, das Essen als schlecht und die Karzerstrafen als unmenschlich geschmäht. Wenn man Eichendorffs Notizen über die Schulzeit mit denen nichtadliger Dichter der Zeit vergleicht, wird man allerdings den Eindruck nicht los, dass Eichendorff aufgrund seines Adelstitels weniger als andere unter strenger Aufsicht zu leiden hatte. Im Gegenteil war die Schulzeit – bis auf die horriblen Examen – recht angenehm, angefüllt mit Theaterbesuchen, Maskeraden, Bällen, Opernabenden, Ausflügen. Eichendorff spielte auch selbst in der Theatergruppe des Konvikts und wirkte an der Redaktion einer Schülerzeitung mit. Wie verschiedene seiner Mitschüler nahm er auch hin und wieder an Trinkgelagen teil, in deren Folge mancher Junge »nach Speyer appellierte«, d. h. sich übergeben musste. Wilhelm erging es einmal so schlimm, dass »beim Auseinanderschleichen auf der Treppe ein Gericht ausgewürfelter Kuttelfleke unbestimmten Ursprungs entdekt« wurde.

Eichendorff spielte in der Freizeit Billard und Klavier; mit sechzehn Jahren erhielt er die erste Fechtstunde, selbstverständlich bei einem italienischen Fechtmeister, die damals als die besten ihrer Zunft galten.

Die Brüder waren des öfteren Tischgäste bei dem Breslauer Fürstbischof Christoph von Schimonsky, einem Freund der Familie, der ebenfalls aus Lubowitz stammte. Joseph behielt den geistlichen Herrn als »sehr galant und artig« in Erinnerung. Offenbar half diese Verbindung den Eichendorff-Söhnen während der Schulzeit. Schimonsky setzte sich auch tatkräftig für Adolph von Eichendorff ein, als dessen finanzielle Lage sich immer mehr verschlechterte.

Eine andere Breslauer Begegnung galt dem weiblichen Geschlecht – Eichendorff verliebte sich zum ersten Mal. Der Gegenstand seiner Neigung war »die schöne Morgenröthe eines noch schöneren Tages: die kleine Dem. Pitsch«. Wahrscheinlich handelte es sich um Karoline von Pitsch, eine Generalstochter. Das Mädchen, das gerne neckte und lachte, wurde seine von Ferne Angebetete. Während einer Kutschfahrt schien ihm »die kleine Morgenröthe zu hell ins Gesicht, u. ich wurde natürlich geblendet«. Seine erste sexuelle Begegnung erlebte der Dichter hingegen vermutlich als Sechzehnjähriger mit der Frau eines Ratiborer Justitiars: Benigna Hahmann. Eine »Wuthsponsade … auf dem Canapé …«

Mit dem Ende der Gymnasialzeit war die Kindheit Joseph von Eichendorffs vorbei. Die Frage nach der Zukunft wurde laut. Am liebsten wäre Eichendorff den bequemsten Weg gegangen, hätte das Leben als Gutsherrensohn genossen und seine reich bemessene Freizeit mit Reiten,

Schwimmen, Jagen und Dichten ausgefüllt. Denn dem jungen Mann stand inzwischen klar vor Augen, dass er Dichter werden wollte. Längst hatte er Proben seines Könnens gegeben. Vielversprechende Verse. Ein Gedicht, das er mit Wilhelm zusammen geschrieben hatte, erschien 1803 in den »Schlesischen Provinzialblättern«. Der Anlass der Verse war allerdings traurig: der jüngere Bruder Gustav, gerade drei Jahre alt, war gestorben. »Am frühen Grabe unseres Bruders Gustav« betitelten sie ihre Totenklage, die beginnt: »So steht beym jungen Baume,/ Den wild ein Nachtsturm brach,/ Der noch im Abendtraume/ Ihm Blüth' und Frucht versprach,/ Ein Pflanzer starren Blickes/ Stumm und in sich gekehrt,/ Die Hoffnung seines Glückes,/ Denn ach! Die ist zerstört!// So stand, ach, guter Knabe!/ Jüngst unser Vater da,/ Als er am frühen Grabe/ Dich, seinen Liebling, sah./ So hieng voll heißer Zähren/ Die Mutter ihm am Arm;/ Doch, wer mag Klagen wehren,/ Bey, ach! So tiefem Harm!« Der Kindstod traf die Eichendorffs vier Mal. Auch die Geschwister Henriette Sophie, August Adolph und Louise starben früh. Besonders hart war das Jahr 1803, dass der Familie kurz nacheinander erst Gustav, dann Louise entriss. Josephs »Pro Memoria« hielt das erschütternde Ereignis fest: »Da die Krankheit unserer kleinen Schwester Louise täglich zunahm, und besonders an diesem Tage den höchsten Grad der Gefahr erreichte, so begab sich unser Vater, welcher den Tod der Louise ... nicht ohne Nachtheil seiner Gesundheit hätte ertragen können ... allein nach Ratibor ... wie erschütterte uns nicht der furchtbare Anblik, als wir unsere kleine, liebe Louisel bereits mit dem Tode kämpfend fanden. Um 12 1/4 starb sie endlich an heftigen Krämpfen, welche die Folgen eines Scharlachfriesels waren ... Während alles dieses im Schloße geschah, hielten der H. Friedrich und T... die Mama im Garten fest, welcher aber die Nachricht von dem Tode der Louisel so viel wüthende Kraft einflößte, daß sie sich ... entriß und den noch warmen Leichnam umarmte, küßte und halb zerquetschte.« Zum Trost der Familie wurde 1804 eine Tochter nachgeboren, die ebenfalls den Namen Louise erhielt.

Eichendorff fand Trost bei den Büchern, die ihm längst zur Leidenschaft geworden waren. Vornehmstes Erbauungsbuch war ihm die Passionsgeschichte Christi. Sein Lieblingsautor war im Übrigen Matthias Claudius. Von Claudius las er alles, Lyrik und Prosa. Eine so berühmte Gedichtstrophe wie »Der Mond ist aufgegangen/ Die goldnen Sternlein prangen/ Am Himmel hell und klar,/ Der Wald steht schwarz und schweiget,/ Und aus den Wiesen steiget,/ Der weiße Nebel wunderbar« blieb nicht ohne Einfluss auf den schlesischen Dichter. Im Übrigen bildeten Ritterromane, »Robinson Crusoe« und ähnliches die Lektürenahrung des Jungen. Schon im Kindesalter eroberte er sich Hölty, Schiller, Bürger, Goethe und Jean Paul. Er entdeckte Übersetzungen von Calderón, die ihn zeitlebens für den spanischen Barockdichter einnahmen. Und schließlich schwärmte er auch für Iffland, den Dramatiker wie den Schauspieler.

Gemeinsam mit Wilhelm besuchte er das Theater. Alles, was in Breslau und Umgebung an Theatralischem geboten wurde, sahen sie sich an, von Mozarts »Zauberflöte« bis zu Lessings »Minna von Barnhelm«, von Schillers Dramen bis zu zeitgenössischen, heute in Vergessenheit geratenen Lustspielen.

Nur kein Dichter!

Die literarische Passion Josephs wurde seinen Eltern verdächtig. Keinesfalls konnte ein Freiherr von Eichendorff den Dichterberuf ergreifen! Das wäre seines Standes unwürdig gewesen. Zwar waren Eichendorffs Eltern durchaus keine philiströsen Leute, im Gegenteil ging es recht offen und lebenslustig auf Lubowitz zu – mit dem Vater verband die heranwachsenden Söhne ein kameradschaftliches Verhältnis. Und auch die übrigen Familienmitglieder waren am kulturellen Geschehen ihrer Zeit durchaus interessiert, die Breslauer Bühnen waren regelmäßiges Reiseziel, und Klassikerbände standen in der heimischen Bibliothek. Dennoch – in den eigenen aristokratischen Reihen einen Poeten zu dulden, das kam partout nicht in Frage. Die Familie trug einen altehrwürdigen Namen, der keinesfalls ins Lächerliche gezogen werden durfte, und das konnte immerhin geschehen, wenn man mit literarischen Produkten an die Öffentlichkeit trat und am Ende von der Kritik verrissen wurde.

Wo kamen sie her, die Eichendorffs? Die Familie siedelte ursprünglich in verschiedenen Teilen der Mark Brandenburg, konzentrierte sich aber nach den Wirren des Dreißigjährigen Krieges auf Schlesien und Mähren. Stammvater der schlesisch-mährischen Eichendorffs war Hartwig Erdmann, der 1662 starb; von ihm hat sich ein Portrait erhalten, das einen wohlgenährten, freundlich-lebensfroh und intelligent blickenden Mann im besten Alter zeigte. Für die nachfolgenden Eichendorffs, deren Wappen ein Zweig mit Eicheln und Eichenlaub zierte, kamen seither nur zwei Karrierewege in Frage, nämlich die Verwaltung der adligen Landgüter und der Soldatenberuf. Adolph von Eichendorff, der Vater des Dichters, hatte sich zunächst für die Offizierslaufbahn entschieden. Als er aber erfuhr, dass er aufgrund seines auffälligen hohen und schlanken Wuchses von König Friedrich dem Großen ausersehen war, in eines der Potsdamer

Die Eltern des Dichters: Karoline und Adolph von Eichendorff.

Garderegimenter eingereiht zu werden, reichte er seinen Abschied ein. In der Garde des (männlicher Schönheit durchaus zugetanen) Preußenkönigs zu dienen, war wohl eine Ehre, aber auch gleichbedeutend mit härtestem Drill und hieß nichts anderes, als ein Leben lang mit Leib und Seele preußischer Elitesoldat zu sein, in enger Abhängigkeit vom allerhöchsten Kriegsherrn. Das lag Adolph nicht, zumal ihm schon eine Braut vorschwebte, die er sofort nach seinem Abschied aus der Armee heiratete. Die Freiin Karoline von Kloch war eine gleichwertige Partie, zeichnete sich durch Schönheit und einen energischen Charakter aus und war strikt für eine spätere Stellung als Herrin eines adligen Haushalts erzogen worden. Bei der Heirat ging es allerdings nicht nur um Liebe, auch um geschäftliche Transaktionen. So erklärte Adolph von Eichendorff sich bereit, einige abgewirtschaftete Güter des Schwiegervaters zu übernehmen, unter anderem Lubowitz. Wenn dem Vater des Dichters später Inkompetenz in der Gutsverwaltung nachgesagt wurde, stimmt das nur halb. Adolph erwies sich als guter Ökonom; es gelang ihm, mehrere Güter auf Vordermann zu bringen, Erträge zu steigern, Gewinne zu erwirtschaften. Aber ihm fehlte der Sinn für ein gutes Finanzgebaren. Seine Gewinne verspekulierte er teilweise in windigen Anlagegeschäften.

Kurz und gut, auch für Wilhelm und Joseph gab es von Standes wegen nur zwei Lebenswege: entweder den Militärdienst oder ein Gutsherrnleben. Offenbar dachten beide an die »pazifistischere« und bequemere zweite Variante. Sie bot immerhin die Möglichkeit, nebenher dem Dichten zu frönen.

Hauptsächlich die Mutter war gegen die Veröffentlichung von literarischen Werken und ein Berufsdichterdasein ihrer Söhne, duldete die Poeterei als rein privates Steckenpferd aber durchaus. Ihr Sohn beschrieb in seinem Zeitbild »Der Adel und die Revolution« das Leben der Landadligen, die ganz in Geselligkeit und Landwirtschaft aufgingen und wenig von ›höheren‹, geistigen Dingen des Lebens hielten: »Das bißchen Poesie des Lebens war als nutzloser Luxus lediglich den jungen Töchtern überlassen, die denn auch nicht verfehlten, in den wenigen müßigen Stunden längst veraltete Arien und Sonaten auf einem schlechten Claviere zu klimpern … diese Edelleute standen in der Bildung nur wenig über ihren Untertanen.«

Die Furcht, die Familie könne durch den Sohn zum »Sklaven der öffentlichen Meinung« werden, war die eine Hürde, die Angst, es könne die Standesgrenze zu den Bürgerlichen, die nun einmal das Gros der Kunstschaffenden stellten, aufbrechen, wenn sich Adelssöhne beruflich mit ihnen ›gemein‹ machten, war die andere. Die Bildung der jungen Adligen zielte bis weit ins 19. Jahrhundert hinein klar darauf ab, dass diese sich Kenntnisse der Schönen Künste zum Zweck einer angenehmen Freizeitunterhaltung aneignen sollten, aber nicht mehr; eine Ausbildung zum kreativen und professionellen Künstler wurde ihnen in der Regel verwehrt. Viele Talente in den Reihen der Aristokratie wurden auf diese Weise arg beschnitten. Das sich mir hier aufdrängende Beispiel ist der Komponist Louis Ferdinand von Hohenzollern, der unglücklicherweise zugleich Prinz von Preußen war. Er setzte sich über die Standeskonvention hinweg, pflegte in passionierter Weise die Musik, fand hierbei sogar die Anerkennung Beethovens, wurde aber von seiner erlauchten Familie und ihren Hofschranzen mit Spott und Verachtung gestraft. Erst sein Schlachtentod im Kampf mit Napoleon brachte ihm den Respekt seiner Standesgenossen zurück. Der Dichter Levin Schücking, der nicht zuletzt durch seine Liebe zu der dichtenden Freifrau Annette von Droste-Hülshoff auf das Problem adliger Kunstschaffender aufmerksam wurde, sprach schließlich von einer »ganz verkehrten, ganz aristokratischen Erziehung«, die »alle … Talente an der Entwicklung« hindere (1842). Die Droste lebte geradezu ein Doppelleben, tagsüber als braves katholisches Freifräulein, das die Erwartungen ihrer Umgebung durchaus erfüllte, indem es strickte, las, fleißig spazieren ging, die Messe besuchte, mildtätige Werke verrichtete; in unbeobachteten Stunden aber schrieb die sprachgewaltige Münsteranerin ihre kritischen und wagemutigen Werke, die von der zeitgenössischen Kritik aber bisweilen als »unweiblich« abgekanzelt wurden, z. B. hatte die Dichterin in ihrem Versepos »Die Schlacht im Loener Bruch« eine »allzu männliche Neigung zu Krieg und Schlachtgetümmel« gezeigt.

Eine Anekdote aus Eichendorffs Kindheit, die in »Ahnung und Gegenwart« eingeflossen ist, mag Aufschluss geben, in welche Richtung seine Erziehung ging: Er wurde beim heimlichen Lesen von Märchen- und Sagenbüchern erwischt und von seinem Hofmeister zu altersgemäßer Lektüre der »Campschen Kinderbibliothek« verdonnert; »Da erfuhr ich denn, wie man Bohnen steckt, sich selber Regenschirme macht ... nebstbei mehrere zuckerbackene edle Handlungen, einige Elternliebe und kindliche Liebe«.

Für den adligen Jungen zählte mehr die körperliche Ausbildung als die geistige. Fechten, Reiten, Schwimmen, Jagen und Tanzen, das waren die »Wissenschaften«, in denen sich auch Joseph und Wilhelm hervortun sollten. Nützliche Fähigkeiten für die militärische Laufbahn, die auf die meisten Adelssöhne wartete. Bücherwürmer waren in diesen Kreisen verpönt.

Joseph und Wilhelm lasen heimlich. Sie saßen im Hasengarten hoch oben in den Baumwipfeln und vergruben sich in ihre Lieblingsbücher – wie der »Baron auf den Bäumen« in dem gleichnamigen Roman von Italo Calvino, der sich von der Figur Eichendorffs und seines »Taugenichts« inspirieren ließ. Für den jungen Eichendorff wurde das Tagebuchschreiben zum ersten literarischen Parkett, auf dem er sich bewegte; ein Tagebuch zu führen war unverfänglich, ja galt sogar als chic. Die sporadischen Eintragungen des Kindes Seppel wurden im Laufe der Zeit von ausführlichen Beschreibungen abgelöst. Beim Lesen der Tagebuchblätter ist spürbar, wie Joseph von Eichendorff bestimmte Bilder und Redewendungen ausprobierte. Man könnte sagen, das »Pro Memoria« wirkt wie eine literarische Etüde. Nur ein Beispiel: »Als die sanfte Abendröthe emporquoll am Horizonte, da gingen wir spatzieren auf den Dämmen u Wiesen hinter dem Hause. Wir wanden uns hin, durch die Lauben der hängenden Weiden, und verirrten uns oft zwischen den kreuzenden Wäßern, die über ihre Ufer getreten, die Wiesen bewäßerte. Es war hier sehr einsam, das Abendgold schimmerte durch die Weiden und wundersame Rückklänge, gehabte, Gefühle, strömten mit der Kühle des Abends in uns. Wir gingen zurück u schlieffen gut« (7. August 1806).

Über alle Dichterpläne verschlechterte sich das Verhältnis Josephs zu

Joseph von Eichendorff
1797

seiner Mutter. Karoline von Kloch-Eichendorff übertrug die strenge, konservative, katholische Erziehung, die sie selbst genossen hatte, auf ihre Kinder. Unbedingt hatten die Kinder Ordnung zu halten, in ihrem Stande zu bleiben! Die typischen kleinen Vergehen des lieben Nachwuchses wie eine zerbrochene Vase ahndete sie mit Härte. Dem wilden und jähzornigen Joseph passierten unzählige Missgeschicke, die jedes Mal ein Strafgericht der Mutter nach sich zogen. Und davor hatte der kleine Joseph eine Heidenangst. So suchte er als Sechsjähriger einmal der mütterlichen Wut mit einem Briefchen vorzubeugen: »Ach! Liebe Mutter! Du wirst gewiß sehr böse auf mich sein; denn ich habe die Vase aus dem Saal zerschlagen. Das heißt, nur der Rand! // O Gott! ... Verzeihung, ich bitte!!!« Noch die Studenten Wilhelm und Joseph hatten höchste Ehrfurcht vor der Mutter – mit der Betonung auf Furcht. Andererseits scheint die energiegeladene Frau den Söhnen auch imponiert zu haben, denn sie war völlig unerschrocken und von heftiger Natur. Als Eichendorff mit seiner wesentlich jüngeren Schwester Louise auf der Brust quer durch die Oder

23

schwamm, stand Karoline anfeuernd und lachend am Ufer, während der Vater sich vor Sorge nicht zu lassen wusste.

Ein gelernter Psychologe wird das komplizierte Verhältnis des Dichters zu einer Mutter besser als ich erhellen können, ich kann an dieser Stelle nur das Augenmerk darauf lenken, dass in seinen Dichtungen nur wenige Mutterfiguren vorkommen. Meist sind die Mütter der Hauptfiguren lange tot. Lediglich in Erinnerungssequenzen tauchen sie auf, wie bei der Lebensgeschichte Romanas in »Ahnung und Gegenwart«. Hier war die Mutter moralische Instanz und Schutz: »Ich durfte solange meine Mutter lebte, niemals allein aus dem Garten … Noch den Tag vor ihrem Tode … fiel es ihr ein … springe nicht aus dem Garten! Er ist so fromm und zierlich eingezäunt mit Rosen, Lilien und Rosmarin.« Rudolf in »Ahnung und Gegenwart« erinnert sich seiner Mutter nur noch als »ernst, hoch und schlank«, als Symbol einer vergangenen, geordneten und irgendwie auch heilen Welt. Konvention und Normalität vertritt die Mutter Ottos in »Dichter und ihre Gesellen«. Philiströs als Amtmännin und gute Hausfrau gezeichnet. Sie legt ihrem Sohn gegenüber, der unbedingt Dichter werden will und keine Berufung zum Beamtenstand in sich fühlt, ein »hartes, heftiges Wesen« an den Tag. Genauso verkniffen spießig und auf Ordnung bedacht ist die Mutter Annidis in »Dichter und ihre Gesellen«. Auch darum ist der Ton dieses Romans um einiges schärfer als in »Ahnung und Gegenwart«, dem Jugendroman Eichendorffs: Durch die direkte Konfrontation der Mutter und des Dichters wird der Konflikt zwischen Künstlertum und Bürgertum, Poesie und Konvention, alter Ordnung und Modernität als unauflöslich und tief charakterisiert.

Väterliche Figuren sind dagegen in den Werken des schlesischen Dichters durchweg positiv konnotiert; gutmütige, biedere, humorvolle, wenn auch nicht allzu geistvolle Männer, oft glücklos und resigniert wie der Herr von A. in »Ahnung und Gegenwart«, in dem Eichendorff seinen eigenen Vater gespiegelt haben soll: »Er war einer von jenen, die, durch einseitige Erziehung und eine Reihe schmerzlicher Erfahrungen ermüdet, den lebendigen Glauben an Poesie, Liebe, Heldenmut und alles Große und Ungewöhnliche im Leben, aufgegeben hatten, weil es sich so ungefüge gebärdet und nirgends mehr in die Zeit hinein passen will … Übrigens war er bis zur Sonderbarkeit einfach, redlich und gutmütig, und Friedrich liebte ihn unaussprechlich.« Negativ zeichnete der Dichter die Vaterfiguren, die zusätzlich eine gesellschaftliche Machtposition einnehmen, wie der alte Graf in der Novelle »Das Schloß Dürande«; hier geht es ihm aber auch erst in zweiter Linie um den Vater, zunächst nämlich um den Mächtigen, der seine Position missbraucht.

24

Im August 1804 hatten die Brüder Eichendorff ihre Schulzeit absolviert. Nach einem halben Jahr vergnüglichen Lebens mit wenigen Gasthörerstunden an der Breslauer Universität begannen sie im Frühjahr 1805 ihr Studium in Halle. Die Eltern hatten sich darauf verständigt, die Söhne Jurisprudenz und Kameralistik (Finanz- und Verwaltungswissenschaft) studieren zu lassen. Da Adolph von Eichendorff bereits in finanziellen Schwierigkeiten steckte und seine liebe Mühe mit der Verwaltung seiner Güter hatte, hoffte er, aus seinen Söhnen fähige Verwaltungsleute zu machen, die ihm bei der Erhaltung seiner Güter zur Seite stehen würden. Das Gespenst »Berufsdichter« war für die Mutter vorerst gebannt, die darauf vertraute, dass die nüchterne Welt des Rechts- und Verwaltungswesens ihren Söhnen die poetischen Flausen schon vertreiben würde.

Am 20. April notierte Joseph von Eichendorff seine Abschiedsstimmung: »Ein quälendes Erwachen – traurig eröffneten sich meine Blicke zum letzten Male allen den umgebenden Schönheiten Lubowitzens, um sie anderthalb Jahre lang desto schmerzlicher zu vermissen«.

Zweites Kapitel

Studentenleben

Da steht eine Burg überm Tale
Und schaut in den Strom hinein,
Das ist die fröhliche Saale,
Das ist der Giebichenstein.

Wir waren die fahrenden Ritter,
Eine Burg war noch jedes Haus,
Es schaute durchs Blumengitter
Manch schönes Fräulein heraus.

aus: Bei Halle

Studentenstreiche

Aus der ländlichen Stille von Lubowitz, aus der geordneten Welt des katholischen Gymnasiums in Breslau verschlug es die Brüder geradewegs hinein in das Studentenleben Halles. Die Stadt an der Saale war zu dieser Zeit noch eine blühende Universitätsstadt, es waren die Studenten, die hier den Ton angaben. Viele von ihnen saßen fleißig vor ihren Büchern, andere aber bummelten, und eben diese fielen im Straßenbild auf. Sie zogen grüppchenweise durch die Gassen, angetan mit möglichst grellfarbigen Kleidern, abenteuerlichen Kopfbedeckungen, den unvermeidlichen Degen an der Seite, von ihrem Hund begleitet. Diese »Burschen« erschreckten die guten Bürger durch allerlei Unfug, belästigten Ladenbesitzer und Wirte, prügelten sich mit Handwerksburschen herum und sangen unter den Fenstern schöner Mädchen dreiste Liebeslieder. Wollte sich eine ehrsame Bürgerstochter ihren Verehrern nicht am Fenster zeigen, brüllten sie mit »Pereat«-Rufen das ganze Viertel zusammen. Steine

Burg Giebichenstein

flogen, Scheiben klirrten. Offiziere und gemeine Soldaten – die Polizei-aufgaben wurden vom Militär wahrgenommen – gingen den Herren Studenten lieber aus dem Wege. Den tollen Streichen der Studenten wurde somit kaum Einhalt geboten. Nur ein Mittel verfehlte seine Wirkung nicht: Wenn Seine Magnifizenz der Rektor Meldung über einen schweren Regelverstoß erhielt, sprach er die sofortige Relegation des Schuldigen aus, und die akademische Laufbahn war für ihn beendet. Doch selbst dieses Damoklesschwert, das die Alma mater über ihren Zöglingen aufgehängt hatte, hielt einige der zukünftigen Gelehrten nicht von geradezu kriminellen Aktionen ab. Die aufschlussreichen Memoiren des Hallenser Studenten und Magisters Friedrich Christian Laukhard (1758–1822) sind voll mit Schilderungen von gewalttätigen Exzessen und kollektiven Racheakten, die studentische Banden gegen verhasste Universitätspedelle und Bürger verübten; bei diesen »Eulenkappereien« zogen die beteiligten Studenten nach altem Brauch in Vermummungen, »Verkappungen«, lärmend durch die Stadt. Laukhards Erinnerungen betreffen die besonders unruhige Zeit der Französischen Revolution, doch auch danach ebbten diese schlimmen Streiche nicht ab: Eduard Mörike, der in Tübingen studierte, beschreibt in seinem Tagebuch, wie Studenten eine alte Frau quälten, beraubten und sogar ihren Tod mitverschuldeten. Auch Eichendorffs Tagebücher berichten von studentischen ›Feldzügen‹ gegen alle, die sie Philister nannten, also Bürger, Bauern, Handwerker, Pedelle.

Als die Brüder Eichendorff in Halle eintrafen, waren sie über das sich ihnen bietende Bild zunächst ziemlich verwundert: Studenten flanierten in bunter Tracht, saßen hemdsärmelig auf den Fensterbänken, ließen lümmelhaft die Beine baumeln und riefen Zoten auf Vorübergehende herab, klapperten erschrecklich mit ihren Degen und verursachten ein einziges großes Tohuwabohu. Ja wann studierten diese jungen Leute denn überhaupt?

Es gab zwei große Gruppen von Studenten: Die einen, zu denen die jungen Eichendorffs gehörten, waren die Wohlsituierten, Sprösslinge des Adels und des höheren Bürgertums; sie konnten sich ihr Studium leisten, auch wenn es ein paar Semester länger dauerte; durch ihre aristokratische oder patrizische Herkunft war ihre berufliche Karriere im Großen und Ganzen gesichert, und sie durften ein ansehnliches Erbe erwarten. Diese zumeist in Landsmannschaften zusammengeschlossenen Studenten bildeten einen nicht zu unterschätzenden Machtfaktor in der Stadt. Auch wenn die Bürgerschaft ihren Übermut keineswegs liebte, so profi-

tierten doch alle – Gastwirte, Vermieterinnen, Kaufleute, Handwerksmeister, Geldverleiher, bis hin zum Bordellbetreiber – letztlich von ihnen.
Adlige Studenten waren an zahlreichen Universitäten außerdem von vielen Examina, selbst der Abschlussprüfung, dispensiert, oder es fanden
nur Gefälligkeitsprüfungen statt. Die Brüder Eichendorff hatten einen
erstaunlich mageren Stundenplan mit viel freier Zeit, der bei heutigen
Studenten Neid erregen würde. Wie alle adligen Studenten konnten sie es
sich leisten, einen Diener mitzunehmen. Der gute Jakob Schöpp, ge-
zwungener Mittäter ihrer Launen, hatte den beiden jungen Herrn durch
Dick und Dünn zu folgen und gute und schlechte Tage mit ihnen zu teilen. Die andere Gruppe waren die Ärmeren, Nichtprivilegierten – das
»Prekariat«, um ein aktuelles Codewort zu zitieren. Zu diesen Minder-
bemittelten zählten etwa Jean Paul (J. P. F. Richter), der als Sohn eines
kleinen Kantors und Schulmeisters in Leipzig kärglich am Hungertuch
nagte, und der bereits genannte Eduard Mörike, dessen Familie zwar der
württembergischen Ehrbarkeit angehörte, wegen des frühen Todes des
Vaters aber verarmt war. Viele dieser Studenten waren Stipendiaten, die
regelmäßig in harten Prüfungen ihre Leistungsnachweise zu erbringen
hatten und schlichtweg nicht das Geld besaßen, um am ausschweifen-
den Lebensstil der Nobelstudenten teilzunehmen. Außerdem wurde in
der Studentenschaft die soziale Kluft zwischen Hoch und Nieder, Arm
und Reich sehr ernst genommen, sodass kaum je ein Stipendiat oder
Freitischler (»Nassauer«) Zugang zu den rituellen Trinkgelagen und
Fechtkämpfen der vornehmen Kommilitonen fand.

Joseph und Wilhelm von Eichendorff waren nun ›Füchse‹, Erstsemes-
ter, die sich fleißig am allnächtlichen Unwesen diverser Corps beteiligten.
Ein Tagebucheintrag vom Juli 1805 lautet beispielsweise: »Nun erscholl
oben ein horrendes Gebrülle, wozu noch das Geklirre der Hieber, die
nach jeder Strophe des Liedes auf die Tische geschlagen wurden, hinzu
kam. Welches sich für die unteren Zuschauer fürchterlich ausnahm. Bald
darauf zeigte der Wein seine Wirkung. Die Fenster des Saales klirren zer-
stäubend, u. binnen einer halben Stunde war das Pflaster unter dem Rat-
hause mit Scherben von Flaschen, Gläsern etc. bedekt. Endlich um 11
Uhr Abends stürzte der gantze Troß auf den Markt herab, wo: ›Ein freyes
Leben führen wir‹, pleno choro gebrüllt wurde. Auch der übrige Teil der
Nacht verging natürlich nicht in Ruhe, ein Haufen Häscher nämlich, welcher den Unfug hindern wollte, wurde da die Studenten heute ihre Hieber bey sich hatten, in die Flucht geschlagen, u. der sogenannten Bley-
stifte beraubt, die dann die Sieger als Trophäen … aushiengen.« Übrigens
durften nur aristokratische Studenten Waffen tragen.

Studentische Mensur auf dem Fechtboden.

Welche soziale Ungleichheit in einer Stadt wie Halle herrschte, gibt Eichendorffs Tagebuch ungewollt deutlich zu erkennen. Während die adligen Studenten aus Langeweile und Übermut randalierten, rebellierten in Halle Arbeiter und Kleinbürger gegen Unterdrückung und Teuerung, und die ärmsten von ihnen plünderten sogar die Kornmagazine der reichen Kaufleute. In diesem Fall ging es gegen schlecht bewaffnete und sozial niedere Zivilisten, und da zeigten die Offiziere keine Furcht und die Stützen der Gesellschaft keine Nachsicht. Die »Rädelsführer« wurden nach Niederschlagung des Aufruhrs zu drakonischen Strafen verurteilt. Eichendorff: »Wurde über die Urheber der hiesigen Revolution ... Exekution gehalten. Viele liefen durch 200 Mann mehrmale Spießruthen, andere, als Kinder, Mädchen, Weiber u. weniger straffällige Mitschuldige wurden mit dem Ochsenziemer durchgehauen ... Ein Kutscher, der schon gestern 1 mal, u. heute wieder 10 mal gelaufen war, u. jetzt noch 15 Jahr auf Festung kommen sollte, starb einige Tage darauf an den Folgen der Spießruthen, so wie auch ein altes Weib an denen des Ochsenziemers« (August 1805). Totgeprügelt im Namen des Staates – Frauen, Kinder, alte Leute. Noch herrschten absolutistische Zustände in Deutschland, noch war der Adel an der Macht, dessen studierende Söhne sich übrigens bei dem furchtbaren Spießrutenlaufen köstlich amüsierten. Einschließlich der Eichendorffs. Man mag es einem sensiblen Lyriker

29

nicht zutrauen, dass er sich an der grausamen Misshandlung von Menschen weidet, und es will so gar nicht in das Bild passen, das wir uns vom Dichter der »Mondnacht« machen, oder das er sich im späteren Leben selbst gemacht hat. Doch es war so; Joseph von Eichendorff lief mit den Anderen mit.

Pflanzschule der Wissenschaften

Natürlich bestanden die Studienjahre der Eichendorff-Brüder nicht nur aus Zechgelagen und tollen Streichen. Sie besuchten Collegia, hörten Vorlesungen bei hervorragenden Professoren wie Friedrich August Wolf, dem Spezialisten für klassische Sprachen. Sie studierten auch bei dem noch jungen Naturphilosophen Henrik Steffens (1773–1845), den Schleiermacher für einen »über alle Bestrebungen herrlichen« Menschen verehrte und den Eichendorff als »schlank von edler Gesichtbildung und feurigem Auge« beschrieb, »in begeisterter Rede kühn und wunderbar mit der ihm noch fremden Sprache ringend«. Der Norweger Steffens war von einer Kopenhagener Professur an die Universität Halle abgeworben worden; er lieferte mit seiner postum erschienenen Autobiographie »Was ich erlebte« eine der wertvollsten Quellen für die geistige Befindlichkeit der Deutschen in jener Zeit der Befreiungskriege.

Eichendorff seinerseits vertiefte seine Italienischkenntnisse. Er gehörte zu den schier unzähligen Italienverehrern seiner Zeit, doch blieb diese Liebe eine platonische – der Dichter hat niemals italienischen Boden betreten. Italien, das Reich der ewigen Sonne und der reinen Schönheit, in dem es noch volks- und urtümlich, das heißt zutiefst poetisch, zuging – so jedenfalls die weitverbreitete Meinung zu Eichendorffs Zeit – war das bevorzugte Sehnsuchtsziel und die Wiege des modernen Tourismus. Erst überschwemmten englische Lords die »bella Italia«, dann folgten mit einem gewissen Abstand die Deutschen. Johann Wolfgang Goethe feilte über Jahrzehnte an seiner »Italienischen Reise«, einer meisterlichen Mixtur aus Tagebuchnotizen, die im Jahre 1786/87 während seiner Italienreise entstanden, Erinnerungsbildern und anschaulich erzählten Szenen, für die das Sprichwort gilt: »Se non è vero, è ben trovato.« Bereits 1796 diagnostiziert der Schriftsteller Jean Paul nach einem Besuch beim Dichterfürsten dessen übersteigerte Italianità mit ziemlich ernüchterndem Unterton: »Er bewundert nichts mehr ... bloß Kunstsachen wärmen noch seine Herznerven an ... Sein Haus frappiert: es ist das einzige in Weimar in italienischem Geschmack, mit solcher Treppe, ein Pantheon, voll Bilder und Statuen; eine Kühle der Angst presset die

Brust.« In Italien, das kann man aus Goethes Reiseschilderungen wie den Aufzeichnungen anderer bedeutender Künstler von der Komponistin Fanny Hensel bis zum Maler Friedrich Overbeck herauslesen, war der Alltag aufgehoben, schien die Zeit ruhiger und besinnlicher im »dolce far niente« dahinzutröpfeln, bildeten Mensch, Kunst und Natur noch eine beglückende Einheit. (Die wenigen Zeitgenossen Goethes, die wie Seume und vor ihm bereits Herder und Archenholtz gegen eine solche Idealisierung anschrieben und ein realistischeres Italienbild entwarfen, hatten beim deutschen Publikum gegen die unermüdlichen Ästhetisierer keine Chance.) Was Goethe und seine Leser an Italien besonders faszinierte, war das beeindruckende Erlebnis, an jeder Straßenecke auf die verwitterten Zeugen einer großen Vergangenheit zu stoßen. Goethe schrieb 1787 aus Rom: »Ich bin in diesem Zauberkreis wieder angelangt und befinde mich gleich wieder wie bezaubert, zufrieden, still hinarbeitend, vergessend alles, was außer mir ist, und die Gestalten meiner Freunde besuchen mich friedlich und freundlich.« Auch in Eichendorffs Dichtungen ist Italien immer wieder Ort der Handlung, und zwar eine Lokalität, in der Gegenwart und Zeit aufgehoben sind, was der Dichter mit dem Begriff »Märchen« symbolisierte. Im zweiten Buch von »Dichter und ihre Gesellen« heißt es: »Die Sonne war eben über Rom untergegangen, als Fortunat von den Bergen mit der Abendkühle in die Stadt einzog. Nur ein Streifen Meeres in der Ferne und das Kreuz der Peterskuppel brannten noch im Widerschein, dazwischen der Klang unzähliger Abendglocken und Gärten, Paläste und einsames Gebirge unten wunderbar verworfen – es war ihm, als zöge er in ein prächtiges Märchen hinein.« Man beachte den feinen Unterschied: Goethe sah mit Vorliebe antike Ruinen und Renaissancepaläste vor seinem geistigen Auge aufsteigen – Eichendorff faszinierte dagegen das Kreuz des Petersdoms.

In Halle bildete sich der junge Schlesier auch in den adligen Sportarten Reiten, Fechten, Schwimmen weiter aus. Vor allem am Schwimmen hatte er seine Freude. Kulturelle Freizeitbeschäftigung blieb keineswegs auf der Strecke. Regelmäßig pilgerte er im Verein mit anderen begeisterten Studenten zum Theater in Bad Lauchstädt. Kein Geringerer als Goethe hatte dort den Neubau des Theaters angeregt und wohnte mancher Aufführung bei, was für die Studenten den besonderen Reiz ihrer Wallfahrten ausmachte. »Sr Exelenz der Geheime Rath von Göthe saß selbst mit seiner Demois. Vulpius in der Loge und blikte so herab auf das Entzüken, welches das Kind seines Geistes rings verbreitete«, berichtete Eichendorff ehrfürchtig von einer Aufführung des »Götz von Berlichingen«.

Auf dem Giebichenstein

Der Lieblingsspaziergang der Studenten führte zu einer ganz speziellen Sehenswürdigkeit Halles, dem Giebichenstein. Diese von den Ottonen errichtete Burganlage, die auf einem bizarren Felsen über der Saale thront, hatte im Mittelalter die reiche Salinenstadt Halle beherrscht und den Erzbischöfen von Magdeburg als Residenz gedient. In Eichendorffs Zeit war sie zur malerischen Burgruine verfallen, zu deren Füßen das Gartenhaus des Komponisten und Musikschriftstellers Johann Friedrich Reichardt lag. Reichardt war die führende Musikerpersönlichkeit im Berlin der Zeitenwende von 1800. Hofkapellmeister unter Friedrich dem Großen und dessen Nachfolger, Bewunderer Carl Philipp Emanuel Bachs, Musiker von hohem Rang, war er der Schöpfer zahlreicher beliebter Kompositionen, darunter vieler Lieder nach Texten Goethes, mit dem ihn Freundschaft verband – solange bis Reichardt in den schlimmen Ruf geriet, ein ›Jakobiner‹ zu sein. Viele nannten ihn so. Jakobiner – das war nun zwar etwas zu viel gesagt, denn Reichardt sprach sich trotz seiner Sympathie für die Französische Revolution gegen das Schreckensregiment in Paris aus. Dessen ungeachtet: Der Komponist war in der Tat ein freisinniger Denker und äußerst aufgeklärt eingestellt. So überschrieb er einen Zeitungsartikel mit dem appellativen Titel »Freiheit für alle« ohne Rücksicht auf jegliche Zensurvorschrift. Das rächte sich bitter: Kapellmeister Reichardt, der sich auch dem reaktionären König gegenüber freimütig geäußert hatte, wurde vom Hof verbannt und 1794 seiner Pension beraubt. Goethe, der als Freund und Minister eines deutschen Kleinfürsten ganz dem »ancien régime« verhaftet war, brach alsbald mit seinem alten Freund und gab ihn in den »Xenien« der Lächerlichkeit preis. Nach vielen Anfeindungen verließ Reichardt Berlin. Sein Landgut bei Halle, wo er als Salinendirektor arbeiten durfte, wurde ihm zum Exil. Die Studenten verehrten ihn als eine Art Märtyrer und kamen zahlreich zu den musikalischen Soiréen, die Reichardt und seine Tochter Louise regelmäßig veranstalteten und die den anziehendsten Teil des Hallenser Kulturlebens darstellten. Louise Caroline Reichardt war – ebenso wie schon ihre Mutter Juliane – eine der großen Komponistinnen ihrer Zeit und wirkte später als Musiklehrerin in Hamburg. Sie führte im Gartenhaus ihres Vaters einen Musiksalon, übrigens einen der ersten deutschen Musiksalons überhaupt, mit großem Einfluss auf das Musikleben des 19. Jahrhunderts. Die Teilnahme am Salon war auf einen ausgewählten Kreis beschränkt. Die Brüder Eichendorff zählten nicht zu diesem engen Cercle und hatten keinen Zutritt zum Reichardtschen Garten. Aber es genügte ihnen und ihren eingeladenen Kommilitonen, als Zaungäste auf der Gartenmauer zwischen den herabhängenden Zweigen zu sitzen und die Melodiefetzen, die der Wind herübertrug, aufzuschnappen. Manchmal wurden auch Freiluftmusiken im Garten veranstaltet oder Louise und Wilhelmine Reichardt spazierten, auf ihren Gitarren improvisierend, zwischen den Blumenbeeten herum. So kamen die Hallenser Studenten doch noch irgendwie auf ihre Kosten. Nirgends im Umkreis gab es Musik auf so hohem Niveau. Die Giebichensteiner Gartenszenen sind ebenso wie Schloß Lubowitz in Eichendorffs Werk eingegangen, an sie erinnert das berühmte Gedicht »Bei Halle«, das 1841 erschien.

BEI HALLE

Da steht eine Burg überm Tale
Und schaut in den Strom hinein,
Das ist die fröhliche Saale,
Das ist der Giebichenstein.

Da hab ich so oft gestanden,
Es blühten Täler und Höhn,
Und seitdem in allen Landen
Sah ich nimmer die Welt so schön!

Durchs Grün da Gesänge schallten,
Von Rossen, zu Lust und Streit,
Schauten viel schlanke Gestalten,
Gleichwie in der Ritterzeit.

Wir waren die fahrenden Ritter,
Eine Burg war noch jedes Haus,
Es schaute durchs Blumengitter
Manch schönes Fräulein heraus.

Das Fräulein ist alt geworden,
Und unter Philistern umher
Zerstreut ist der Ritterorden,
Kennt keiner den andern mehr.

Auf dem verfallenen Schlosse,
Wie der Burggeist, halb im Traum,

Steh ich jetzt ohne Genossen
Und kenne die Gegend kaum.

Und Lieder und Lust und Schmerzen,
Wie liegen sie nun so weit –
O Jugend, wie tut im Herzen
Mir Deine Schönheit so leid.

Am Meer

Die Hallenser Studienzeit wurde durch eine Reise nach Hamburg unterbrochen. Die Brüder Eichendorff hatten schon lange den Wunsch, einmal die Stätten ihres Lieblingsdichters Matthias Claudius aufzusuchen. Claudius, 1740 in Reinfeld geboren, lebte mit kurzen Unterbrechungen seit 1770 in Wandsbeck bei Hamburg. Hier gab er den »Wandsbecker Boten« heraus, eine Zeitschrift, die als poetisch und dichterisch kraftvoll galt. Berühmtheit erlangte er als Lyriker und Verfasser religiöser Schriften, in denen er sich für eine Renaissance des Kinderglaubens einsetzte, ganz entgegen allen aufklärerischen und rationalen Zügen der Goethe-Zeit, aber auch fern dem Genie- und Jungmännerkult des Sturm und Drang. In gelehrten Kreisen nannte man Claudius ein »Genie des Herzens«. Eichendorffs kannten den Dichter nicht nur durch die Gedichtlektüre ihrer Kindheit, sondern stießen in Halle erneut auf seine Spuren. Johann Friedrich Reichardt komponierte mit Vorliebe Texte von Claudius. Auch aus Louises Feder stammen einige Claudius-Vertonungen. Die Berührung mit der musikalisch umgesetzten Poesie mag die beiden Freiherrnsöhne dazu bewogen haben, gen Hamburg zu pilgern. Sie durchquerten die Lüneburger Heide, die Joseph wie eine »lungensüchtige Steppe« erschien, trotz ihres blühenden Septemberkleides. Dann waren sie am Ziel: »mit klopfendem Herzen sahen wir dem Anblike Hamburgs entgegen. Endlich lag sie vor uns, diese steinene Welt mit ihren Pallästen u. Thürmen, u. ein Wald von 1000 u. abermal 1000 hohen Masten, gleich einem Windbruche, deutete uns den Hafen.« Das Staunen des Binnenländers vor der maritimen Welt mit ihren Schiffsverbindungen bis in die fernsten Kontinente. Aufgesucht haben die Brüder den bewunderten Dichter, der als verehrter Familienpatriarch und lebendiges Denkmal verjährten Dichterruhms in seinem Wandsbecker Haus residierte, jedoch nicht. Dafür sahen die Brüder zum ersten Mal das Meer und zwar die Ostsee bei Travemünde. Das Tagebuch berichtet: »Die Gegend senkt sich immer mehr abwärts, wird immer wilder u. seltsamer. Kleine Wäldchen von niedrigem Nadelholze, streken sich an langen Sümpfen auf und ab. Mit der gespanntesten Erwartung sahen wir dem Augenblicke entgegen, wo wir das Meer zu Gesicht bekommen würden. Endlich, als wir den Gipfel der letzten Anhöhe von Travemünde erreicht hatten, lag plötzlich das ungeheure Gantze vor unseren Augen u. überraschte uns so fürchterlich-schön, daß wir alle in unserem Innersten erschraken. Unermeßlich erstrekten sich die grausigen Fluthen in unabsehbare Fernen. In schwindlichter Weite verfloß die Riesen Waßerfläche mit den Wolken, und Himmel u. Waßer schienen ein unendliches Gantzes zu bilden.«

Das Meer ist in Eichendorffs Prosawerken ein seltenes Motiv. In »Ahnung und Gegenwart« steht das Meer am Ende des Romans als Bild für die Ahnung einer ungeheuren, bedrohlichen Zukunft; Gewitter über dem Wasser, mahnend aus der Meerestiefe auftauchende Sirenen verkünden das »Kriegsgespenst … mit bleichem Totengesicht und blutigen Haaren«. Eichendorff bleibt hier seinem ersten, verstörenden Eindruck von der bedrohlichen Urgewalt des Meeres, wie ihn die eben zitierte Tagebuchnotiz wiedergibt, offenbar treu. In der Novelle »Eine Meerfahrt« ist es Metapher für Entfernung, Fremde, zugleich Aufbruch im positiven Sinne. Und natürlich Leben, hier für gescheiterte Leben, wie die tote Königin im Wasser oder der Einsiedler, der resümiert: »meine Jugend, mein Ruhm, und meine Liebe waren hinter mir im Meere versunken, und kampfesmüde hing ich mein Schwert an diesen Baum«. Eichendorff nutzt das Meermotiv in der Novelle leitmotivisch.

Bonaparte ante portas!

1806 ist es mit dem schönen, sorglosen Studentenleben vorbei. Mit wuchtigem Tritt erscheint Napoleon auf der Bildfläche. Der ›kleine Korse‹, der sich 1804 selbst zum Kaiser der Franzosen gekrönt hat, streckt seine Hand nach Preußen aus. Drei Kriege haben die alten Mächte – Östereich und Preußen voran – gegen Napoleons Frankreich ausgefochten, und jedesmal hat Preußen den Kürzeren gezogen. Wo ist die einstige »gloire« des Alten Fritzen geblieben? Nun hat das Königreich mit dem Vierten Koalitionskrieg einen Alleingang gegen Frankreich gewagt – und ist gescheitert. Bei Jena und Auerstedt wird die preußische Armee am 14. Oktober 1806 in Grund und Boden gestampft. Der preußische Hof zieht sich in den sicheren Osten, nach Königsberg, zurück. Berlin wird Napoleon preisgegeben. An den Hauswänden der Haupt- und Residenzstadt prangt das Plakat: »Der König hat eine Bataille verloren, jetzt ist Ruhe die erste Bürgerpflicht!« Zu den ersten Amtshandlungen des Eroberers gehört es, die intellektuelle Elite des Landes zu zerschlagen. Die Universität Halle wird geschlossen. Eichendorffs kehren nach Lubowitz zurück.

Die Heimfahrten der Eichendorffs waren jedesmal etwas ganz Besonderes gewesen. Zur Sehnsucht nach der Familie und der heimatlichen Umgebung trat die Vorfreude auf ein spezielles Spektakel, das die Gutsleute den Studenten bereiteten. Wilhelm von Eichendorff hielt die bewegende Rückkehr der Studenten im Jahr 1806 fest: »Das Herz pochte uns immer mehr, je näher wir Lubowitz kamen. Schon sahen wir linker Hand den Annaberg in trüber Nacht gehüllt, es begann zu regnen, die Luft war kühl, in unserem Innern aber brannte ein Feuer, das nicht zu verlöschen war … Da standen oben auf dem Gipfel die weißen Pferde, und der Papa kam uns schon entgegen. Ich hätte mögen umsinken vor laute Freude. Wir liefen, was wir konnten, und fielen atemlos in die Arme des Vaters … nun setzten wir uns auf die Wurst zum Papa, und fuhren mit ihm dem Slawikauer Walde zu. Auf einmal fiel ein Schuß und noch einer, und dann eine Kanonensalve. Die Pferde wurden wild, wir sprangen ab vom Wagen. Es war uns zu Ehren … je näher wir dem Walde kamen, je mehr wurde der Kannendonner vervielfältigt … Nun kam Herr P… der Urheber und Schöpfer der Knalle und des Getöses im Walde, uns feierlich zu salutieren. Wir dankten ihm … Nun fuhren wir auf Lubowitz zu. Die weite herrliche Ebene, welche der Oderstrom durchströmt und die Karpathen begrenzen, eröffnete sich uns; jenseits erhoben sich die alten blauen Wälder und vor uns lag das väterliche Schloß … Als wir uns Lubowitz nahten, erhob sich ein fürchterlicher Kanonendonner, welchen von allen Wällen der Feste Lubowitz Bombenkesselschlünde spien. Pauken und Trompeten schmetterten und die ganze Gemeinde sah zu … Wir gingen nunmehr unter dem Freudengeschrei aller Anwesenden weiter bis zum Zaune … hier stand ein Triumphgerüste mit der Überschrift Salve. Der alte Koch und der alte Lorenz standen als Kosaken verkleidet mit großen Zwickeln und Schnurrbärten; diese präsentierten vor uns das Gewehr … hinter uns feierte man immerfort, rührte die Trommeln, und die Trompeten schmetterten.«

Zum Glück gibt's Heidelberg

Schmetternde Trompeten! Die Zeitläufte waren nicht danach. Ein halbes Jahr saßen die Brüder auf Lubowitz, Monate, die mit sorgenvollen Überlegungen dahingingen. Eine neue renommierte Universität musste her, die Eichendorffs besuchen sollten. Da gab es im Grunde nur eine Möglichkeit: Heidelberg. Die berühmte Alma mater lag im sicheren Ausland.

Die Heimatprovinz Schlesien dagegen litt unter den Kriegswirren, als Durchzugsgebiet gen Osten war sie Schauplatz mehrerer Schlachten. Die Eichendorffs wurden Augenzeugen der Belagerung von Cosel im Februar 1807. Lubowitz selbst war allerdings durch Schutzbriefe, die Adolph von Eichendorff dank seiner Beziehungen erhalten hatte, einigermaßen gesichert. Die dem Großherzogtum Baden einverleibte kurpfälzische Residenzstadt Heidelberg war dagegen ein relativ friedlicher Ort, denn Baden hatte sich dem Rheinbund angeschlossen, stand also in engem Bündnis – man könnte auch sagen Abhängigkeit – von Frankreich. Badische Truppen kämpften auf Seiten Napoleons.

Am 17. Mai 1807 kamen Joseph und Wilhelm in ihrem neuen Studienort an. Die romantische Szenerie der Stadt nahm auch sie gefangen: die verwinkelte Altstadt mit der hochragenden Heiliggeistkirche und der schön geschwungenen Neckarbrücke, »die von Wagen und Menschen tönt«, überragt von der gewaltigen »schicksalkundigen Burg« (Hölderlin), dahinter die dunklen Höhen des Odenwaldes, die Gärten und Weinberge des Neckartals bis hin zu den fernen »blauen Bergen des Rheins« (Wilhelm Budde). Trotz des verbreiteten Alt-Heidelberg-Klischees ist festzuhalten: In Heidelberg war die Studentenschaft weniger verbummelt als in Halle. Der Studienablauf war strenger reglementiert. Zudem fiel der ständische Unterschied nicht so sehr ins Gewicht. Eichendorffs passten sich diesem anderen Umfeld an, hielten sich zurück. Sie waren allerdings auch in einer Situation, in der sie wenig Anschluss an die Kommilitonen fanden. Sie waren Ausländer, und schon von daher standen ihnen nur wenige Studentengruppen offen. Meist hielten sie sich denn auch an ihre schlesischen Mitstudenten. In dem Freundeskreis, dem sich die Eichendorffs schließlich anschlossen, fand sich kein ein einziger Badener oder Pfälzer, dafür ein Sachse, ein Hanseat und ein Westfale. Joseph von Eichendorff sah sich zum ersten Mal in seinem Leben in eine Außenseiterposition gedrängt. Zum ersten Mal war er der Beobachter am Rande des Geschehens. Eine sicher schwierige Umstellung für den in einigem aristokratischen Hochmut erzogenen jungen Mann. Die Zentralfiguren seiner Romane und Novellen präsentierte er später stets als mehr beobachtende denn agierende Gestalten.

Eichendorffs konzentrierten sich zunächst auf ihr Studium, um den Anschluss wiederzufinden. Sie hörten juristische und ökonomische Vorlesungen. Anton Friedrich Thibauts Lehrveranstaltungen waren damals ein Ereignis. Der Jurist mit Schwerpunkt Kriminalrecht war zudem als engagierter Musikliebhaber bekannt. Seine Ansichten über eine ursprüngliche, schöne, weil von frommen Gedanken inspirierte Musik formulierte

er in der Schrift »Über die Reinheit der Tonkunst«, die Einfluss auf Robert
Schumann hatte, der gut 20 Jahre später als Heidelberger Student ebenfalls das Seminar von Professor Thibaut besuchte und mit ihm auch gesellschaftlichen Kontakt pflegte. Schumann besuchte die Sängergemein-
schaft, die Thibaut um sich geschart hatte, um alte Musik, vor allem die
Werke Palestrinas, wiederaufzuführen. Zwischen Eichendorff und Thibaut bestand dagegen offenbar keine nähere Bekanntschaft, die Kontakte
beschränkten sich auf den Seminarbetrieb. Dennoch bedeutete die
Begegnung mit Thibaut für Eichendorff einen Fingerzeig in eine ganz
spezifische poetische Richtung, die schon Matthias Claudius' Poesie ihm
gewiesen hatte.

Der angehende Dichter studierte nicht nur die »trockenen« Fächer,
sondern nahm Italienisch- und Französischunterricht. Dem Hausmusik-
ideal seiner Zeit entsprechend lernte er, Gitarre zu spielen. Als Kind sollte
er Klavierunterricht erhalten, hatte aber bald durchgesetzt, nicht mehr
spielen zu müssen. Er hasste das Klavier.

Im Schatten des Bruders – Wilhelm von Eichendorff

Ich habe auf den letzten Seiten viel von *den Eichendorffs* gesprochen –
und damit im Grunde nur den jüngeren Bruder, auf den es uns ja an-
kommt, gemeint. War also Wilhelm, der ältere von beiden, schon damals
ein bloßes Anhängsel? So scheint es nicht gewesen zu sein. Auf musikalischem Gebiet zumindest hatte Wilhelm eine größere Begabung als Joseph. Er lernte Klavier spielen, Gitarre und Flöte. Dem Tagebuch Josephs
ist zu entnehmen, dass der zwei Jahre ältere Bruder weitaus ausgelasse-
ner und wilder war als Joseph, aber offenbar auch eine poetischere Natur,
erfüllt von seiner melodischen Welt. Und offenbar hatte er in der Heidelberger Zeit schwer zu kämpfen. War schon der Wunsch, Dichter zu werden, für einen Freiherrn ein Unding – es sei denn, er verfügte über soviel
Geld oder Ansehen, dass sein Dichten als exzentrische Grille toleriert
wurde –, so war es erst recht ein Freiherr als Musiker! Ein derartiger Be-
rufswunsch ging den Eltern entschieden zu weit. Die Enttäuschungen,
die sich damit für Wilhelm verbanden, sind wohl kaum zu ermessen.

> »Hab ich nicht auch so manches Lied erlitten
> Nicht auch der Sehnsucht dunklen Schmerz gefühlt
> Hat nicht nach mir, auf allen meinen Schritten
> Auch jener gift'ge schwarze Pfeil gezielt?

Auch ich hab jenen harten Kampf gestritten
Der kühnen Muths, um Höll' und Himmel spielt.«

In diesen Versen ist das überwältigende Bedürfnis, dichten zu müssen, beschrieben. Der Weg dahin, das unpoetische Leben, nannte Wilhelm einen »kalten eis'gen Fieberfrost«.

Wilhelms Gedichte (u. a. mitgeteilt in: »Josephs und Wilhelm von Eichendorffs Jugendgedichte«, hg. v. R. Pissin, Berlin o. J.) stehen den Jugendpoemen Josephs in nichts nach. Ihre Bilderwelten sind von ein und demselben Geist durchdrungen, die Motive sind nahezu die gleichen. Weltanschaulich waren beide Brüder ohnehin eng verbunden. Wilhelms Lieblingsmotiv war das Wasser. Rauschende Quellen, blaue Stromesschnellen, »helle Fluthen«, sie sind Leitmotiv seines schmalen poetischen Werks. In erster Linie stehen die Quellen und Wellen für ihn synonym für Poesie. So heißt es in einigen Versen an ›Isidorus Orientalis‹: »Verschmähe nicht in mir die leise Welle/ die schlingend sich um meinen Busen legt«. Anders als bei seinem Bruder ist sein Quellen-Bild frei von Irritationen und Verwirrungen. Da gibt es keine orientierungslos her und hin rauschenden Bächlein (»In der Fremde«), keine Gedanken verwirrenden Ströme (»Nachts«), sondern sanfte und klare Quellen, die Sehnsucht und Poesie wecken. In dem Gedicht »Der kühle Herbst« ist der Kontrast von unpoetischem und poetischem Leben abermals thematisiert, überhaupt ein Hauptthema Wilhelms. In dem Sonett spricht sich Wilhelm mit Bestimmtheit aus: »Ich habe Quell und Wald, und Grün gefunden/ Die mich mit ew'gem Frühlingshauch umwogen/ In hellen Farben ewig mich umglühen.« Interessant im Hinblick auf die Venus-Figuren im Prosawerk Josephs ist das Gedicht »Die zauberische Venus«. Überhaupt sollte einmal der Einfluss des Älteren auf den jüngeren Bruder untersucht werden, denn mir scheint, dass man bei der Vorbildsuche für Josephs von Eichendorffs Dichtungen in vielen Fällen gar nicht in die Ferne schweifen muss.

Wenigstens im kleinen Freundeskreis, dem sich die Brüder angeschlossen hatten, konnte Wilhelm sein Talent pflegen. Sein Freund Wilhelm Budde erinnerte sich: »Der älteste Eichendorff sang zur Guitarre, das schwäbische Liebeslied, Klärchens Klage und den einzigen Erlkönig. Ich war berauscht in der Fülle der süßen Gefühle … Es war eine unaussprechliche Stunde.« Wilhelms Musik bildete anscheinend einen zentralen Punkt der gemeinsamen Abende, sorgte für die Atmosphäre, die sich die kleine literarische Gesellschaft vorstellte. Sie diente als Übersetzerin der Gefühlswelten dieser sich im Sentiment und Jenseitigen gefallenden

Gruppe. Budde vermerkte am 3. April 1808 in sein Tagebuch: »Wir waren gestern Abend bei Eichendorffs. Guitarrenspiel und Gesang flüsterten von der vollen Bewegung unseres Herzens«.

Isidorus und Florens

Wilhelm Budde stammte aus dem westfälischen Unna und studierte zuerst in Halle Theologie, musste dann wie die Eichendorffs nach Heidelberg ausweichen. Er lebte später wieder als Theologe in Westfalen und im Rheinland. Seine Tagebücher geben beredtes Zeugnis, wie gefühlsbetont sich der Heidelberger Freundeskreis gab, der sich um den jungen Dichter Graf Otto Heinrich von Loeben (1786–1825) scharte. Loeben hatte bereits einen Roman veröffentlicht, »Guido«, der viel Anklang fand, außerdem eine Reihe Gedichte, die ein schönes Talent versprachen. Loeben zeigte sich durch Herder und Schlegel beeinflusst, wohl auch durch Achim von Arnim, ganz besonders aber durch Novalis, den Schöpfer des »Heinrich von Ofterdingen« und der »Hymnen an die Nacht«. Seine Novalisverehrung machte er zum Kult. »Ein heilig Hochamt war dein inneres Leben,/ Gestirne, Blumen, Kreatur, Gebirge,// All kamen sie zur Wallfahrt vorgezogen«, schwärmte er in seinem Gedicht »An Novalis«. Bewusst schuf Loeben auch seinen Roman in Novalis-Nachfolge; dass der junge Autor aber allzusehr den Mystizismus seines großen Vorbildes kopierte, verhinderte letztlich einen dauernden Erfolg dieses Debütromans. Der völligen Vergessenheit entging nur Loebens Dichtung »Der Lureleyfels« (1821), die er gegen Ende seines kurzen Lebens schrieb und die vermutlich Heine zu seiner »Lorelei« anregte.

In Eichendorffs »Ahnung und Gegenwart« werden wir später Figuren und Motive wiederfinden, die schon im »Guido« auftauchen. Die von Eichendorff bevorzugte Figur des alten Ritters beispielsweise findet sich bereits in Loebens »Guido«, und dort sind ihm Verse in den Mund gelegt, die thematisch auf Eichendorff hindeuten (ohne freilich dessen Sprachgewalt zu erreichen): »Im dunkelschwarzen tiefen Wald/ Da hab ich meinen Aufenthalt,/ Wird mir so süß, wird mir so bang,/ Da lausch' ich wohl den Tag entlang,/ und höre wachsen den grünen Wald.«

Der Loeben-Kreis gefiel sich in Mystifizierungen des Alltags. So trugen die Freunde geheime Namen; Loeben war Isidorus Orientalis (er veröffentlichte unter diesem Pseudonym), Budde Astralis und Joseph hieß Florens. Loeben selbst wurde von den Freunden schwärmerisch verehrt. Aus Buddes »Heidelberger Tagebuch«: »Einziger Isidor, o könntest Du etwas größeres und lieberes uns schenken als Dich, Dich selbst uns, die

Otto Heinrich Graf von Loeben, Mentor und Dichterfreund des jungen Eichendorff.

wir schon lange Dir angehören? Wie die freundlichen Lichter flattern in dem Grün, und ein treues Symbol sind unseres heiligen Bundes ... Arm in Arm sei ein heißer Kuß das Siegel der ewigen Liebe ... Isidorus liest die Hymnen an die Nacht von Novalis, Novalis und Isidorus, ja ihr seid es, die der Segen der neuen Zeit gab ... Dir Isidorus – falle ich ans Herz ... Novalis lebt neu in Dir.«

Die Freunde überboten sich in lyrischem Überschwang, gaben sich exzentrisch, poetisch, als wären sie nicht von dieser Welt und schon gar nicht der Gegenwart verhaftet.

Beiden Eichendorffs gefiel dieses ›ganzheitliche‹ Poetisch-sein. Vor allem Joseph. Er hatte nach wie vor einen schweren Kampf auszufechten, den zwischen selbstgewählter Dichtkunst und ihm auferlegter Juristerei. Wie sein Bruder Wilhelm seine musikalisch-lyrische Begabung in dem Kreis ausleben konnte, machte sich Joseph die dort herrschende überfließend sentimentale Atmosphäre zunutze, um sein Dichtertalent zu trainieren und sich in die Poesie förmlich einzuspinnen. Auf diese Weise mental gerüstet, hoffte er auch, den grauen Alltag meistern zu können. Der heute viel belächelte Cercle um den noch mehr belächelten Loeben war eine wichtige, sogar die wichtigste Zwischenstation Eichendorffs auf dem Weg zum Dichter. Er fand seinen eigenen Stil, allerdings nur, indem er sich an einem bestimmten Punkt von der überspannten und artifiziellen Sprache Loebens absetzte und zu seinen schlichteren, um Authentizität bemühten Stilmitteln fand.

Wie Loeben verfasste Eichendorff in der Heidelberger Zeit viele Sonette. Loeben schätzte die Sonettform, die er ein »Zaubernetz aus vierzehn goldnen Schlingen« nannte. Eichendorff übte sich in den Gedichten dieser Jahre an Metaphern und Bildern, spielte Motive durch und erprobte mehr den Effekt bestimmter Formeln und Wendungen, als dass er sonderlich auf inhaltliche Fülle achtete – so in dem folgenden Sonett, einem Albumblatt für Budde, das mehr tönt als bedeutet.

IN BUDDES STAMMBUCH

Es ist ein innig Ringen, Blühn und Sprossen,
  Und träumend Rauschen tief in allen Zweigen,
  Vor großer Wonne wieder selig' Schweigen,
  Und klarer Liebesglanz drum ausgegossen.

Zwey Kindlein ruhn im Glanze, eng umschlossen,
  Und goldne Vöglein in den grünen Zweigen,
  Und Engel singend auf und nieder steigen –
  So ist des Lenzens innerst' Herz erschlossen.

Wer wollt' nicht schlummern in der Blume mitten inne? –
  Ein Kuß wekt Dich von unsichtbarem Munde,
  Da ist zu farb'gem Sand die Blum' zerronnen.

Und leiser rufen aus dem blühn'den Grunde,
  Hat Fabel drum ihr magisch Netz gesponnen –
  Das ist das alte ew'ge Reich der Minne.

Eichendorff hat viele Bilder aus Loebens Dichtung gezogen und sich über Loebens Werke auch der poetischen Welt von Novalis angenähert. So ist das abgründige Naturbild, das sich bei Loeben, dann auch bei Eichendorff findet, Novalis verpflichtet. Loeben setzt den dunklen Wald, die halb-dämonische Landschaft als Szene ein, sich anlehnend an Novalis'

»Heinrich von Ofterdingen«. In Novalis' Romanentwurf taucht sie auf, die rätselhafte und bedrohliche Natur: »Die Schluchten wurden tiefer und schroffer, Felsen blickten schon überall durch und über den dunklen Wäldern ragen steile Klippen hervor, die nur mit wenigem Gebüsch bewachsen zu seyn schienen. Der Weg lief an einem Abhange fort, und hob sich nur unmerklich in die Höhe ... Die Gegend schien ganz einsam ... in den Abgründen rauschten Bäche«. Die sprechende, rauschende Waldeinsamkeit ist ebenfalls eine Loebenfloskel: »Bald in kühler Waldesnacht/ Mancherlei Gesang erwacht« (vgl. Eichendorffs »Nachts«, »Die Nacht«).

Das Einsamkeitsmotiv ist ein gemeinsamer Nenner beider Werke. In einem Sonett Lobens heißt es »ich steh allein im gällenden Gewühle,/ Und keiner fragt von allen was ich fühle«. Da fallen dem Eichendorff-Kenner gleich Dutzend ähnliche Zeilen ein, etwa: »Keiner weiß, wie unsre Herzen/ tief von Scherz zerrissen sind«, oder »Doch keiner fühlt die Schmerzen/ Im Lied das tiefe Leid«. Überhaupt lässt sich die Fabel von Loebens Sonett »Ist hier das Haus, das unsrer Liebe Sehnen« mit Eichendorffs Gedichten »Jahrmarkt«, und »Der verliebte Reisende 2« gleichsetzen. Hier wie da geht es um eine verlorene Liebe, um die Verlassenheit des Individuums inmitten der umtriebigen Umwelt, um Öde und Kälte der Gegenwart.

Gedanklich ähnlich sind Loebens Zeilen »Es wohnt ein leiser Sinn in allen Dingen,/ Ein göttlich Etwas, so von ewig war« und Eichendorffs bekanntester Vierzeiler »Schläft ein Lied in allen Dingen/ Die da träumen fort und fort./ Und die Welt hebt an zu singen,/ Triffst du nur das Zauberwort«. Loeben nannte die Poesie ein Wunderland und Eichendorff dichtete »Ein Wunderland ist droben aufgeschlagen.« Den Dichter sahen beide als Zentrum der Welt; Loeben stellte die Frage, ob des Dichters Seele nicht der Sinn der Dinge sei, doch erst Eichendorff brachte diesen Leitgedanken mit einzigartiger Sprachgewalt auf den Punkt: »Der Dichter ist das Herz der Welt.«

Sogar ins Weltanschauliche und Politische reichten die Parallelen Loebens und Eichendorffs, so geißeln beide die Deutschtümelei der ›Altdeutschen‹, die Burschenschaften wie die Philister.

Aber all diese Übereinstimmungen treffen nur die Oberfläche der Beziehung des jungen Dichters zu Loeben. Der Eintritt in den Isidorus-Kreis war für den Dichter ein Korrektiv seines bisherigen Handelns. Aus dem hochmütigen Adelsspross, dem »jungen Herrn aus großem Hause«, entwickelte sich ein nach Demut und echtem Adel Strebender, aus einem Jungen, der mit Feuereifer »bacchantische Conditionen« feierte, Prügeleien, Tumulte, Maskeraden, närrische Streiche, ausgelassene Bälle mitmachte, bis zur »schönen langen Ballermattung«, wurde ein gesetzter junger Mann, dem nun das Marienlied »wert und teuer« wurde, der sich um Contenance und Gleichgewicht bemühte und täglich an sich arbeitete. Durch Loebens Einfluss korrigierte er seine moralische Haltung. Das Bild des sanftmütigen, freundlichen Joseph von Eichendorff entstand im Loebenkreis – vorher wurde der junge Mann als launisch, wild, heftig beschrieben –; Gewährsmann Budde schrieb 1808 über ihn: »Sein ganzes Dasein ist Liebe und Güte und stiller Genuß in sich selbst. Ein italienisch kräftiges und brausendes Sehnen der Liebe ist ihm fremd, wie der reiche und glühende Himmel Italiens. Aber wo milder Blumenstaub in der Provence und Spanien die Luft erfüllt und zarte Lieder der Liebe, aus dem Herzen des Volkes gehaucht, da wohnt sein Gemüt.« Loeben formte Eichendorffs moralische Grundsätze um.

Gebrochene Liebschaft

Die moralische Besserung durch den Herzbruder Isidorus verhinderte allerdings nicht, dass Florens sich einem ihm bislang wohl wenig geläufigen Gebiet zuwandte: der Liebe. In der Nähe Heidelbergs gab es ein beschauliches Dörfchen namens Rohrbach mit einem gastlichen Wirtshaus und einer schmucken Küferstochter. Catarina Barbara Foerster, eine offenbar von vielen Studenten umschwärmte Schöne, verliebte sich in den Studenten der Kameralwissenschaften, und auch Joseph stand lichterloh in Flammen. Es entspann sich eine Jugendromanze mit endlosen Spaziergängen und heimlichen Treffen in den lauschigen Gehölzen abseits des Weges. Der Bruder Catarinas muss anscheinend aber doch gut auf seine Schwester aufgepasst und die Liebelei gestört haben. Jedenfalls bricht die Beziehung nach allerlei Streitereien 1808 auseinander, nachdem sich der Bruder eingemischt hat. Catarina gab Joseph – gezwungen oder freiwillig – den Abschied. Vom letzten Spaziergang kehrte Eichendorff mit einigem Unmut zurück. Im Angesicht der gescheiterten Liebschaft verbrachte er einige Zeit damit, sich selbst zu bedauern. »Trauer eines fast gebrochenen Herzens« und »hertzzerschneidende Resignation« vertraut er dem Tagebuch an. Catarina starb 1837, unverheiratet und verarmt.

Joseph von Eichendorff war nicht der sprichwörtliche »keusche Joseph«, er lebte kein Mönchsleben, wenn man auch dieses Bild des Dichters gern vor Augen hat. Offenbar unterhielt er die Beziehung zu Catarina noch, als er bereits um Louise von Larischs Hand anhielt, die einige Jahre später seine Frau wurde. Mutmaßlich hat Hermann von Eichendorff, sein

Sohn und Biograph, Tagebuchblätter vernichtet, die das Parallelverhält-
nis behandelten; Hermann war recht pedantisch um ein »reines Bild« seines Vaters bemüht, sittlich, aber auch politisch, wie an anderer Stelle
noch festzustellen ist. Allerdings übersah Hermann kleine Tagebuchnotizen, die aufdecken, dass Eichendorff (bereits Bräutigam!) diversen Mädchen und Frauen nachstellte.

Zwischen Berlin und Lubowitz

Eine Begegnung völlig anderer Natur hatte die Catarinenzeit noch für
Eichendorff in petto. Mit Achim von Arnim und Clemens Brentano in
Berlin! Im Herbst reisten die Brüder nämlich an die Spree und bewohn-
ten dort für einige Monate ein elegantes Logis. Die Heidelberger Studienzeit war damit beendet, nur zu Loeben hielten die Brüder weiterhin Kontakt.

Der Studienfreund Nikolaus Julius war es, der Eichendorff auf die
romantischen Dioskuren Achim und Brentano aufmerksam machte.
Brentano, Sohn einer wohlhabenden Kaufmannsfamilie mit italienischen und deutschen Wurzeln, studierte nach einer abgebrochenen Han-
delslehre an verschiedenen deutschen Universitäten, u. a. in Halle. Er
verzettelte sich jedoch immer wieder mit seinen Studien und machte keinen Abschluss. 1808 rief ihn sein bester Freund Achim von Arnim zu sich
nach Heidelberg. Hier arbeiteten sie an den Bänden ihrer Liedersamm-
lung »Des Knaben Wunderhorn«. Im Übrigen lebten sie ein halb studen-
tisches Leben, bewundert von vielen jungen Akademikern und in dieser
Bewunderung aufgehend. Dann kehrte Arnim ins heimische Berlin zurück, und der Freund folgte ihm. Eichendorffs traten in eine lose Verbindung zu den beiden romantischen Dichtern, wobei die Beziehung zu
Brentano in den Tagebüchern dokumentiert ist. Der Autor des viel gelesenen Romans »Godwi« besuchte Joseph von Eichendorff sogar während
dessen heftiger Erkrankung zum Jahreswechsel 1809/10. Ein Nervenfieber plagte den jungen Mann in wiederkehrenden Schüben. Er litt dann
unter »fürchterlichen Schmerzen«, konnte weder sitzen noch liegen,
»Hemden und Hosen am Leib faulend, vor gänzlicher Entkräftung, Tag
(beim Essen) und Nacht fast zu Tode schwitzend, am Leib verbrannt, mit
Wunden bedeckt und zerfleischt, Bart und Nägel langgewachsen«. Er versuchte, sich durch emsige Lektüre abzulenken, aber manchmal wurden
die Bauchkrämpfe und Kopfschmerzen so heftig, dass er Bettruhe benötigte. Wenn Wilhelm ausging, fühlte sich Joseph einsam und begraben. In
einer solchen Situation tauchte einmal der »herrliche Brentano« bei

ihnen auf. »Sein Weltauslachen und sogenannte Grobheit bis zum göttlichen Wahnsinn. Er spielte Guitarre. Sein Bettler, blau, blau, König v.
Thule etc: himmlisch. Er schikte mir Bücher, als: Cellini, 2 Theile des
herrl. Simplicissimi, einen chines. Roman etc:« Seit dieser Zeit orientierte
sich Eichendorff mehr an den Werken der großen Romantiker Achim von
Arnim und Ludwig Tieck, dessen »Franz Sternbalds Wanderungen« ihn
bereits auf langen Spaziergängen um den Gibichenstein begleitet hatte.

Eichendorffs Krankheit, sein plötzliches Blutspucken im Dezember
1809, hatte übrigens auch einen seelischen Grund. Der letzte Sommeraufenthalt in Lubowitz war trübe und verschattet gewesen, vergiftet
von Streitereien mit der Mutter. Joseph von Eichendorff hatte sich in die
blutjunge Louise von Larisch verliebt, die Tochter eines benachbarten
Gutsbesitzers. Soweit so gut, aber der Vater des Fräuleins, der Herr des
Gutes Pogrezbien, war verarmt, wie alle wussten. Eichendorffs hatten
aber selbst mit drückenden Schulden zu kämpfen. Daher erschien es den
Eltern wünschenswert, wenn ihre Söhne wohlhabende Partien machten.
Karoline von Eichendorff hatte auch schon die geeignete Kandidatin für
ihren ›Seppel‹ ins Auge gefasst: Julie von Hoverden, eine Cousine. Als
erfahrene Ehestifterin verstand es Karoline, mehrere Zusammentreffen
ihres Sohnes mit Julie zu arrangieren. Doch die ihm zugedachte Braut
wurde von Joseph wenig beachtet. Es entwickelte sich nicht einmal das
erforderliche Mindestmaß an Sympathie, das es der Mutter ermöglicht
hätte, die beiden vielleicht doch zusammenzubringen – mütterliche En-
gelszungen vollbringen bekanntlich wahre Wunder. Als ihre Pläne durch
den Flirt mit Louise vollends über den Haufen geworfen wurden, reagierte sie in ihrer dominanten Art mit täglichen Vorhaltungen und Zän-
kereien. Ausrichten konnte sie aber nicht mehr viel, schließlich hatte ihr
Sohn die Volljährigkeit erreicht. Er blieb standhaft bei seiner »Louiska«,
wie er seine künftige Braut liebevoll nannte, mit leicht polnischem Ein-
schlag und vielleicht in Anspielung auf die in Polen spielende beliebte
Oper »Lodoiska« von Luigi Cherubini, deren Titelheldin allen Nachstellungen des bösen Schlossherrn zum Trotz ihrem Geliebten die Treue hält.
Bei alledem gingen die Vorwürfe der Mutter an Joseph nicht spurlos
vorüber – der tief sitzende mit Furcht gepaarte Respekt vor ihr zeigte
immer noch seine Wirkung. Nach einer Zeit der Streits und Aussprachen
verlegte sich Karoline von Eichendorff auf die Strategie des Ignorierens
und kalten Hinnehmens des Unvermeidlichen.

Eichendorff verlobte sich mit Louise und musste nun zusehen, dass er
in naher Zukunft eine Familie würde ernähren können. Auf den heimatlichen Gütern sah die Lage alles andere als rosig aus, die Überlegung der

Brüder ging daher zwangsläufig in Richtung Staatsdienst. Wenn sich die Eichendorffs vom November 1809 bis März 1810 in Berlin aufhielten, dann vermutlich auch zum Zweck der Orientierung und der Anknüpfung von Kontakten.

Joseph von Eichendorff feilte in dieser Zeit weiter an seinem Sprachstil, Gedichte entstanden, Prosawerke, Dramen versuchte er, aber sie blieben unausgearbeitet. Loeben, der sich nun ebenfalls in Berlin aufhielt, begleitete die ersten Flugversuche des Dichters. Mit ihm diskutierte Eichendorff über das Bedürfnis zu schreiben: »dieses unendliche Streben, Gott hat es nicht bloß darum in die Brust der Dichter gesenkt, damit sich diese wenigen daran erfreuen, es soll, wie es in lebendiger Freiheit triumphiert, die Welt umarmen und ihr die Freiheit wiedergeben. Das ist kein Zweck, sondern die Natur der Poesie.«

Drittes Kapitel

»Ahnung und Gegenwart«

O Täler weit, o Höhen,
O schöner grüner Wald,
Du meiner Lust und Wehen
Andächtger Aufenthalt!

Bald werd ich dich verlassen,
Fremd in die Fremde gehn.
Auf buntbewegten Gassen
Des Lebens Schauspiel sehn.

aus: Abschied

»Die Zauberei im Herbste«

Loeben erhob den angehenden Dichter in den poetischen Adelstand, indem er ihm ein Pseudonym gab. Außerdem stand er Eichendorff in Fragen von Veröffentlichungsmöglichkeiten zur Seite. Am 19. März 1808 schrieb er in sein Tagebuch: »Nachmittags der junge Eichendorff bei mir. Vorschlag, er solle etwas in Asts Zeitschrift … schicken … Es ist heute sein Namenstag, Joseph; ich gab ihm den Namen Florens.« Florens versuchte sich zu dieser Zeit in allerhand literarischen Gattungen. Eine erste, erstaunlich reife, im Großkonzept vollendete Prosadichtung ist die 1809 entstandene Novelle »Die Zauberei im Herbste«. Die Handlung ist rasch erzählt: Ritter Ubaldo begegnet im Wald unvermutet einem Einsiedler, den offenbar eine schwere Schuld drückt; der Ritter gewinnt das Vertrauen des Eremiten, der ihm von seiner unglücklichen Liebe, seiner Verirrung in den Venusberg erzählt und gesteht, er habe seinen Freund und zugleich Rivalen ermordet. Da erkennt Ubaldo in dem Eremiten

Jagdszene. Scherenschnitt von Bettine Brentano

seinen Freund Raimund und eröffnet ihm, sowohl die Entrückung in den Venusberg als auch der Mord seien niemals geschehen außer in des Einsiedlers Fantasie; vielmehr sei er plötzlich verschwunden. Raimund stürzt davon, sein schon verrückter Geist verwirrt sich vollständig. Er verschwindet im Wald.

Diese auch heute noch lesenswerte Jugendnovelle ist, auch wenn sie Fragment blieb, in ihrem aufgewühlten Erzählrhythmus eine verheißungsvolle Talentprobe. Natürlich speisen sich viele ihrer Handlungsmomente aus dem, was der junge Eichendorff gelesen hat, so aus Ludwig Tiecks Märchennovellen »Der blonde Eckbert«, »Liebeszauber« und »Der Runenberg«; lyrische Einlagen wie in Tiecks »Franz Sternbald« finden sich auch bei Eichendorff, nur sind sie poetisch ungleich stärker als die des Vorbildes. Ebenso finden wir E. T. A. Hoffmanns Grotesken und die Ritterromantik Friedrich de la Motte Fouqués wieder, um nur einige weitere Vorbilder zu benennen. Deutlich wird, dass der Dichter an die romantische Erzähltradition anknüpft und die Gedankenwelt und das Motivrepertoire der Romantik in sich eingesogen hat. Mondschein, Waldschluchten und Bogenfenster, Einsiedler, Ritter und Braut, Sehnsucht, Enthüllungsszenen und Wahnsinn, alle Requisiten, Personen und Emotionen einer romantischen Erzählung sind aufs Schönste vereint. Den Szenen und Figuren dieser frühen Eichendorff-Novelle, einschließlich der marmorkalten, dämonischen Venus, werden wir in den Werken des reifen Dichters wiederbegegnen.

Die Figurencharakteristik ist in der »Zauberei im Herbste« in vollem Maße gelungen. Der immer mehr sich im Wahnsinn verstrickende Einsiedler ist ein schlüssig sich entwickelnder Charakter; der Ritter ist in wenigen Worten treffend umrissen: in sich ruhend, fromm, ungetrübt, schuldlos. Das Beziehungsgeflecht der Figuren untereinander könnte man als zu schroff kontrastierend kritisieren, diese Schwäche wird man aber auch dem noch skizzenhaften Status der Erzählung zuschreiben müssen. In späteren Werken wird Eichendorff sich in der Tat um feinere Abstufungen der einzelnen Charaktere bemühen, in der »Zauberei im Herbste« lässt er die konträren Lebensentwürfe der handelnden Personen aber bewusst aufeinanderprallen. Es gibt nur dieses eine Figurenquartett: ein männlicher Haupt- mit Gegenpart, eine weibliche Figur und ihre Gegenfigur. Der fromme steht dem sündig gewordenen Ritter gegenüber; die sinnliche, halb magische, halb reale Geliebte kontrastiert dem madonnenhaften Bild der Ritterfrau. Der christliche und der unchristlich handelnde Mensch bilden die Personenspannung des vorliegenden Textes. Aber das ist ja nur die erste Leseebene der »Zauberei im Herbste«.

Der fromme Ritter ist nicht nur positiv geschildert. Er fühlt sich unsicher im Dickicht des Waldes und verweilt viel lieber am behaglichen Kaminfeuer. Was allerdings wenig ritterlich, vielmehr biedermeierlich, verbürgerlicht anmutet. Sein Schwert hängt lediglich als Raumschmuck an der Wand. Eichendorff stellt den Ritter in eine philiströse Heim- und Familienidylle. Innenräume sind bei ihm häufig negativ konnotiert, wie bereits Johannes Kersten (»Eichendorff und Stifter«) feststellte. Dem innerlich zerrissenen Raimund kann die enge Behaglichkeit von Ritter Ubaldos Heim denn auch keine Geborgenheit bieten. Seine Behausung ist vielmehr eine einsame Felsenhöhle. Aber selbst hier verfolgt und bedroht ihn die obsessive Erinnerung an den gespenstischen Zauberwald: »Er trat in den Garten hinaus … Auf einer hohen Blume saß ein Vogel und sang ein wunderbares Lied, das die Brust mit unendlicher Sehnsucht erfüllte. Es waren dieselben Töne, die er gestern Abend während seiner Erzählung auf Ubaldos Burg vorüberschweifen hörte. Mit Schrecken erkannte er auch nun den schönen gelben Vogel aus dem Zauberwalde wieder. – Hinter ihm aber, hoch aus einem Bogenfenster des Schlosses schaute während des Gesanges ein langer Mann über die Gegend hinaus, still, bleich und mit Blut bespritzt. Es war leibhaftig Ubaldos Gestalt.« Was wirklich und was der Vorstellung entsprungen ist, verquickt sich. Eichendorff hat das gegenüber einem möglichen Publikum legitimieren wollen und seine Erzählung deshalb als »Märchen« untertitelt. Dabei ist die »Zauberei im Herbste« viel mehr als ein Märchen. Sie ist in erster Linie ein Zeugnis der Selbstreflexion Eichendorffs (und vielleicht auch darum Fragment geblieben). Eichendorff stand zum Zeitpunkt der Niederschrift vor der Entscheidung, ob er freier Schriftsteller werden solle und es sich zutraute, selbst entgegen dem Willen seiner Eltern, seinen Lebensentwurf zu verwirklichen. Er zögerte, sah er doch nüchtern die Gefahr, sich in seinem Poetentraum zu verlieren. In seinem Prosafragment beschwor er die Schönheit, aber auch den Abgrund eines Dichterdaseins: »Seht, es ist ein wunderbares, dunkles Reich von Gedanken, in des Menschen Brust, da blitzten Kristall und Rubin und alle die versteinerten Blumen der tiefe mit schauerlichem Liebesblick herauf, zauberische Klänge wehen dazwischen, du weißt nicht, woher sie kommen und wohin sie gehen, die Schönheit des irdischen Lebens schimmert von draußen dämmernd hinein, die unsichtbaren Quellen rauschen wehmütig lockend in einem fort und es zieht dich ewig hinunter – hinunter!« Den alternativen Lebensentwurf stellte Eichendorff in seiner Novelle ebenfalls zur Diskussion: die Existenz des an Hof und Familie gebundenen Ritters, eines fleißigen Güterverwalters, so wie die Eltern es sich von ihm erhofften –. Eichendorff hält zu dieser philiströsen Art zu leben allerdings unübersehbare Distanz. So stand Eichendorff also 1809 wie Herkules am Scheidewege zwischen Poetentum und Kameralistik, und er hat diese Situation dichterisch umgesetzt. »Die Zauberei im Herbste« ist der gelungene Entwurf einer Künstlererzählung.

Eskapade nach Wien

Für die letzlich von ihm getroffene Entscheidung zeugt sein Einverständnis, mit Wilhelm nach Wien zu gehen, um dort weiter zu studieren und sich eventuell beruflich zu etablieren.

Immer schon hatten sich die Eichendorffs dem österreichischen Lebensstil mehr verbunden gefühlt als dem preußischen. Das lag natürlich daran, dass sie dem katholischen Glauben anhingen und Österreich ein katholisches Land war, besser gesagt: *das* katholische Land, während sich die wenigen Katholiken (nimmt man das Rheinland aus) im erzprotestantischen Preußen mehr gelitten als toleriert fühlten. Unter den schlesischen Gutsbesitzern gab es viele, die lieber unter Franz II. als Friedrich Wilhelm gelebt hätten, auch eingedenk der historischen Tatsache, dass Schlesien bis vor wenigen Jahrzehnten bei Österreich gewesen war. 1740 riss Friedrich II. Schlesien an sich, um »die Macht des Staates zu mehren« und seine Gegenspielerin Maria Theresia in ihre Schranken zu weisen. Gut zwanzig Jahre später, nach dem für alle Kriegsparteien mörderischen Siebenjährigen Krieg, hatte die Habsburgerin dann auch jeden Gedanken an eine Rückgewinnung der ihr so teuren Provinz aufgeben müssen. Friedrich dem Großen war selbstverständlich nicht verborgen geblieben, dass sich die Schlesier – mit Ausnahme der dort lebenden Protestanten – nur halbherzig dem neuen Herrscher beugten; er zeigte sich seinen neuen Untertanen daher von der gnädigen Seite, gewährte Steuerprivilegien, übte religiöse Toleranz und nahm sich vor, aus »Schlesien die blühendste und glücklichste« seiner Provinzen zu machen. Nun – Könige und Politiker verspechen immer viel, und ob das alles dem stolzen und alteingesessenen schlesischen Adel genügte, sei dahingestellt. Kurzum, die Familie Eichendorff war froh, die Brüder in Wien zu wissen, und Joseph war glücklich, denn Wien besaß den Ruf einer Kunstsadt.

Andererseits fiel den Brüdern der neuerliche Abschied von Lubowitz schwer. Eichendorff setzte seine melancholische Abschiedsstimmung dichterisch in den durch die spätere Mendelssohnsche Vertonung weltberühmt gewordenen Versen »Abschied. Im Walde bei L.« (»O Täler weit, o Höhen«) um. In diesem Gedicht drückt sich nicht nur Heimatverlust

Wilhelm von Eichendorff

und eine gewisse Angst vor der Fremde aus (»Bald werd ich dich verlassen,/ Fremd in die Fremde gehn«, V. 25–26), sondern wie in der »Zauberei im Herbste« der Konflikt zwischen poetischem Leben in unberührter Natur (»Wenn es beginnt zu tagen/ die Erde dampft und blinkt,/ Die Vögel lustig schlagen,/ Daß dir dein Herz erklingt«, Z. 9–12) und städtischem Alltags- bzw. Berufsleben (»Geschäftge Welt«, Z. 6; »Auf buntbewegten Gassen/ Des Lebens Schauspiel sehn«, Z. 27,28).

Ganz ähnlich klingen auch Wilhelms lyrische Töne. In seinen Gedichten, die etwa in die Wiener Zeit zu datieren sind, bildet ebenfalls das Gegenüber von freier Natur und Stadt ein Kernthema. »Fahrt Sorgen hin,/ Fahrt alle hin,/ Das Horn hör ich erschallen./ Gegrüßt o Pracht/ Der süßen Nacht,/ Euch grüß ich grüne Hallen.// Ade! Leb wohl/ Leb alles wohl/ Leb wohl du Weltgedränge!/ Frisch Waldgewühl,/ Das Herz wird kühl/ Umweht mich Hörnerklänge« (»Im Wald«, V. 13–24). Nur war Wilhelms Perspektive eine andere. Während Joseph von der Geborgenheit des Waldes auf die Alltagwelt hinaussah, zuversichtlich, optimistisch, blickte sein Bruder bereits wehmütig auf alles zurück; sein Standort war schon ein Platz in der Alltagswelt mit ihren Sorgen. Das ist die grundsätzlich verschiedene Blickrichtung der dichtenden Brüder. An seiner pessimistischen Haltung wird Wilhelm von Eichendorff schließlich zerbrechen. Wie sehr es ihn traf und den Dichter in ihm zerstörte, dass er zu einem Beamtenleben gezwungen war, lässt sich aus einem seiner Gedichte ablesen: »Goldner Schein ist ausgegangen / Ach voll Bangen / Trägt mein Herz nach ihm Verlangen, / In dem Morgen / seh' ich Reiter / Immer weiter / Lustig ziehen / Helm und Panzer glühen! / Stolz auf Rossen / Muntre Jagdgenossen / Rasch in die Gebüsche / Durch Thal und Morgenfrische! / Fern die Berge stehen / Still sie auf mich sehen, / Zwischendrein schlägt Jagdgesang / und Hörnerklang, / Alles Waldwärts ... / O großer Schmerz, / O, armes Herz.«

Im November 1810 kamen die beiden jungen Freiherren in Wien an. Nicht der günstigste Monat, um der Stadt zu begegnen, denn die traumhafte Kastanienfärbung im Prater war vorbei, Regen und Rauhreif überzogen die Stadt mit ihrem Schleier und die damals noch mittelalterlich engen Gassen boten mit ihren verrußten Hausfassaden einen grauen, trostlosen Anblick. Seine Wien-Ansichten im Roman »Ahnung und Gegenwart« überzog Eichendorff mit ähnlich düsteren Farben.

Als ich vor vielen Jahren zum ersten Male Wien besuchte, das mir mittlerweile zur dritten Heimat geworden ist, und mich regelrecht von Sehenswürdigkeit zu Denkmal hungerte, stieß ich bei meinen ausgedehnten Streifzügen durch die Innere Stadt auf eine Ehrentafel mit dem vertrauten Namen Eichendorff. Sie hängt in der Herrengasse am Palais Wilczek, einem damals recht vernachlässigten Bau, der nur noch wenig von seinem alten Glanz verriet. Als ich den Namen Eichendorff las, wurde mir plötzlich bewusst, wie häufig Wien die Szenerie seines Lebens und Werks stellte. Noch einer der Vielen, die der Charme der Donaumetropole in ihren Bann gezogen hatte. »In diesem Haus wohnten Franz Grillparzer / Joseph von Eichendorff ...«. Das Barockpalais des Grafen Wilczek in der Herrengasse Nr. 5 (1810 Nr. 34) ist ein dreistöckiges Bauwerk im vertrauten Schönbrunner Gelb. Heute befinden sich in den Räumen der Sitz der österreichischen Literaturgesellschaft und eine hübsche, besuchenswerte Buchhandlung.

Wilczek war ein entfernter Verwandter der Eichendorffs, was ihnen den Aufenthalt in der Residenzstadt preiswerter und bequemer machte. Unbesorgt um Quartiersuche und gesellschaftliches Kontaktknüpfen konnten die Brüder gleich ihren Studien nachgehen. Sie bemühten sich um die Erlaubnis, in Wien ihre Prüfungen ablegen zu dürfen und lernten, was das Zeug hielt. Morgens machten sie Bekanntschaft mit Kanonischem Recht und Geschichte, nachmittags paukten sie Französisch. Wenn ihre Verwandschaft oder Wiener Bekannte sie nicht zu Tisch luden, begnügten sich die Brüder mit etwas Brot und einem Apfel oder Birnen. Nach dem Essen war Studier- und Poesiestunde. Geld für den allabendlichen Gang ins Beisel fand sich seltsamerweise aber immer in ihrer mageren Haushaltskasse.

Wilczek, der von ihren finanziellen Nöten wusste, unterstützte die Brüder aufmerksam in vielerlei Hinsicht. Er war bekannt mit dem Oberstallmeister Graf Kaunitz, mit Graf Auersperg und Fürst Esterházy, maßgeblichen Persönlichkeiten Österreichs. Wichtige Kontakte für die berufliche Zukunft der Eichendorffs – und Wilhelm hat diese Beziehungen später auch genutzt.

Wilczek sorgte für Unterhaltung, führte die Brüder auf Bälle, unter anderem zu den Maskenbällen im Großen Redoutensaal, er organisierte Ausflüge und Spaziergänge zu den schönsten Stätten der Umgebung. In Schönbrunn bewunderten Eichendorffs die »herrliche Estrade vor dem Palast mit grünem Rasen, großen Bassins … der Gloriette«, im Schwarzenbergischen Garten den »herrlichen Pallast mit Säulen und der großen Terrasse vorn, von welcher herrliche Aussicht über die Glacis auf die Stadt und die Berge«. Der Schlosspark des Belvedere missfiel Joseph dagegen als »öder Garten mit abgebrochenen Sphinxen«, aber hier bewunderte er die Galerie mit Bildern von Raffael, Tizian und Rubens. Von Wilczeks Geld kauften sich die Brüder auch einen schönen, grünen Papagei, den sie mit Zuckerstückchen fütterten. Joseph hatte stets einige Haustiere um sich. Kurz und gut, sie genossen die Stadt vom Kaffeehaus bis zum Maskenball, vom Wurstelprater bis zum Kärntnerthortheater. Zu den denkwürdigsten Opernbesuchen Josephs gehörten Aufführungen von Mozarts »Hochzeit des Figaro« und »Don Giovanni«. Ansonsten bestimmte italienische Musik die Klangszene Wiens. Antonio Salieri dominierte nach wie vor, in seinem Dunstkreis der noch junge Rossini, bald Lieblingskomponist der Österreicher; Cherubinis Werke wurden beklatscht, die Opern des 1801 verstorbenen Domenico Cimarosa noch umjubelt aufgeführt. Allerdings entwickelte sich allmählich eine nationale Gegenkultur. In den liberalen Salons der Stadt, etwa dem der Baronin Henriette Pereira oder dem der Schriftstellerin Caroline Pichler, wurden systematisch Künstler gefördert, die für nationale Kunst standen. Die mächtigste Erscheinung der nationalen Musikkultur war Ludwig van

Beethoven; Meilensteine setzten in der nächsten Generation die Aufführungen der Singspiele von Franz Schubert und und der romantischen Oper »Euryanthe« von Carl Maria von Weber – beide Komponisten übrigens Habituès der ›Künstlermacherin‹ Caroline Pichler. In Pichlers Salon verkehrten auch die Dichter Heinrich von Collin und Theodor Körner, der bemerkte: »Meine Kunst seufzt nach dem Vaterlande«; in diesem Salon fanden auch die Eichendorffs Aufnahme.

Die Pichlersche Wohnung befand sich in der Nähe von Dorothea Schlegels Gartenwohnung. Dorothea Schlegel, eine der bedeutendsten Frauengestalten ihrer Epoche, lebte seit Kurzem in Wien. Hierhin war sie nach ihrer Trennung vom ungeliebten ersten Ehemann (eine Skandalgeschichte ersten Ranges!) ihrem Geliebten Friedrich Schlegel gefolgt. Auch Dorothea, Autorin des »Florentin«, betätigte sich als Salonnière und hieß regelmäßig eine Reihe erlesener Gäste in ihrer Wohnung willkommen, Wilhelm von Humboldt und Henriette Herz beispielsweise. Ihre Hauptarbeit aber galt ihrem jüngeren Mann Friedrich Schlegel, der 1799 den Bestseller »Lucinde« veröffentlicht hatte, ein Skandalbuch. Ihren späterhin schriftstellerisch glücklosen und selten liquiden Gatten unterstützte sie durch Übersetzertätigkeit (was dieser ihr mit irren Eifersuchtsausbrüchen dankte). 1808/09 waren die Schlegels nach Wien gekommen, nicht ohne vorher vom protestantischen zum katholischen Glauben zu konvertieren; für Dorothea, geborene Brendel Mendelssohn, die zweite Konversion. Der neuerworbene Katholizismus zahlte sich für Friedrich aus, der als Zeitungsherausgeber und Philosoph in Wien Fuß fasste. Schlegels publizistische Kriegserklärung galt Napoelon; er stand auf Seiten des aufblühenden nationalen Liberalismus, was seine »Vaterlandsgesänge« bezeugen. Er setzte sich mit gleicher Inbrunst für die katholische Sache ein und mit ihm Dorothea, die jeden Tag die Heilige Messe besuchte.

Die Visiten Eichendorffs galten mehr Frau Schlegel als dem Philosophen, der sich selten von seiner besseren Seite zeigte. »Wo ich hinkomme, flieht die gute Laune, und meine Nähe drückt«, hat er sich einmal selbst charakterisiert. Seine geistvolle Frau dagegen zog die Besucher an. »Hübsch kommt sie mir nicht vor«, schrieb Caroline Schlegel über ihre Schwägerin, die mehr durch ihren Witz als äußere Schönheit bestach.

Joseph von Eichendorff schlüpfte bald in die Rolle ihres Protegés. Sie war seine primäre Anlaufstelle bei dichterischen Fragen.

Zwei Großprojekte beschäftigten Eichendorff zu jener Zeit. Im Frühling 1811 hatte er sich an einen Roman gewagt. Jeden Abend feilte er an ihm, wenn er nicht gerade Schriften Friedrich Schlegels las. Daneben befasste er sich mit einem Drama, das offensichtlich von den Diskussionen in den patriotischen Salons inspiriert war; »Hermann und Thusnelda« sollte ins tiefste Germanentum führen – ein Gegenstück zu den großen Hermannsschlacht-Dramen Kleists (1800) und Grabbes (1835–1836). Den Roman verbannte er erst einmal in die Schublade, statt dessen setzte er sich täglich eine Stunde in »die herrliche Bibliothek, wo« er »Masouis Geschichte der Deutschen, Hermanns Historie abschrieb« (9. Dezember 1811). Noch im selben Monat, vor dem Christfest, warf er das Drama jedoch beiseite: »Ich fing seit einigen Tagen an am Hermann zu schreiben, ließ es aber u. setzte wieder meinen Roman fort«. Onkel Wilczek stellte an seinem Neffen »Erschöpfung manchmal von Hunger und Arbeit« fest und ließ den Brüdern Naturalien zukommen. In der Tat war die Entstehung des Romans »Ahnung und Gegenwart« von einem neuerlichen finanziellen Engpass der Familie Eichendorff begleitet. Unterstützung aus Lubowitz floß nur spärlich. Bereits am 3. September schrieb Eichendorff launig ins Tagebuch: »fiengen wir unser abenteuerliches standhaftes Hungerleben an, um uns Geld auf Bücher zu ersparen … Früh näml. Gar nichts. Zu Mittag Brodt, Butter … Saltz u. 1 Seidel Wein zusammen … Zum Desert: Loebens Briefe und mein Tagebuch von Lubowitz.«

Wenn Eichendorff jetzt bei den Schlegels war, dann unterstützte Dorothea ihn bei der Arbeit am Roman. Sie zeigte sich interessiert und gab ihm kritische Anregungen. Zwei Jahre schrieb Eichendorff an dem Buch. Vollendet wurde es mit hoher Wahrscheinlichkeit Anfang Oktober 1812. Als Eichendorff den Schlegels sein Werk zur abschließenden Begutachtung präsentierte, bestärkten sie ihn darin, den Roman zu veröffentlichen: »Sie ermunterten mich, ihn drucken zu lassen und von der letzteren Hand (Anm.: Dorotheas) rühren zu diesem Endzwecke die vielen Korrekturen her, die sich in diesem Manuskripte befinden« (1. Oktober 1814).

»Ahnung und Gegenwart« zählt heute zu den bekannteren Werken des Dichters. Ein Roman in drei Hauptteilen, die auf dem Weg zwischen Heidelberg und Wien, in Wien selbst und auf dem Weg fort von Wien spielen. Eine szenische Bewegung, die zugleich die Entwicklungsgeschichte der Hauptfigur Friedrich sichtbar macht: vom Studenten zum Dichter und weiter zum Mönch, vom lockeren Leben zur moralischen Strenge, vom Schwärmer zum unglücklich Liebenden und Zölibatär.

Mit der Veröffentlichung seines Debütromans tat sich Eichendorff schwer. Notwendig war es, einen geeigneten Herausgeber und Fürsprecher für das Buch zu finden, möglichst eine Persönlichkeit, die über die besten Kontakte zu Verlegern verfügte. Zunächst dachte Eichendorff hier an Schlegel. Heute findet sich in der Eichendorff-Forschung die Behauptung, Schlegel sei von dem Erfolg des Romans gar nicht so überzeugt gewesen und habe deshalb die Herausgabe verzögert. Es ist aber vielmehr so, dass Eichendorff selbst einige Bedenken trug, Schlegel das Buch anzuvertrauen, denn mit weiten Teilen der Literaturszene und der »guten Gesellschaft« hatte es sich der Philosoph verscherzt. Mit seinem eigenen Bruder, August Wilhelm, lag er in Fehde, die Romantiker Arnim und Brentano lehnte er ab, wie sie ihn ablehnten. In diesem Punkt war Eichendorff mit Schlegel allerdings ziemlich einig, er begann, sich von seinen romantischen Vorbildern zu lösen; in »Ahnung und Gegenwart« sind bereits einige romantische Motive völlig anders besetzt als in der Literatur der Romantik. Da Friedrich Schlegel vielen nach wie vor als Skandalautor galt, hätte es für Eichendorff unter Umständen Ansehensverlust bedeutet, wenn er gerade dem Autor der »Lucinde« die Herausgeberschaft seines Erstlingswerkes anvertraut hätte. Die Lubowitzer Familie, die ohnehin nicht auf einen Dichter aus ihren Reihen erpicht war, wäre bei diesem Ruch von Skandal sicher tödlich beleidigt gewesen. Wie hätte er vor seiner Mutter dagestanden! Höchstwahrscheinlich aus diesem Grund erwog Eichendorff zuerst, das Werk überhaupt unter einem Pseudonym erscheinen zu lassen.

Entscheidungshilfe kam von Loeben, der dringend davon abriet, das Debüt mit Unterstützung Schlegels zur veröffentlichen, sondern Friedrich de la Motte Fouqué vorschlug, der »ein von dem ganzen Publikum beachteter Dichter« sei, eben nicht so umstritten wie Schlegel. Am 1. Oktober 1814 sandte Eichendorff sein Manuskript an den dichtenden Baron, den er als »Kernhalter deutschen Sinnes« ansprach. Durch die sich überstürzenden politischen Ereignisse vor dem Wiener Kongress konnte Eichendorff erst zu diesem Zeitpunkt die Veröffentlichung forcieren. Fouqué zeigte sich von dem Roman angetan. »Leben, Tiefe, Kraft, Wahrheit und frommer Sinn offenbaren sich herrlich in den glühenden Bildern Ihrer Phantasie«, antwortete er am 26. November.

Ostern 1815 kam der Roman heraus. Mit enormen Anlaufschwierigkeiten. Zunächst nahm ihn die Kritik gar nicht wahr. Dann erschienen einige wohlwollende Rezensionen, die »eine recht fruchtbare, bilderreiche Phantasie, ein waches poetisches Gemüth, … eine frische, sichere oft bis zum Kecken kräftige Darstellung und Sinn für große kunstreiche Composition« attestieren (»Allgemeine Literatur-Zeitung«, Halle 1819) und sich entschuldigten »diesen Roman … mit Stilschweigen bisher«

übergangen zu haben (»Schlesische Provinzialblätter«, Breslau 1819). Einzig von Loeben kam eine kritische, begeisterte und sehr verständige Reaktion zum Zeitpunkt der Veröffentlichung. »Florens Roman ist eine Romanze des Frühlings, der ewig währt« (1814).

Gerade von diesem wohlmeinenden Freund wandte sich Eichendorff aber nach und nach ab, auch das unter Dorotheas Einfluss, denn sie empfand die schwärmerischen Poesie-Ergüsse Loebens als lächerlich und von unfreiwilliger Komik durchtränkt. 1849 befand der reife Eichendorff dann, Loeben sei »ein jetzt selten gewordenes Kabinettstück aus der guten alten Zeit«. Dabei steckte »Ahnung und Gegenwart« noch voll vom Loebenschen Ideengut, das sich Eichendorff ganz zu eigen gemacht hatte, etwa das Bild des Dichters, der untrennbar mit der Poesie verbunden ist. »Des Dichters Gemüth ... ist ein endlos Gedicht«, sang Loeben. Friedrich in »Ahnung und Gegenwart« durchlebt wie Guido in Loebens gleichnamigen Roman die Stationen Sehnsucht, Liebe und Verklärung, und beide Romane spielen mit zeitlichen Dimensionen, »Ahnung und Gegenwart« auch mit Auflösung von Zeit. Im »Guido« heißt es: »So verständigen sich in des Dichters Seele Vergangenheit und Zukunft unaufhörlich, und sprechen über die Häupter der Verstummenden weg, die nicht wissen, wohin sie geraten sind. Dem Dichter ist ungenießbar, was da geschehen ist, wenn er sich nicht zugleich zu dem wenden kann, was da geschehen solle, und so bringt sein ungeduldiger Trieb oft Missverständnis unter den Unachtsamen hervor«.

Die Abkehr von der dichterischen Welt Loebens lässt sich dagegen vor allem an den Naturschilderungen ablesen. Bei Eichendorff ist die Natur immer abgründig gezeichnet, in »Ahnung und Gegenwart« sogleich zu Anfang das Bild des Rheinstrudels, bedrohlich und schwarz. Die im Wald verirrten, in Klüften verstiegenen Jäger, Grafen und Gräfinnen kennen hier keine Zuflucht mehr, da begleiten keine Nachtigallen und Blumen mit Farbenmelodien die Monologe des Helden wie im »Guido«. In Loebens Roman steht der Wald als Bild für Liebe und Poesie, rein und utopisch, bei Eichendorff ist dieses Bild gebrochen, und wenn rudimentär Wald mit Poesie noch gleichgesetzt werden kann, dann aber nicht mehr mit Liebe. Der Roman »Ahnung und Gegenwart« hat keinen Raum für Utopien.

Distanziert hatte sich Eichendorff auch von Loebens schwärmerischer Individualreligion. In Wien stand der Schlesier unter dem Einfluß des zum Schlegel-Kreis gehörenden Clemens Maria Hofbauer, dem Generalvikar des Redemptoristenordens. Eichendorff schilderte den 1909 heiliggesprochenen Prediger, der bei den Wiener Katholiken auch heute noch hohe Verehrung als Stadtpatron genießt, als »Ordensgeneral, voll Feuer, lustig, polnisch sprechend«. Hofbauer predigte in Wien mit missionarischem Eifer und in derber Sprache gegen das Franzosentum und für die Unterstützung der von Napoleon hart bedrängten Päpste – Pius VI. war 1799 in französischer Haft elend gestorben, und Pius VII. saß seit 1809 als Staatsgefangener auf Schloss Fontainebleau, wie wir aus Alois Uhls neuem Buch »Das Sterben der Päipste« erfahren. Hofbauer trug seine Predigten mit einer naiven Frömmigkeit vor, die Eichendorff an dem Geistlichen so sehr schätzte und die in ihrer volkstümlichen Art das Kontrastprogramm zu Loebens esoterischem Religionskult darstellte.

Hofbauer regte Eichendorff auch an, die wortgewaltigen Predigten des großen Abraham a Sancta Clara (1644–1709) zu lesen, und darüber fand der Dichter Gefallen an der Barockliteratur, stöberte in den Dramen seiner Landsleute Andreas Gryphius und Daniel Caspar von Lohenstein.

In vielen anderen Dingen folgte Eichendorff dem frommen Pater nicht. So entwickelten beide Freiherrn ihre erotische Ader, was den notorischen Frauenhasser Hofbauer erbost hätte, wäre er in ihre Eskapaden eingeweiht gewesen. Unbekümmert darum, dass in Pogrzebin seine Verlobte saß und auf ihn wartete, stellte Eichendorff auf Bällen den hübschen Debütantinnen nach, während Wilhelm »einer tantzenden Eule« hinterherlief. War keine der ›höheren Töchter‹ willig, so hielten sich die Eichendorffs am weiblichen Personal befreundeter Familien schadlos, wie Josephs Tagebuch preisgibt. Wenn kein erfolgreicher Flirt in Sicht war, betranken sich die beiden. Die Heurigen, die Beisel, die Kaffehäuser – lauter bekannte Orte für die Brüder. Schließlich war der Dichter das Herumgenasche satt und nahm sich eine ständige Geliebte. Zwei Mal pro Woche besuchte er eine Choristin »auf dem Mehlmarkte«. Ob sie identisch ist mit einem Fräulein Wimberg, das ebenfalls in unzweifelhafter Weise in Eichendorffs Tagebuch figuriert, muss offen bleiben. »Immer doch … höre ich Leben und Dichten verwechseln«, ließ Eichendorff den Dichter Faber in »Ahnung und Gegenwart« ausrufen. Bei Eichendorff allerdings driftete zur Wiener Zeit das ungezügelte Leben beileibe nicht mit seiner Dichtung auseinander. »Ahnung und Gegenwart« ist letztendlich eine großangelegte Selbstreflexion Eichendorffs, der sich in sämtlichen Dichterfiguren des Romans spiegelt, in Faber und Leontin, im Egomanen Friedrich und im vom Wahnsinn bedrohten Rudolf, in Romana und dem sentimentalen Dichter. Welcher Weg des Dichter-Seins war nun für ihn der beste? Das Ende von »Ahnung und Gegenwart« gibt keine deutliche Antwort und Eichendorff vermochte auch weiterhin nicht, seinem Dichtersein ein genaues Ziel zu setzen.

Es ist bemerkt worden, dass der Roman die verschiedensten Möglichkeiten von Künstlerexistenzen durchspielt, vom Berufsschriftsteller Faber bis zum Grafen Leontin, der sein Leben zur Poesie zu machen versucht, bis zu Rudolf, der in der Kunst einen Ersatz für emotionale Leere sucht und sie doch immer ungenügend findet, bis zu Friedrich, dem Religion und Kunst eins werden. Die weiblichen Figuren symbolisieren die verschiedensten Arten und Ebenen von Kunst – Rosa, die gefällige, oberflächliche, aber Aufsehen erregende Kunst, Romana eine revolutionäre, gegen jede Konvention verstoßende: sie setzt sich über die Geschlechtergrenzen hinweg, geriert sich als wilde Amazone und wird von Leontin als »tollgewordene Genialität, die in die Männlichkeit hineinpfuscht« geschildert; ihr Schloss und Garten, bei Eichendorff immer Seelenlandschaften, sind gegen alle Ordnung angelegt und zugleich Ausdruck einer individualistischen Kunstauffassung, wie die Einsamkeit ihres Schlossen dokumentiert. Julie dagegen ist Symbol einer naiven, der Natur nahen Kunst; sie geht den ›natürlichen‹ Weg einer jungen Frau und landet im Ehehafen mit Leontin, dem Naturpoeten; Erwine, die zumeist in männlicher Verkleidung als Knabe Erwin figuriert, steht für eine Kunst, die keiner der Romanpoeten zu deuten weiß – »Leontin nannte den Knaben eine wunderbare Laute aus alter Zeit, die jetzt niemand mehr zu spielen verstehe«. So ist der Roman einerseits ein Künstlerroman. Der Roman hat aber noch mehr und anderes zu bieten, zeichnet die Gegenwart Eichendorffs in schonungslosen Bildern und Stimmungen. Jede der Figuren in »Ahnung und Gegenwart« und jede ihrer Umgebungen steht an einem Abgrund, erlebt Verlust und Zerstörung. Es beginnt mit dem Bild des gefährlichen Donaustrudels, gewissermaßen das Leitmotiv der Bedrohung, unter dessen Zeichen der gesamte Roman steht. Friedrichs Lebenssituation ist bestimmt von seiner unglücklichen Kindheit, den nie gesehenen Eltern, dem entlaufenen Bruder. Schmerz bereitet ihm seine unglückliche Liebe zu Rosa, die zur Mätresse des Prinzen wird und diesen später heiratet, ganz und gar einem reichen, veräußerlichten Leben hingegeben. Viktor, der Geniale, ist von Schwermut gezeichnet und treibt ein selbstzerstörerisches Spiel mit dem Tod; so stürzt er sich bei einer Feuersbrunst mitten ins brennende Gemäuer eines Schlosses. Was aus ihm wird, lässt Eichendorff völlig offen. Romana, gezeichnet durch eine strenge Erziehung, den brutalen Verlust ihrer Jugendliebe und ihre unerwidert bleibende Liebe zu Friedrich, endet im Selbstmord. Rosas, Maries und Erwines Liebe wird zurückgestoßen und diese Zurückweisung besiegelt ihre Schicksale. Rudolfs Leben steht vollends unter einem schwarzen Unstern. Und so fort. Alle Beziehungen der Personen untereinander sind gestört, auch die freundschaftlichen und erotischen. Überall herrschen Un- und Missverständnis, zumal die männlichen Hauptfiguren sind kalte Ich-Menschen. Die schonungslose Darstellung macht auch vor der Hauptfigur des Romans nicht halt: Leontin warf die Liebe seiner ersten Gefährtin weg, aus gekränkter Eitelkeit wirft er sich in die Kriegswirren. Friedrich hat für alle Menschen, die um seine Aufmerksamkeit betteln, nur moralische Standpauken und religiöse Sprüche, innerlich nimmt er an ihrem Schicksal keinen Anteil. Seine Religiosität entlarvt sich damit als eine zur Schau getragene Frömmigkeit, denn wahrhaft christlich handelt der Graf selten, fast immer ist er von moralinsaurer Selbstgerechtigkeit geleitet. Die Welt des Adels, ob nun die hohen Adelskreise in der Residenzstadt Wien oder der landsässige Kleinadel, ist brüchig in sich. Eine ganze Gesellschaft steht am Abgrund.

Landschaften seien bei Eichendorff austauschbar, heißt es. Er entwerfe immer eine Urlandschaft, in der er wohl ab und zu einige Versatzstücke austausche, bei der es ansonsten aber gleich ist, ob er sie in Italien, Deutschland oder sonst wo ansiedelt. In »Ahnung und Gegenwart« sind die Orte aber genau benannt, die Landschafts- und Städtebilder wie der Donaustrudel, die Residenzstadt oder die Felswand mit Ausblick nach Italien sind sehr konkret geschilderte Veduten. Süddeutschland, Österreich mit Wien und Oberitalien, genauer Tirol, sind die Handlungsorte des Romans, wobei süddeutsche Städte wie Heidelberg und Regensburg nur als Ausgangspunkte erscheinen. Eichendorffs derzeitiger Aufenthaltsort Österreich ist ein von den Franzosen überfallenes und bedrohtes Land. Jederzeit kann der Krieg mit Napoleon wieder aufflammen. Innenpolitisch führt der Weg des Habsburgerreiches von der schwindenden Hoffnung auf Beibehaltung eines aufgeklärten Reformkurses hin zur tristen Realität eines autoritären Polizeistaates. Der Josephinismus, die einst so machtvolle Bewegung für eine Modernisierung und Säkularisierung von Staat und Gesellschaft, hat ihren visionären Glanz längst eingebüßt, findet aber unter den Wiener Beamten und Intellektuellen noch zahlreiche Anhänger, doch ihnen weht der kalte Wind der Reaktion ins Gesicht. Als Friedrich in »Ahnung und Gegenwart« Wien betritt, künden heraufziehende Gewitter schon vom nahenden Unheil, und schnell sind auch die allgegenwärtigen Polizeispitzel zur Stelle: »Aber ein Polizeidiener, der, in seinen Mantel gehüllt, an der Ecke lauerte, verjagte ihn endlich durch die Aufmerksamkeit, mit der er ihn zu beobachten schien.« Für den Untergang des Alten findet Eichendorff ein gespenstisches Bild: Auf dem Maskenball im Redoutensaal erschreckt eine altdeutsche Maske die Tänzer fast zu Tode, »denn unter den Spitzen der Ritterärmel langten die Knochenhände eines Totengerippes hervor«. Der dritte Teil des Romans führt nach Tirol, mitten hinein in den Befreiungskampf der Tiroler um Andreas Hofer. Beschrieben ist damit das politische Bermudadreieck der Zeit, Deutschland, Österreich, Italien, entsprechend den drei Hauptteilen des Romans. Auflösung, Verwirrung und Katastrophe. Dreiteilig angelegt ist das inhaltliche Geschehen. Eichendorff, der Dichter des Details und der Miniatursequenzen, ordnet den drei Inhalten bestimmte Tageszeiten zu, nämlich Morgen, Abend, Nacht. Im zweiten Teil, der Verwirrung und Bedrohung zum Inhalt hat, lässt der Dichter öfters Unwetter aufziehen, die Natur nimmt die menschliche Katastrophe vorweg. Es herrscht eine »feindlich lauernde Stille«.

Am Ende des Romans entwirren sich viele der gesponnenen Fäden, etwa durch den erklärenden Lebensbericht Rudolfs. Es entspannt sich allerdings auch die Gegenwartssituation. Österreich hat sich 1809 mit dem Frankreich Napoleons verständigt. Nolens volens. Der ›kleine Korse‹ erhält als Zeichen des fragilen Friedens die Hand der österreichischen Kaisertochter Erzherzogin Marie Louise, der Parvenu ist in der Welt der tausendjährigen Dynastien des alten Europa angekommen – wird ihn das auf Dauer zähmen? Eichendorff begreift die gegenwärtige Situation als Zeit der Ungewissheit: »Mir scheint unserer Zeit dieser weiten, ungewissen Dämmerung zu gleichen. Licht und Schatten liegen noch ungeschieden in wunderbaren Massen gewaltig miteinander, dunkle Wolken ziehen verhängnisschwer dazwischen, ungewiß, ob sie Tod oder Segen führen, die Welt liegt unten in weiter, dumpf stiller Erwartung.«

Viertes Kapitel

Malerfreund und Freiheitskrieger

Mein Gewehr im Arme, steh ich
Hier verloren auf der Wacht,
Still nach jener Gegend seh ich,
Hab so oft dahin gedacht!

Fernher Abendglocken klingen
Durch die schöne Einsamkeit;
So, wenn wir zusammen gingen,
Hört ich's oft in alter Zeit.

Wolken da wie Türme prangen,
Als säh ich im Duft mein Wien,
Und die Donau hell ergangen
Zwischen Burgen durch das Grün.

Doch wie fern sind Strom und Türme!
Wer da wohnt, denkt mein noch kaum,
Herbstlich rauschen schon die Stürme,
Und ich stehe wie im Traum.
Auf der Feldwacht

Unter Nazarenern

In Wien begegnete Joseph von Eichendorff einem neuen Herzensfreund, nachdem er von Loeben langsam Abschied genommen hatte. Im Haus der Schlegels traf er Philipp Veit, einen Sohn Dorotheas aus erster Ehe. Veit, einige Jahre jünger als Joseph, hatte bereits in der Obhut seines in Berlin lebenden Vaters mit dem Zeichenunterricht begonnen, in Wien

Eichendorff als Lützowscher Jäger

63

vollendete er seine Kunststudien. Er studierte bei Joseph Anton Koch, der seinerseits während einer Italienreise endgültig zu seiner künstlerischen Berufung gefunden hatte, und den Brüdern Ferdinand und Friedrich Olivier, zu denen auch Eichendorff in Kontakt trat.

Eichendorff schätzte vor allem die ruhige Art des neues Freundes. Zwischen Halle, Heidelberg und Wien war eine Wandlung in ihm vorgegangen. In Halle war er noch der sorglose, tolle Student, der auch lautstark explodieren und auffahrend sein konnte. Im jugendlichen Eichendorff brodelte beständig eine dunkle Unruhe. Dann kam der große Lebenseinschnitt von 1806. Der drohende Krieg, der den Studenten zum ersten Mal wachrüttelte und ihn erkennen ließ, dass es Kämpfe für höhere Ziele gab, als sich Schmisse durchs Gesicht ziehen zu lassen. Die Bedrohung wurde für ihn spürbar, als die Napoleonische Herrschaft sich wie Mehltau auf die Wirtschaft Preußens legte. Eichendorffs Vater hatte mit erheblichen Gewinneinbußen zu kämpfen. Beileibe nicht der einzige Gutsbesitzer, dem es so ging. Achim von Arnim hatte ebenso große Mühe, sein Gut bei Wiepersdorf zu halten. Er geriet 1809 in die tiefste finanzielle Krise, doch noch in den Zwanzigerjahren hatten sich seine Finanzen nicht vollständig erholt, sodass die Familie von Arnim mit ihren vielen Kindern zu eisernem Sparen angehalten war. Bettine von Arnim schrieb im November 1823 an ihren Mann: »Bin ich ängstlich über jede Ausgabe, weil ich nicht weiß, was ich auszugeben habe, ich habe die Wirtschaft auf das knappste eingerichtet, aber diese ewige Not des Sparens auf dem Halse zu haben, drückt mich so, daß ich fühle, ich könnte mich mit Leichtigkeit vom Leben losmachen.« Nicht nur Napoleon mit seiner gegen England gerichteten Kontinentalsperre, die den preußischen Getreideexport nach England zusammenbrechen ließ, auch die Stein-Hardenbergschen Reformen setzten den Grundbesitzern zu, vor allem die Bauernbefreiung von 1807 und dann noch einmal ein Regulierungsedikt (Steigerung der Lohnkosten) von 1811, von dem Hardenberg unkte: »Wenn solches ausgeführt werden soll, so sind neun Zehntel der jetzigen Gutsbesitzer an dem Bettelstab.«

Adolph von Eichendorff litt aber nicht nur wie andere seiner Standesgenossen an der allgemeinen Schwäche der Agrarkonjunktur, auf verhängnisvolle Weise trat bei ihm hinzu, dass er hoch spekuliert und sich verspekuliert hatte. Die Krise traf ihn mit voller Wucht, sein Bankrott war vollständig. Indem er einigen Besitz seiner Frau zuschob, konnte er sich allerdings noch eine Zeit lang vor seinen Gläubigern retten. Schon in Heidelberg hatte Joseph von Eichendorff die prekäre Lage des Vaters zu spüren bekommen. In den Wiener »Hungerjahren« als Kostgänger eines reichen Verwandten nicht wenig gedemütigt, änderte Eichendorff seine Lebenseinstellung. Vorbei das Wilde, auch das Exaltierte seiner Loeben-Zeit. Jetzt begann er ernsthaft an sich zu arbeiten und nach dem Wesentlichen zu streben, im Sinne des berühmten Sinnspruchs seines katholisch gewordenen Landsmanns Angelus Silesius:

»Mensch, werde wesentlich, denn wenn die Welt vergeht,
So fällt der Zufall weg, das Wesen, das besteht.«

Sein Verinnerlichungsprozess, der ihn auch zu einer intensiveren Beschäftigung mit der Dichtkunst führte, war nicht zuletzt dem Einfluss Philipp Veits zu danken, der ein von Natur aus überaus strenger Mensch von imponierender Konsequenz war. »Sein Wesen (war) ernst«, erinnerte sich eine Bekannte, »aber nicht finster, Geist und Witz belebten seine Unterhaltung und wo er erschien, beherrschte er unwillkürlich die Umgebung.« Eichendorff hegte immer Bewunderung für diesen Menschentyp. Sein Friedrich in »Ahnung und Gegenwart« trägt in seinem Wesen viele Charakterzüge Philipp Veits. Der strenge Friedrich, dessen Lebensweg von Heidelberg nach Wien, dann nach Italien geht, entscheidet sich am Ende des Romans für ein Klosterleben. Philipp Veit, dessen Erdenwallen von Berlin nach Wien und dann ebenfalls nach Italien führte, näherte sich unter dem Einfluss Clemens Maria Hofbauers und Friedrich Schlegels dem Katholizismus und konvertierte im Sommer 1810. Zur Zeit des Wiener Kongresses und der Hundert Tage Napoleons wandte er sich nach Rom, wo er sich der Künstlergruppe der »Nazarener«, dem Lukasbund, anschloss. In dieser ordensähnlichen Gemeinschaft führte Veit ein mönchisch anmutendes Leben, wie es der Nazarener-Maler Carl Philipp Fohr von seinen Künstlerfreunden forderte. Veits religiöse und auf Rom ausgerichtete Lebensentwürfe waren Thema ihrer endlosen Gespräche. Schließlich hatte die Wiege des Lukasbundes in Wien gestanden; im Sommer 1808 war er gegründet worden. Gründungsmitglieder waren der Lübecker Friedrich Overbeck und der Frankfurter Franz Pforr. Beide beschäftigten sich ernsthaft mit dem Gedanken eines mönchischen Lebens. »Wunsch, Mönch sein zu können«, notierte Overbeck 1810 in sein Tagebuch, und Pforr verglich den Künstler mit Klosterbrüdern: »Armut! Wo ist ein Künstler im wahren Sinne des Wortes reich? Keusch in Worten und Werken ist ein Haupterfordernis zu seiner reinen Beschäftigung, und Gehorsam muß er der Kunst in allem sein.« In seinem zweiten Roman »Dichter und ihre Gesellen« wird Eichendorff am Beispiel des Malers

Guido Bezug auf das Nazarenertum in Rom nehmen. In »Ahnung und Gegenwart« ist der Maler Rudolf bereits ein ernster, philosophischer Charakter, ein gescheiterter Künstler. Inspiriert sind die Maler-Figuren Eichendorffs auch von Tiecks Roman »Franz Sternbalds Wanderungen«. Die Einführungsszene des Guido in »Dichter und ihre Gesellen« rekurriert auf Sternbalds Szene bei der Ausgestaltung einer kleinen Kapelle.

In seiner Lyrik beschreibt Eichendorff die Natur als größten Maler, Malerei als die konkreteste Nachahmung des Göttlichen. Seine poetischen Landschaften sind stets in Farbe getaucht, häufig benennt Eichendorff eine Farbe, die das Naturbild dominiert und die Atmosphäre des Gedichts prägt. In »Mittagsruh« ist es die »dunkelblaue Schwüle«, im »Frohen Wandersmann« das Morgenrot. Auffallend ist, dass der Dichter eine begrenzte Farbpalette wählt. Es sind die Grundfarben Rot und Blau, die Mischfarbe Grün und das Gold. Es sind überwiegend positiv besetzte Farben, die ihre Symbolik aus der christlichen Vorstellungswelt beziehen, so steht Blau für Reinheit und Treue, Grün für Unsterblichkeit, Gold für (himmlische) Majestät. Rot, das nicht nur für Liebe, sondern auch für das Blut Christi steht, kann aber auch negativ besetzt sein, als Signalfarbe der unkontrollierten Erregung, der Gefahr auftreten. Ein eindrucksvolles Beispiel ist das Gedicht »In der Fremde«, das die Folgen eines gewaltsamen Einbruchs in das Schicksal des lyrischen Ich thematisiert: »Aus der Heimat hinter den Blitzen rot/ Da kommen die Wolken her,/ Aber Vater und Mutter sind lange tot,/ Es kennt mich dort keiner mehr.«

Offensichtlich ist die Farbenwelt der Eichendorffschen Dichtung nicht wenig von seiner Berührung mit den Nazarenern geprägt. Auf frühen Bildwerken, besonders Madonnen, wie sie sich die Nazarener zum Vorbild nahmen, treten die Farben Rot und Blau hervor. Die Farbigkeit von Albrecht Dürers »Anbetung der Hl. Dreifaltigkeit« (Kunsthistorisches Museum Wien) beruht auf den vier genannten Farben, zu denen Weiß hinzutritt; der Gekreuzigte im Zentrum dieser Altartafel ist von den grünen, blauen und goldenen Gewändern Gottvaters umgeben, dessen Gewandfutter und Krone rot leuchten. Eichendorff dürfte eine kleine Zahl von Dürer-Gemälden spätestens in Wien kennengelernt haben; dem Namen des Malers war er als Leser von »Franz Sternbald« natürlich längst begegnet. Die Malerfreunde um Veit und die Brüder Olivier begeisterten sich für Dürer, der bei den Nazarenern nach ihrer Übersiedlung nach Rom Kultstatus erlangte. Veit wie auch Ferdinand Olivier knüpften an die Farbigkeit der Dürerzeit an. Sie ließen in ihren Bildern eine bis wenige »reine« Hauptfarben dominieren und strebten nach der Leuchtkraft der Farbe, die sie bei Dürer und seinen Zeitgenossen so sehr bewunderten. »Farbe ist Träger des Gefühls«, hat der Worpsweder Maler Otto Modersohn die Sache in einer späteren Epoche auf den Punkt gebracht.

Joseph von Eichendorff lässt seine Figuren die sie umgebende Landschaft oft als Beobachtende sehen. Es ist, als betrachteten sie Bilder, z. B. im zweiten Kapitel von »Ahnung und Gegenwart«: Friedrich sieht aus einem Wirtshausfenster, das damit zu einer Art Bilderrahmen wird. »Dann stellte er sich ans Fenster. Man sah von dort weit in das Gebirge. Ein Strom ging in die Tiefe, an welchem eine hellglänzende Landstraße hinauflief. Die heißen Sonnenstrahlen schillerten über dem Thale, die ganze Gegend lag unten in schwüler Ruhe.« Blicke von innen nach Außen, der Blick aus Fenster oder Tür ins Freie durchziehen den gesamten Roman. Die Landschaften sind Symbole für Seelenzustände. Der Blick hinaus in einen Garten oder Wald wird damit zum Blick in eine andere oder in die eigene Seele. Ähnliches gilt für Eichendorffs Lyrik: Jedes seiner Gedichte ließe sich so gut in ein Gemälde umsetzen, wie es sich in Musik umsetzen lässt. Eichendorffs Werke haben denn auch viele Künstler zu Bildern inspiriert, angefangen von Philipp Veit über Ludwig Richter bis zu Moritz von Schwind.

Der Dichter seinerseits besuchte mit Vorliebe Gemäldegalerien. Während des Studiums bei Görres lernte er die romantischen Meister kennen. Im Tagebuch vom 9. Juli heißt es: »…zeigt uns Görres in der ästhetischen Stunde die vier himmlischen Kupferstiche von Runge, die diesmal den Preis in Weimar erhalten. Arabesken. Unendliche Deutung.« Anscheinend faszinierten ihn Runges und Veits allegorische Bilder. Alle poetischen Landschaften Eichendorffs sind allegorisch erfüllt.

Eichendorff schloss sich immer enger an Veit an und entfernte sich innerlich von Loeben, aber auch von seinem Bruder Wilhelm. Joseph ging nun regelmäßig in Veits Atelier, das sich in Schlegels Haus befand. Bei Schlegel kam nun fast täglich ein interessanter Kreis zusammen, dem der Philosoph entgegen seiner sonstigen Natur »unbeschreiblich heiter und liebenswürdig« präsidierte, während sein Stiefsohn Lieder vortrug und Theodor Körner »durch dick u. dünn Lieder aus des Knaben Wunderhorn u. Burschenlieder« zum Besten gab. Wilhelm mit seiner Gitarre durfte nicht fehlen. Eine glückliche Wiener Freundeszeit. 1837 bekannte Eichendorff: »Philipp Veit ist neben meinem Bruder mein liebster Jugendfreund gewesen und ist es bis zu dieser Stunde geblieben.«

Kriegsfanfaren

Die Politik machte der Wiener Idylle ein Ende. Schluss mit den Salon-abenden, den Bällen im Redoutensaal. Napoleon war mit der *grande armée* in Russland eingefallen, nun begann eine blutige und bedrohliche, aber auch »große« Zeit, erfüllt von Kanonendonner, rauen Kommandos, dem Feuerschein brennender Dörfer und dem Stöhnen sterbender Sol-daten und Zivilisten. Das Schicksal Europas musste sich entscheiden, der Krieg in all seiner Furchtbarkeit und düsteren Faszination zeigte sich am Horizont.

Die Brüder Eichendorff, die ihre Examen hinter sich gebracht hatten und sich um Anstellungen im österreichischen Staatsdienst bemühten, mussten erfahren, dass in solchen Zeiten niemand in Wien an die Ein-stellung preußischer Ausländer dachte.

Eichendorff ergriffen die Zeitläufe stark. Es drängte ihn, sich gegen sie zu stellen. Er wollte etwas gegen die Bedrohung tun, die Napoleon für Europa darstellte. Demonstrativ klappte er sein Jugendtagebuch zu und hörte auf, Diarii zu schreiben. Er wollte handeln, sich einer Heeresabtei-lung anschließen. Wilhelm dagegen beabsichtigte, in Österreich zurück-zubleiben und sich weiterhin um eine berufliche Stellung zu bewerben. Der Familie war kaum daran gelegen, zwei Söhne in den Krieg zu schi-cken. Wilhelm als der Ältere sollte dereinst die Verwaltung der ihnen viel-leicht verbleibenden Güter übernehmen, wurde als zukünftiges Fami-lienoberhaupt und Ernährer gebraucht, Stütze der alternden Eltern und der gerade erst neunjährigen Schwester Louise Antonie. Joseph hingegen hatte, wie es schien, sogar seine Verlobte über der Kriegsbegeisterung vergessen. An seiner Seite stand Philipp Veit. Auch der Maler wollte sich den Kämpfenden anschließen. Diese Trennung von Wilhelm und die tie-fere Verbrüderung mit Veit bedeuteten einen Bruch im Geschwisterver-hältnis. Bis dahin waren sie alle Wege gemeinsam gegangen. Joseph von Eichendorff hat seinem Bruder sogar in seinem Roman ein Denkmal ge-setzt. Das Lied, das die Studenten zum Abschied von Friedrich singen, lautet »Ins Horn, ins Horn, ins Jägerhorn«. Es ist die erste Zeile eines Ge-dichts von Wilhelm: »Ins Horn, ins Horn, ins Jägerhorn,/ Es wacht Aurora wieder/ Hinab, hinab durch Busch und Dorn/ Ins Felsenthal hernieder.« Ein Abschiedslied, das von kriegerischer Bedrohung und dem Ende aller Idylle handelt: »Wohl rauscht, wohl rauscht der Tannenwald/ Fern fallen wilde Schüsse,/ Die letzte Stund der Nacht erschallt/ Vorbey ist nun die Süße.« Wilhelms Gedicht entstand wahrscheinlich 1810/1811, es fängt ge-nauso wie der Roman seines Bruders die unruhige, dunkle, zwischen

Hinrik Steffens, der frühere Mentor Eichendorffs in Halle, ruft die Breslauer Studenten 1813 zum Freiheitskampf gegen Napoleon auf.

Hoffnung und Unheil schwebende Atmosphäre der Zeit ein. In »Ahnung und Gegenwart« ist der Abschied Friedrichs von den Studenten, der von dem Burschenlied begleitet wird, Symbol für den Abschied vom Bruder, dem Gefährten der Kindheit und Jugend.

Philipp Veit hatte sich also entschlossen, in das Freikorps von Adolph Freiherr von Lützow einzutreten. Eichendorff schloss sich ihm an. Am 5. April 1813 verließen sie Wien in Richtung Breslau. Da war das Korps schon abmarschiert in Richtung Königreich Sachsen. Erst Ende April holten die beiden Freunde die Freischar bei Grimma ein, die schwarze Uniform der Lützower hatten sie sich bereits zugelegt. (Die Mitglieder des

Lützowschen Freikorps hatten für ihre Ausrüstung selbst zu sorgen und erhielten keinen Sold.) Veit, reich genug, hätte sich gerne noch ein Pferd dazu gekauft, um bei der Kavallerie zu dienen. Da Eichendorff aber zu arm war, sich Pferd und Fourrage zu verschaffen, meldeten sich Veit ihm zuliebe mit zur Infanterie.

Freikorpsromantik

Das 19. Jahrhundert war die große Epoche der Freiwilligenarmeen. Ihr Vorbild waren die Bürgermilizen und Schützengesellschaften, wie sie vor allem die Freien Reichsstädte seit dem Mittelalter besessen hatten. Diese »Bürgerwehren« bestanden großenteils aus Freiwilligen u. a. der Handwerkerzünfte; sie waren in der Regel besser ausgerüstet und höher motiviert als die unregelmäßig bezahlten und daher zum Desertieren geneigten »Mietlinge« der Fürsten, denn die korporativ organisierten Bürgermilizen verteidigten ihre Vaterstadt, kämpften für Heim und Herd. Die Umbrüche des 18. Jahrhunderts, das zunehmende bürgerliche Selbstbewusstsein und die übermächtige Erfahrung der Französischen Revolution, die alle freien Franzosen mit dem historischen Appell »Aux armes, citoyens!« zu den Waffen rief, forcierten das Interesse an Freiwilligenarmeen. Hier war die Möglichkeit, sich aktiv für die eigene Sache einzusetzen, sich indirekt auch eine Art politisches Mitspracherecht zu verschaffen. Freiwilligenverbände waren daher bei den Regierungen und regulären Militärs als unkontrollierbares Element nicht gerade gern gesehen, gleichwohl als unentbehrliche Waffengefährten in Krisenzeiten toleriert. Daher kämpfte Lützow 1813 nicht als Anführer einer privaten Guerilla, sondern mit Billigung der preußischen Regierung; er durfte seine Truppe »Königlich Preußisches Freikorps« nennen. Wie gespannt das Verhältnis zwischen Regierung und Freischärlern dennoch sein konnte, zeigt das Beispiel der berühmtesten Freiwilligenarmee des 19. Jahrhunderts, des »Heeres der Tausend« unter Giuseppe Garibaldi. Der äußerst populäre Freiheitsheld erwarb sich seit 1848 größte Verdienste im Kampf um ein geeintes Italien, wurde aber durch sein Eintreten für eine republikanische Staatsverfassung zur Gefahr für das piemontesische Königtum. Als die geheime Hoffnung des piemontesischen Ministerpräsidenten Camillo Cavour auf eine vernichtende Niederlage der Garibaldi-Legionen gegen Österreich sich nicht erfüllte, entledigte sich Cavour des lästigen Mitkämpfers auf politischem Wege, indem er die Freischärler nicht als legitime Teile der nationalen Armee anerkannte, sondern kriminalisierte und Garibaldi so zum Rücktritt zwang. Schlimmer noch war es Andreas

Hofer ergangen, der den Tiroler Volksaufstand gegen die französisch-bayerische Besatzungsmacht anführte, vom habsburgischen Kaisertum – in dessen Namen er doch kämpfte – aber fallen gelassen wurde und 1810 vor einem napoleonischen Erschießungskommando sein tragisches Ende fand. Auch in Preußen wurden die Freiwilligenarmeen der Befreiungskriege eher widerwillig geduldet; das gilt für Friedrich Wilhelm von Braunschweigs schwarze Legion der »Totenkopfhusaren«, für das Freikorps des Majors Ferdinand von Schill, aber auch noch für die Lützowschen Jäger, die man auf Wachdienste und andere zweitrangige Kriegseinsätze zu beschränken suchte. Die Lützowschen rekrutierten sich zumeist aus der oberen Bürgerschicht sowie dem Kleinadel, der typischen Mischung eines Freischärlerverbandes. Bekannte Figuren waren darunter: »Turnvater« Friedrich Ludwig Jahn, der Dichter Theodor Körner, Friedrich de la Motte Fouqué, der Maler Georg Friedrich Kersting, der Schöpfer des berühmten Bildes »Auf Vorposten«, das drei Lützowsche Jäger im Eichenwald zeigt, Wilhelm Müller, der Verfasser der von Franz Schubert vertonten Gedichtzyklen »Die Winterreise« und »Die schöne Müllerin«, sowie Friedrich Olivier, Veits Lehrer. Kultstatus erlangte das Lützowsche Freikorps aber erst nach dem Sieg über Napoleon, als die am Befreiungskampf beteiligten Künstler es in ihren Werken romantisch verklärten; volkstümlich wurde vor allem das Körner-Gedicht »Was glänzt dort vom Walde im Sonnenschein? … Das ist Lützows wilde, verwegene Jagd!« in der Vertonung von Carl Maria von Weber. In seinem 1830 vollendeten Drama »Napoleon oder Die hundert Tage« räumte Christian Dietrich Grabbe dem Lied einen zentralen Platz ein. Wichtigster Träger der Freikorps-Verehrung waren die Burschenschaften, die sich die »schwarzen Gesellen« zum Vorbild nahmen, dann die von Jahn begründete Turnerschaft. Nach der Reichsgründung von 1870–71 wurde das Lützowsche Freikorps als fester Bestandteil des Mythos der Befreiungskriege in die offizielle Sphäre nationaler Hagiographie erhoben, mit den bekannten furchtbaren Folgen.

Das Freischärlerdasein war in der Realität selbstverständlich überhaupt nicht romantisch. Eichendorff und Veit durchlebten die Todesgefahr und den Stumpfsinn des Soldatenlebens mit stundenlangem Postenstehen, durchwachten Nächten, plötzlichen Manövern und Scharmützeln, Dreck, Kälte, Hunger und Angst. Es bot sich ihnen genug Gelegenheit, ihre Gewehre abzuschießen. In einer Augustnacht 1813 fiel Theodor Körner.

Rahel Varnhagen beschrieb im Dezember 1813 fassungslos die Kriegsgreuel: »In ganz Deutschland, in Holland, überall hiebt und schießt man in Menschen, in weiches, schmerzfähiges Fleisch, in Adern und Gebein. Man nimmt, darbt, mißhandelt!« Dabei hatte Napoleon bei seinem Zugriff auf Schlesien versprochen: »Der Krieg ist ein furchtbares Übel! Ich werde dieses zu mindern bemüht sein.« Politikergetön.

Die Kriegslage spitzte sich immer mehr zu. Nachdem die Preußen mit der Konvention von Tauroggen Ende 1812 von Napoleon abgefallen waren und sich mit Russland verbündet hatten, machte Österreich Miene, dem früheren Erzfeind Preußen zur Seite zu stehen. Im August trat das Haus Habsburg in den Krieg ein. Eichendorff und Veit waren inzwischen aus dem Freikorps ausgeschieden. Sie wollten »ernst« machen. Eichendorff versuchte, in die österreichische Armee aufgenommen zu werden, nicht ohne den Hintergedanken, das ihm dies später einmal die Türen zum österreichischen Staatsdienst öffnen könnte. Zukünftig in Wien zu leben, zumindest auf österreichischem Boden, war sein Zukunftstraum. Veit schrieb darüber am 29. September an seine Mutter: »Die beiden (Anm.: Eichendorffs) kenne ich als so eingewienert, daß sie schwerlich woanders fröhlichen Herzens sein können.« Womit er Recht behalten sollte.

Die Wege Veits und Eichendorffs trennten sich in diesen Septembertagen. Der Maler erfüllte sich seinen Herzenswunsch und ging zur Kavallerie. Eichendorff wurde Offiziersanwärter der Schlesischen Landwehr. Bewaffneter Fußgänger, was ihn sehr wurmte. Veit schrieb neuerlich an seine Mutter: »Wie schmerzhaft mir die Trennung von ihm war, kannst Du leicht denken, und wenn ich nicht mit Fouqué zusammen wäre, so könnte ich die Einsamkeit mitten im Getümmel schwerlich ertragen.«

Im Herbst 1813 braute sich ein Unwetter zusammen. Friedrich von Gentz vermochte sich nicht zu fassen über die Weltuntergangsstimmung, die fast ganz Europa beherrschte: »Es wäre gegen alle Grundsetze der Moral, daß die große alte Welt so vor unseren Augen untergehen sollte.« Diese dunkle Zukunft lastete so sehr auf dem Staatsmann, dass er bekannte: »Ich leide so, daß ich zu einer ganz neuen Sprache greifen möchte, um mich verständlich zu machen.« Drei Tage lang lag die Zukunft in tiefem Dunkel. Die Völkerschlacht bei Leipzig tobte, die am 19. Oktober ein blutiges Ende fand und weit über 100 000 Tote und Verwundete zurückließ. Ein trauriger Sieg über Napoleon. Doch noch nicht das Ende des Krieges, denn Napoleon kehrte 1814 aus Elba zurück. Rahel Varnhagen schrieb aus Berlin: »Mich bewegt übrigens der Krieg sehr. Hab ich innen alle Zerstörung erleben müssen, und hat mir mein Herr die Einsicht in allen Jammer gelassen; so hatte ich nur noch äußere Zerstörung zu befürchten; ich erlebe sie; und fühle es herb, ganz herb.«

Vom 15. Januar 1814 an hielt sich Eichendorff in Torgau auf, weitab von den im Westen ausgefochtenen Entscheidungsschlachten, bei denen er gern dabei gewesen wäre. Statt dessen hatte er nun Muße genug zu dichten, Zeitlieder zumeist, die sich mit dem Kriegsgeschehen auseinandersetzen, unter dem Aspekt, immer für das Rechte zu kämpfen, »mit Rede, Büchern oder Schwert« (»An die Freunde«, 1815). »In den Sieg, in den Tod und weiter,/ Bis daß wir im Himmel sind«, schließt sein »Soldatenlied«. Gedichte wie »Unmut«, »An meinen Bruder«, 1813, »Waffenstillstand in der Nacht«, »Der Friedensbote«, »Aufbruch« nehmen Bezug auf die dramatische Zeit zwischen 1813 und 1815. Besonders hervorzuheben ist das Gedicht »Die ernsthafte Fastnacht 1814«. »Wohl vor Wittenberg auf der Schanz«, beginnt das Gedicht, das die Belagerung der Stadt als »seltsam Ritterspiel« beschreibt, als festlichen Tanz um die Hand einer Schönen. Das Jungfräulein ist Symbol für die in Wittenberg errichtete französische Festung, um die blutige Kämpfe toben. »Und es kam der Morgen heiter,/ Mancher Tänzer lag da tot« (V. 41,42). Doch der schlesischen Armee, geführt von Blücher, gelingt die Einnahme der Festung. Eichendorff quittiert das mit patriotischem Stolz im Anhang: »Schlesier wohl zu Ruhm und Preise haben sich dies Lieb gewonnen,/ Und ein Schlesier diese Weise/ Recht aus Herzenslust ersonnen« (V. 45–48).

Louise

An anderer Stelle schlug Eichendorff eine zweite Schlacht. Er war seit langem mit Louise von Larisch verlobt, ganz entgegen dem Willen der Mutter, die den Sohn nach wie vor gerne als Gatten der reichen und entfernten Cousine gesehen hätte. Wo sie konnte, ätzte sie gegen die Braut, und Joseph schob die Verbindung immer weiter hinaus, aus Furcht vor der Mutter, weniger aus mangelnder finanzieller Sicherheit. Nun drängte ihn Louise, ihre Beziehung doch endlich zu legitimieren. Eine allzu lange Verlobungszeit war gesellschaftlich eine Unmöglichkeit und brachte die Verlobte in Verruf. Louise und ihre Mutter hatten mehrere Aussprachen mit Eichendorff, der zwischen zwei Stühlen saß und zu keiner Entscheidung fand. War ihm überhaupt an der Verbindung mit Louise gelegen? Schließlich hatte er verschiedene Techtelmechtel und eine dauerhaftere sexuelle Beziehung, zuletzt lebte sogar die Erinnerung an Frau Hahmann wieder auf, »sie auf der Schaukel und er in ihre Rückenansicht vertieft«. Seinem Freund Veit gegenüber nannte er Louise wenig respektvoll nur »die aus Pogrezbin«. Es kam zu unschönen Szenen, z.B. sah Eichendorff in Begleitung seiner Mutter auf der Straße zufällig die Larischs, die seine

Begrüßung erwarteten; er traute sich aber nicht, ihnen wenigstens einen Gruß zuzurufen und ignorierte die Familie. »Nicht die Courage, zu rufen«, notierte er ins Tagebuch. Das führte natürlich zu einer Strafpredigt der beleidigten Schwiegermutter in spe und Louise kehrte ihm geraume Zeit den Rücken.

Ihre Beziehung war ohnehin ein ewiges Auf und Ab. Ursprünglich war Louise wohl eher dem älteren der Brüder zugeneigt gewesen. Und Wilhelm empfand offenbar auch einiges für das junge Freifräulein. Auffällig ist immerhin, dass die allmähliche Entfremdung der Brüder mit der ersten Louisenzeit begann und sich in Wien weiterentwickelte. Louise war keine glatte, anpassungswillige Persönlichkeit. Ihr Charakter kannte Sprünge und scharfe Kanten. Sie besaß Widerspruchsgeist, war mitunter wild auffahrend, ein vor Leben und Lebenslust sprühender Mensch. Nicht ganz das, was Eichendorff als Partnerin suchte und was er überhaupt als Frau schätzte. Er begann, an Louise herumzuerziehen, hielt sie zu Sanftmut und Demut an. Manchmal gelang es ihr, sich zu fügen, schließlich war sie darauf hin erzogen worden, dem zukünftigen Ehemann gehorsam zu sein, und sie konnte sich nicht aus dieser Frauenrolle lösen, denn jeder emanzipatorische Gedanke lag ihr fern. Zeigte sie sich gehorsam, lobte ihr Verlobter sie: »Meine Predigten über Sanftmut, Demut und Weiblichkeit etc. wohl begriffen.« Mitunter fand Eichendorff seine Braut aber auch in einem Baumwipfel sitzend und höchst unweiblich mit Kirschkernen nach Vorübergehenden schnipsend. Dann rückte er ihr den Kopf zurecht, während sie grollte. Einmal gestanden sie sich ihre früheren Schwärmereien; das Tagebuch offenbart dazu: »Ein Gewitter zog unten in der Ferne«.

Andererseits wird der Louisenzeit das herrliche Gedicht »Liebe, wunderschönes Leben« zugeordnet. »Liebe, wunderschönes Leben,/ Willst du wieder mich verführen,/ Soll ich wieder Abschied geben/ Fleißig ruhigem Studieren?« (V.1–4). Offenbar war die ausgelassene, praktische und energiegeladene Louise genau die Partnerin, die Eichendorff brauchte; sie war tauglich für die Belastungen des Alltags, sie verstand es, ihn optimistisch zu stimmen, wenn ihn seine »schwarze Bangigkeit« anwandelte. Das war die Rolle, die sie im späteren Familienleben einnahm: Sie trug beinahe alle Lasten dieses Familienlebens allein, sie führte das Regiment im Haus, Kuli und Wächterin zugleich des empfindlichen Dichters.

Zur Familie kam es übrigens schneller, als beide gedacht hatten. Ihre heimlichen Stelldichein in einem Lindenwäldchen bei Pogrezbin blieben nicht ohne Folge. Louise wurde schwanger. Damit waren die Würfel gefallen. Eichendorff war die Entscheidung aus der Hand genommen wor-

74

den. In Breslaus gotischer St. Vinzenz-Kirche heirateten Louise und Joseph am 7. April 1815. Eichendorffs Eltern erschienen nicht bei der Hochzeit. Mütterlichen Segen gab es nicht. Der Dichter stand allein vor der Aufgabe, seine junge Frau zu versorgen und die Familie durchzubringen. Er brachte sie nach Berlin, wo Savignys sich um sie kümmerten, denn er selbst war vom Kriegsdienst lediglich beurlaubt worden und die politischen Ereignisse überschlugen sich derart, dass er erneut einrücken musste. Karoline von Eichendorff ließ sich schadenfroh vernehmen: »Joseph ist leider schon verheiratet, sie ist in Berlin und lebt sehr eingeschränkt, doch wie sie es gewünscht, so hat sie es.«

Kriegsfinale

1814 endete der Krieg mit der Niederlage und Abdankung Napoleons. Das wieder konsolidierte Preußen brauchte nun frische Verwaltungskräfte; Eichendorff bemühte sich um eine Anstellung in Berlin. Er hatte für Preußen gekämpft, und Carl Friedrich von Savigny, der im Justizministerium einflussreiche Rechtsgelehrte, setzte sich für ihn ein, die beste Voraussetzung für eine Beamtenlaufbahn. Der Dichter erhielt einen Sekretärsposten beim Oberkriegskommissariat. Nun stand er mit dem Fuß in der Türe zu einer hoffnungsvollen Karriere, da fiel es Napoleon ein, aus Elba zu fliehen und in Frankreich zu landen, wo sich sofort große Teile der Armee um den charismatischen Führer sammelten. In einem Gewaltstreich stellte sich der »kleine Korse« wieder an die Spitze der Nation; Ludwig XVIII. war geflohen, der Krieg ging weiter. Am 21. Mai 1815 stand Eichendorff schon im Feldquartier bei Neuss am Rhein. Die Entscheidungsschlacht, die am 18. Juni bei der belgischen Ortschaft Waterloo ausgetragen wurde, erlebte Eichendorff aus halbwegs sicherer Entfernung. Wohl ganz gut, dass er der wütenden Metzelei fern bleiben konnte, denn wie der einstige Adjutant Andreas Hofers über den Dichter bemerkte, war der wegen seiner träumerischen Art »für das raue Kriegshandwerk nicht geschaffen« (Schiwy). Mit Blüchers siegreicher Mannschaft zog der schlesische Dichter in Paris ein. Dann führte er eine Kompanie des Rheinischen Landwehrregiments, bevor er erneut beurlaubt wurde und nach Berlin zurückkreisen durfte.

Die Kriegsgreuel hatten ihn nicht kalt gelassen. Ihr Erleben bestärkte ihn in der Meinung, die Zukunft läge in einem auf christlichen Werten ruhenden Staatsmodell, einem unter dem Zeichen des Kreuzes geeinten Deutschland. An Fouqué schrieb er nach dem Pariser Frieden: »Gott hat uns ein Vaterland wiedergeschenkt, nun ist es an uns, dasselbe treu und rüstig zu behüten und endlich eine Nation zu werden.« Zu seiner Idee vom christlichen Gemeinwesen Deutschland ließ sich Eichendorff von Adam Müllers Buch »Elemente der Staatskunst« leiten, worin es heißt, dass »alle wahre menschliche Freiheit in der Hingebung an Christus und an das Vaterland liege«. Der Krieg bestärkte Eichendorffs grüblerische, pessimistische Seite. Die Larve des stets verliebten, tanzenden, sich duellierenden Edelgecken hatte er endgültig abgelegt. Weit zurück lag nun die goldene Jugendzeit, für die Friedrichs des Großen spitze Bemerkung zutrifft: »Die jungen Edeleute wie die Schweine erzogen, (sie) wissen von Ehre, Ambition und anständiger Conduite nichts und begehen lauter lüderliche Streiche.«

Andere litten schmerzlicher unter den Nachwirkungen der Kriegseindrücke. Otto von Loeben wurde von einem heftigen Nervenfieber gepackt. Wilhelm hing einiges nach: »Die schwarzen, stinkenden, ganz nackten Leichname bei Troyes, die ich auf der Reise nach Paris im Chausseegraben liegend fand, haben einen fürchterlichen Eindruck auf mich gemacht«. Wilhelm reiste in diplomatischer Eigenschaft häufig von Tirol nach Paris. Er hatte einen Platz im österreichischen Staatsdienst gefunden.

Die Kriege bis 1815 sorgten für gewaltige Einbrüche in der romantischen Kunstszene. Viele Salons wie der Cercle von Rahel Varnhagen wurden aufgegeben, damit entfiel ein wichtiges Forum der Romantiker. Mehr noch: Die Konfrontation mit einer brutalen Realität sorgte für die Verstörung romantischer Lebensentwürfe. Achim von Arnim trauerte dem poetischen Idyll nach: »In einen alten Mantel gehüllt, ohne Plan mit einem Freunde und einem Buche umher irrend, vom Gesange der Schiffer von tausend neuen Anklängen der Poesie berauscht, ohne Tag und Nacht zu sondern … so möchte ich wohl noch einmal leben; das Leben war frisch angebrochen wie die echte Quelle des rheinischen Weines.« Doch die Zeit der Reben war vorbei, die der grauen Amtsstuben des Vormärz hatte begonnen.

Fünftes Kapitel

»*Das Marmorbild*«

Aus stiller Kindheit unschuldiger Hut
Trieb mich der tolle, frevelnde Mut.
Seit ich da draußen so frei nun bin,
Find ich nicht wieder nach Hause mich hin.

Durchs Leben jag ich manch trügerisch Bild,
Wer ist der Jäger da, wer ist das Wild?
Es pfeift der Wind mir schneidend durchs Haar,
Ach Welt, wie bist du so kalt und klar!

aus: Der irre Spielmann

Zukunftsangst

Am 28. Januar 1815 sandte Eichendorff seinem Freund Veit einen wehmütigen Brief: »Sie sehen nun die Donau, St. Stephan und alle unsere alten Jugendbilder. Gedenken Sie dabei meiner, lieber Philipp! Ich weiß nicht, welche Zauberei dort ist, aber ich werde mein Heimweh nach Wien nicht los und kann mich hier in Berlin noch immer in nichts finden.« Der Dichter versuchte trotzdem, in preußischen Diensten unterzukommen. Zwar bat er Veit, sich in Österreich nach einem Posten für ihn umzusehen, aber im Grunde wusste er um die Unmöglichkeit dieses Unterfangens. »Sollte Herr von Schlegel vielleicht irgend eine noch so geringe Anstellung in Wien für mich finden, so bitte ich ihn herzlich, mich nicht zu vergessen, und ich fliege mit unbeschreiblicher Freude in mein liebes altes Österreich zurück«, setzte er dem Brief an Veit hinzu. Wider Erwarten sah es aber auch in Berlin nicht besser für ihn aus. »Mein hiesiges Anstellungs-Geschäft geht sehr langsam und trübselig«, teilte er dem

Der junge Eichendorff

Malerfreund mit: »Denn obschon mich der Präsident und die Räthe, denen ich in Potsdam meine Aufwartung machte, sehr zuvorkommend aufnahmen, so mußte ich doch nach allgemeiner Versicherung vorerst wenigstens anderthalb Jahre lang ohne Gehalt und Diäten dienen, welches mir meine Vermögensumstände durchaus unmöglich machen.« Inzwischen hatte Fouqué im Hintergrund ein paar Fäden gezogen und mit August Graf von Gneisenau, dem großen Widersacher Napoleons, über den Dichter und Soldaten gesprochen. Gneisenau empfahl den schlesischen Freiherrn daraufhin beim Kriegsministerium. Ab März fand Eichendorff hier Anstellung. Seine eintönige Sekretärsstelle begann ihn jedoch schon nach kurzer Zeit zu drücken. Er war Poet und kein Bürohengst. Eine gewisse Ahnung, dass dies nun sein zukünftiges Leben sein werde, scheint mit ein Grund gewesen zu sein, weshalb er sich während der Hundert Tage noch einmal ins Kriegsgetümmel warf, trotz Honigmond und Kindersegen. In einem Brief an Veit überspielte er mit der fadenscheinigen Erklärung, es habe ihn »noch einmal ein Paroxismus voll Patriotismus« gepackt, viele tiefe Ängste, die ihn in diesen Monaten umtrieben. Am meisten wohl die Angst, fest gebunden zu sein. Im 1810 entstandenen Gedicht »Jagdlied« hat er der Sorge, an irgend etwas gefesselt zu sein, Ausdruck gegeben. In den Versen 13/15 liegt die Bruchstelle des Gedichts, hier ist der reine Reim aufgegeben und »Liebe« auf »wieder« gesetzt. Der Ausruf »O Lieb, o Liebe/ so laß mich los« hemmt den Fluß des Gedichts, die Bewegung gerät ins Stocken, was durch den nachfolgenden Gedankenstrich noch zementiert wird. Der Aufbruch des im »schwindelnden Zug« reitenden Jägers, der Bewegung von »schwankenden Wipfel« und aufschießenden Strahlen, hallenden Lauten und Waldhornklängen wird klagend Einhalt geboten. Das bis dahin positiv klingende Gedicht erhält nun eine trübe Einfärbung. Der Aufbruchsbewegung ist der Schwung genommen, sie ist gebrochen. Aus dem Fluß geraten, befällt das lyrische Ich Irritation und Verwirrung: »Immer weiter und weiter/ Die Klänge ziehn,/ Durch Wälder und Heiden/ Wohin, ach wohin.«

Als er endlich aus dem Krieg zurückkam, hatte Louise ihm einen Sohn geboren. Hermann. Die Großeltern Eichendorff zeigten sich einsichtig und hatten die unwillkommene Schwiegertochter kurz vor der Geburt in Lubowitz aufgenommen; ein Eichendorff sollte auf dem Familienbesitz zur Welt kommen. Einige Monate verbrachte auch der Dichter dort mit der Familie. Er brauchte eine Zeit der Ruhe, nach dem aufwühlenden Geschehen der vergangenen drei Jahre. Außerdem stand einem Neuanfang in einem zivilen Beruf noch im Wege, dass er vorerst vom Militärdienst nur beurlaubt war. Erst 1816 erhielt er den förmlichen Abschied von der

Eichendorffs Frau Louise
geb. von Larisch.

Armee und nun konnte er sich auf Stellungssuche begeben. Auf Lubowitz gab es für ihn keine Zukunft. Es stand mit den Familienfinanzen schlechter denn je. Der Vater hielt sich in geschäftlichen Dingen zurück. Karoline von Kloch-Eichendorff hatte alle finanziellen Transaktionen in die Hand genommen; sie setzte sich mit Gläubigern auseinander und es gelang ihr, Vermögenswerte zu sichern, zumindest Zwangsversteigerungen aufzuschieben. 1801 war der Vater einmal sage und schreibe acht Monate untergetaucht, um dem Zugriff seiner Gläubiger zu entgehen; die Familie ließ er im Ungewissen zurück. Später kam heraus, dass er sich während dieser Zeit in Hamburg aufgehalten hatte. Seine naive Entschuldigung war stets, er habe doch niemandem etwas getan, er könne nur nicht zahlen.

Trotz der bedrängten Lage der Familie hatte Joseph von Eichendorff zu einem bescheidenen Beamtendasein immer noch keine Lust, wie er einem Freund, dem Maler Carl Albert Eugen Schaeffer, anvertraute: »Ich habe wenig Zeit, wenig Lust, wenig Kenntnisse, wenig Geld, wenig Protektion, wenig connaissances, liaisons, savoir vivre und andern solchen

Teufelsdreck« (Juli 1816). Dennoch blieb ihm nichts anderes übrig, als sich bei der Breslauer Regierung als Referendar zu bewerben und sich den schwierigen Aufnahmeprüfungen zu stellen. Das Prüfungsergebnis war denn auch gerade noch mäßig gut. Es reichte immerhin für eine Aufnahme in den Staatsdienst. Von höherer Stelle legte man ihm nahe: »Wir erwarten übrigens, daß Sie sich angelegen sein werden, sich durch Anstrengung und Fleiß zu einem tüchtigen Beamten auszubilden.«

Am 23. Dezember 1816 legte er seinen Diensteid ab. Seine Zukunft war besiegelt.

Wie schwer ihm dieser Schritt in die Abhängigkeit fiel, belegen Äußerungen gegenüber Freunden, Sie offenbaren auch die wichtige Rolle, die seiner Frau Louise innerhalb der Beziehung zukam: Sie, die Optimistin und Starke, verstand es immer wieder, ihren unsicheren Mann aufzurichten und zu stützen: »Wenn mich meine brave Frau nicht noch stark, frisch und frei erhielt, wär' ich längst schon fortgelaufen«, schrieb er an Schaeffer.

Ein weiteres Glück war, dass er in Breslau Dienst tun konnte und nicht ins entfernte – vor allem mental entfernte – Berlin, oder in die östlichsten Gebiete Preußens versetzt wurde. Die Eltern brauchten seine Nähe; Wilhelm lebte weit weg in Tirol, befand sich häufig auf Reisen nach Frankreich, Deutschland, Italien, unermüdlich im diplomatischen Dienst. Manchmal ließ er längere Zeit nicht von sich hören. Einmal, während des Krieges der die Postverbindungen ohnehin lahm legte, erfuhren sie in Lubowitz monatelang nichts über Wilhelms Schicksal. Das Gerücht machte sogar die Runde, er sei tot. Eichendorff schrieb damals an Loeben, dass er es nicht überleben könne, wenn diese Nachricht stimme.

Loeben, der sich vom gesellschaftlichem Leben fast völlig zurückgezogen hatte, teils bedingt durch seinen angegriffenen seelischen Zustand, teils durch wirtschaftliche Not, die der Krieg verursacht hatte, hing sich mit aller Kraft an die Dichtkunst. Seine zunehmend resignative Haltung liest sich buchstäblich aus jedem seiner Gedichte heraus. Sein Paradies habe der Mensch durch seine gewalttätige Art verloren (»Das Mittelalter«), meinte Loeben, der unter dem »Banner der freiwilligen Sachsen« gefochten hatte.

Das gemeinsame Kriegserleben brachte die beiden Dichter einander wieder etwas näher. Loeben gab Verse Eichendorffs in seinen »Hesperiden. Blüthen und Früchte aus der Heimath der Poesie und des Gemüths« heraus. »An eine Tänzerin« wurde dort abgedruckt, die Warnung an eine verführende und zugleiche verführte Venusgestalt, ein Frauentypus, der sich im Novellenfragment »Die Zauberei im Herbste« bereits findet und den Eichendorff künftig ins Zentrum vieler Prosawerke stellte. »Wecke nicht die Zauberlieder/ In der dunklen Tiefe Schoß,/ Selbst verzaubert sinkst du nieder,/ Und sie lassen dich nicht los./ Tödlich schlingt sich um die Glieder/ Sündlich Glühn,/ Und verblühn/ Müssen Schönheit Tanz und Lieder,/ Ach, ich kenne dich nicht wieder!«, heißt es in der Schluss-strophe des Gedichts.

Während Wilhelm sich stillschweigend in seinen Beamtenstatus fügte und Loeben völlig resignierte, begehrte Eichendorff immer noch gegen die ihm bestimme Laufbahn auf. Er wollte als Reiter durch Wald und Feld fliegen, herumpoetisieren, wie es seine »lustigen Gesellen« haufenweise tun. In dem Gedicht »Unmut«, das man in das Jahr 1816 datieren kann, hat er Einblick in seine Sehnsucht und seine Enttäuschung gegeben. Das lyrische Ich lebt von »Höhen eng umstellt«, sprich im Tal, gleichbedeu-tend dem irdischen Jammertal. Hinter den Bergen, unerreichbar für das Ich, kann es das »wahre« Leben, »den großen Strom der Welt« erahnen. Gern würde es sich aktiv beteiligen an den großen Veränderungen, die aus dem Europa der Zeit etwas Neues schmiedeten (V. 9–14), doch ihm bleibt nur die passive Beteiligung: »und muß in Sehnsuchtschauern/ Hier ruhmlos untergehn«.

Joseph von Eichendorff fand einen Ausweg aus seinem »Unmut« in der Vorstellung, mit seinen Worten sehr wohl gegen alles Bedrohliche an-kämpfen zu können. In dem um 1815 entstandenen Gedicht »An meinen Bruder« heißt es: »Die Fesseln müssen springen,/ Ja, endlich macht sich's frei,/ Und Großes wird gelingen/ Durch Taten oder Singen,/ Vor Gott ists einerlei.«

Verlust

Statt in frischer Fahrt durchs Leben zu eilen, ging Eichendorff nun tag-täglich ins prächtige Palais Hatzfeld, wo seit Jahren die Provinzialregie-rung untergebracht war. Zufluchtsort wurde ihm seine Familie, die stän-dig wuchs: die Tochter Therese kam 1817 zur Welt, knapp zwei Jahre darauf Rudolf. Dafür war der Tod des Vaters im Jahr 1818 zu beklagen. Der stille Mann lebte in seinen letzten Jahren recht abgekapselt auf Schloss Lubowitz. Nach seinem Tod mussten viele finanzielle Dinge geklärt wer-den: Nur der Kulanz der Gläubiger war es zu danken, dass die Mutter auf Lubowitz als ihrem Witwensitz wohnen bleiben durfte, die Erträge, die das Gut abwarf, gehörten schon längst nicht mehr den Eichendorffs. Sehr lange mussten sich die Gläubiger nicht gedulden, bis der Witwensitz frei wurde. 1822 starb auch Karoline von Eichendorff – die Gläubiger griffen sogleich zu und ließen Lubowitz zwangsversteigern. Eichendorff war der Gedanke unerträglich, das Schloss seiner Kindheit in fremder Hand zu wissen. Er kehrte niemals wieder nach Lubowitz zurück. Es war auch keinesfalls ermunternd, was Wilhelm ihm berichtete, der noch einmal die Stätte seiner Jugendzeit aufsuchte, um Abschied zu nehmen: »Ich war ganz allein..., die Blätter spielten schon ins Rote und Gelbe, und eine herrliche Stille lag über der weit ausgebreiteten Gegend. Vieles war auf störende Weise verändert. Ich wagte es, in den Hof zu gehen, ich schlich wie ein Verbannter... Dann wagte ich mich weiter bis unter die Fenster des Saales. Ich sah hindurch bis jenseits im Garten in die Allee und in ein Feld von Astern, die aus dem matten Grün herausschimmerten. Im Saale putzte man, hing Lüstres auf und schien ein Fest vorzubereiten. Da erfaßte mich plötzlich ein Schauder, so gewaltig, daß ich die Flucht ergriff. Vor der Kirche blieb ich stehen. Links in der Kapelle lag mein Vater, rechts meine Mutter, draußen lachten ein paar Bauernmädchen, die vom Feld zurückkehrten... Der Mesner sah mich nachdenklich an, stürzte vor mir nieder, benetzte meine Hand mit Tränen und rief: ›Sie sind der Sohn meiner Wohltäter!‹«

Joseph suchte den endgültigen Verlust auf andere Weise zu fassen. Er plante eine »Lubowitzer Novelle« mit einem freundlichen, versöhnlichen Schluss, »wo alles gut und fröhlich endet«. Die Novelle wurde nie ausgeführt. Nur zwei Fragmente sind erhalten.

Die Zeit zwischen 1813 und 1817 gilt als unproduktive Phase im Leben des Dichters, doch das war sie nicht. Neben Fragment gebliebenen Novellen und zahlreichen Gedichten, vor allem Zeitliedern, entstand in jenen Jahren »Das Marmorbild«, die erste Meisternovelle Eichendorffs. Er schrieb sie genau in der Zeit nieder, als er sich auf die Aufnahmeprüfung vorbereitete, vom Frühling 1816 bis etwa März 1817. Die Entstehungszeit ist wichtig für die Intention der Geschichte; der Dichter befand sich im seelischen Ausnahmezustand; ihn beherrschte der Widerstreit zwischen seiner Sehnsucht, voll und ganz Dichter zu sein, und der Notwendigkeit, sich dem Brotberuf anheimzugeben. Als er seinem Förderer Friedrich de la Motte Fouqué die Novelle zusandte, äußerte er sich gegenüber dem Dichterfreund über seine innere Zerrissenheit: »Da mir nunmehr die Gegenwart in tausend verdrießlichen und eigentlich für alle Welt unersprießlichen Geschäften bis in eine fast lächerliche Nähe gerückt ist, gleichwie man ein großes Freskogemälde nur aus einiger Entfernung betrachten muß, wenn man nicht von den einzelnen groben Strichen erschrecken soll, so habe ich in vorliegendem Märchen versucht, mich in die Vergangenheit und in einen fremden Himmelsstrich zu flüchten, und betrachtete dasselbe als einen Spaziergang in amtsfreien Stunden ins Freie hinaus.« Die Literatur als Fluchtpunkt. Vielleicht sogar als Lebensersatz? Er fühlte sich gedrängt, bei Fouqué mit echter Besorgnis (aber auch ein bisschen »fishing for compliments«) anzufragen: »Ob ich nun auf einem so verzweifelten Spaziergang den Weg ins Freie und in die alte poetische Heimat gefunden habe, ob ich nicht vielmehr Aktenstaub statt Blüthenstaub angesetzt habe.« Fouqué kann seinen Protegé beruhigen und freut sich aufrichtig über das »liebliche blühende und glühende Novellenmärchen« (31. Dezember 1817).

Marmorbild vor Jungfernaugen

Fouqué war vom »Marmorbild« höchlichst angetan und zur Drucklegung der ihm übersandten Novelle entschlossen; in seinem Frauentaschenbuch sollte sie Aufnahme finden.

Mit den »Frauentaschenbuch «hatte Fouqué glücklich eine Idee des späten 18. Jahrhunderts aufgegriffen. Die Zeit war reif: Ab 1800 stieg die Zahl der lesefähigen Frauen stetig an. Zuvor hatte es dem Gros der bürgerlichen Männer genügt, wenn ihre Frauen die allernötigsten Grundbegriffe von Schreiben und Lesen beherrschten, genug, um sie nützlich für die Hauhaltsführung einzusetzen. Allenfalls adligen Frauen wurden gründliche Lese-, Schreib- und auch Fremdsprachenkenntnisse vermittelt. Mit dem steigenden Selbstbewusstsein des Bürgertums änderten sich jedoch auch die Bildungsprofile von bürgerlichen Frauen, von denen nicht wenige in ihren Salons eine reiche Lese- und Konversationskultur entwickelten, denen aber dennoch der »Zutritt« zu diversen Männerdomänen verwehrt blieb. So blieben naturwissenschaftliche Kenntnisse den Frauen fast völlig versagt; eine Mathematikerin wie Emilie du Châtelet, die Gefährtin Voltaires, blieb selbst im »Siècle des Lumières« eine bestaunte Ausnahmeerscheinung.

Die Frauentaschenbücher und -almanache der Zeit um 1800, denen bald Frauenjournale und -magazine folgten, trugen dem Wunsch nach »frauengerechtem« Lesefutter Rechnung. Es waren natürlich Männer, die festlegten, welche Lektüre dem angeblich »weicheren« und »kleineren« Gehirn von Frauen frommte und welche nicht. Natürlich sollten Frauen nur Züchtiges und Sittsames lesen. Keine zotigen Shakespeareszenen, keine gewagten Dreiecksgeschichten wie bei Goethe. Im Zweifelsfall ohnehin: lieber Schiller als Goethe! Vieles in der großen Literatur war einfach schlüpfrig für Damenohren, befand *Mann*. Kleists »Käthchen von Heilbronn« – immerhin, Kleists »Marquise von O« – um Himmelswillen! Andere Werke – etwa Kants oder Hegels philosophische Abhandlungen – waren für Frauen wieder viel zu schwere Kost. Andererseits wollte man sie aber auch nicht der Welt der leichten und seichten Romane preisgeben, die den »Evastöchtern« lauter sentimentale Gedanken und Sehnsüchte nach verbotenen Liebesaffären und welschem Modetand einpflanzten und sie dem bürgerlich-schlichten Lebensideal der echten Deutschen entfremdeten. Es musste also eine spezielle Frauenliteratur kultiviert werden. Themen, die Frauen interessierten und behagten, sie aber zugleich moralisch bildeten. Qualitätvoll, aber doch fassbar und vor allem jeder Unsittlichkeit abhold. In den Frauentaschenbüchern, die Fouqué, geschickt eine Marktlücke nutzend, mit viel Erfolg auf den Buchmarkt warf, wurde eine solche Lektüre angeboten. Fouqué achtete streng auf die moralische Ordnung der von ihm herausgegebenen Werke. So sah er sich veranlasst, auch die von Eichendorff eingereichte Novelle an zwei Stellen zu entschärfen, »wo die Farben allzu dreist erglühten, um nach meiner Überzeugung vor Jungfrauenaugen treten zu können«.

Jungpoet am Scheideweg

Wie in früheren Erzählfragmenten ist auch im »Marmorbild« Schauriges ein Thema. Eichendorff ließ sich (wie auch sonst oft) von eigener Lektüre inspirieren. Eine Sammlung bizarrer Geschichten aus der Barockzeit gab Motive für das »Marmorbild« her, eine andere Quelle floss in nächster Nähe – wir kommen unten darauf zurück.

Zwei dämonische Gestalten bedrängen den durch Oberitalien reisenden jungen Dichter Florio, eine schöne Dame, die manchmal medusenhaft, manchmal in Stein verwandelt auftaucht, und ein wilder Ritter, eine Art Wiedergänger, der Florio vorkommt »wie einer von den falben, ungestalten Nachtschmetterlingen, die, wie aus einem phantastischen Träume entflogen, durch die Dämmerung schwirren und mit ihrem langen Katzenbarte und gräßlich großen Augen ordentlich ein Gesicht haben sollen«. Ein junger Mann zwischen einem reizenden Mädchen und einer verführerischen Dame, wie Mozarts Cherubino den ersten sexuellen Erfahrungen ausgesetzt, auf der Suche nach sich selbst und der Richtung, die sein Leben nehmen soll. Im Ritter Donati nähern sich dem jungen Mann die dunklen Seiten des Lebens, im berühmten Sänger Fortunato, der Florio hilfreich begleitet, die positiven, d. h. für Eichendorff immer auch religiösen. Damit ist »Das Marmorbild« auf einer ersten

Interpretationsebene als Entwicklungsgeschichte eines jungen Menschen zu lesen.

Tasten wir uns zu weiteren Ebenen vor: Die Novelle ist eine sehr farbenreiche Erzählung, die Farbensymbolik, die Eichendorff einsetzt, ist sogar strukturbestimmend. Am Anfang steht Buntheit im Vordergrund; Fortunato tritt in »bunter Tracht« auf, ferne »blaue Berge« und grüne Plätze, bunte Blumenkränze und »buntgefiederte Bälle« sind Atmosphäre bildende Motive. Diese Motive sind an Worte spielerischer Bewegung wie »flattern«, »spielen«, »fröhlich«, »frisch« geknüpft; sowohl der bunt gekleidete Fortunato als auch das mit bunten Blumen bekränzte Mädchen werden als »frisch«, »keck«, »anmutig« und »fröhlich« bezeichnet. Dann tritt der Ritter Donati auf, und mit diesem Auftritt erfolgt eine Zäsur im Erzähltext, denn die Farbmotivik ändert sich, das Leichte, Bewegte schwindet. »Blaß«, »bleich«, »schwanenweiß«, »weiß glänzend«, »falb« ist nun der unterlegte Farbteppich. Bewegungen werden angehalten, »still« wird dominant genutztes Wort. Durch Worte wie »ängstlich«, »wundersam«, »sonderbar« führt Eichendorff allmählich in die gespenstische Welt des Marmorbilds, dessen Auftauchen den Höhepunkt des zweiten Novellenteils darstellt und in dem die Motive der Weiße/Farblosigkeit und Starre kulminieren: »Der Mond, der eben über die Wipfel trat, beleuchtete scharf ein marmornes Venusbild, das dort dicht am Ufer auf einem Steine stand, als wäre die Göttin soeben erst aus den Wellen aufgetaucht, Einige Schwäne beschrieben still ihre einförmigen Kreise um das Bild. Ein stärkerer Wind kräuselte den Weiher in trübe Wellen, das Venusbild, so fürchterlich weiß und regungslos, sah ihn fast schreckhaft mit den steinernen Augehöhlen aus der grenzenlosen Stille an.«

Mit Hilfe der Farbmotivik unterteilt der Dichter die gesamte Novelle. Die kompositorische Gestaltung der Novelle als Abfolge von Bildern legt aber nahe, dass es weniger um den Konflikt Leben/Tod als vielmehr um Kunst geht. Das Marmorbild ist ein Kunstobjekt. Fortunato ist Sänger, Florio wünscht sich, Poet zu sein. Bianka singt am Brunnen ein Lied, die Sirenen in Florios Traum singen, die schöne Dame spielt Laute und singt. Ein Lied rettet den jungen Edelmann. Um es kurz zu machen: zwei Kunstrichtungen stehen sich gegenüber, die des Marmorbildes, eine melancholische und schwerblütige Kunst, eine Kunst jedoch der gehobenen Kreise (Ritter, Dame, Kavaliere; hier knüpft sich auch eine politische Kritik Eichendorffs an) und orientiert an klassischen Maßstäben, und eine so fromme wie lebensfrohe Kunst, nicht die künstlerische Vorstellungswelt eines elitären Kreises, sondern die einer aus dem Herzen und der Stimmung fließenden romantischen Kunst, die Welt Biankas. Beiden

»Musen« begegnet Florio in einander entsprechenden Szenen: dem Venusbild auf einem Stein am Rande eines Weihers stehend, der als Griechin verkleideten Bianka an einem Springbrunnen, auf dessen steinernem Rand das Mädchen sitzt. Zwischen beiden weiblichen Gestalten hat Florio zu wählen. Florio ist der künftige Dichter am Scheidewege der Künste. »Das Marmorbild« ist eine Künstlernovelle.

Für Eichendorff gab es zwei wesentliche Arten von Kunst, die erste, an äußerem Ruhm, Glanz und Geld orientiert, die er als »falsch« und »leer« empfand, die zweite auf Authentizität und Wahrheit bedacht, ungeachtet ihrer Publikumswirksamkeit. Florio hat sich zu entscheiden und wählt letztlich die Kunst, »die ohne Stolz und Frevel« ist und für die das Unschuldskind Bianka steht.

Doch ist »Das Marmorbild« darüber hinaus noch die Erzählung einer Künstlergeburt. Zu Beginn des Textes verwahrt sich Florio bescheiden gegen das Etikett Poet: »Ich habe mich wohl zuweilen in der fröhlichen Sangeskunst versucht, aber wenn ich dann wieder die alten großen Meister las, da komm ich mir vor wie ein schwaches, vom Winde verwehtes Lerchenstimmlein.« Die Lieder anderer begeistern ihn und nehmen ihn gefangen, über sein eigenes Lied »Wie kühl schweift sichs bei nächt'ger Stunde« muss er lachen; er ist sich selbst und seiner Kunst unsicher. Erst am Ende, nach der Erkenntnis, wie leer und lähmend eine äußerlich bleibende Kunst ist, bricht sich das Künstlertum in ihm endgültig Bahn und es drängt sich aus ihm heraus: »Da schüttelte Florio sich an allen Gliedern, sprengte rasch eine Strecke den andern voraus und sang mit heller Stimme: ›hier bin ich, Herr! Gegrüßt das Licht,/ Das durch die stille Schwüle/ Der müden Brust gewaltig bricht/ mit seiner strengen Kühle.// Nun bin ich frei! Ich taumle noch/ Und kann mich noch nicht fassen –/ O Vater, du erkennst mich doch/ Und wirst nicht von mir lassen!‹« Eichendorffs »Marmorbild« erweist sich so als Schlüsselerzählung einer künstlerischen Selbstfindung.

Mit dem »hier bin ich« und »nun bin ich frei« seines Florio im »Marmorbild« fand Eichendorff zu seiner reifen Dichtersprache. Erstaunlich früh, aber bewundernswert stil- und konzeptionssicher war schon sein erster (erhaltener) Prosaentwurf »Die Zauberei im Herbste« gewesen. Die Novelle verrät einiges über die künstlerische Befindlichkeit ihres Schöpfers. In »Ahnung und Gegenwart« ging es noch um ein Abwägen der einzelnen poetischen Lebensformen, darum, den eigenen Weg gedanklich abzustecken. Im »Marmorbild« nun steht die Emanzipation des Künstlers im Zenit, sein »Freischwimmen« hin zur poetischen Tat. Thema ist auch die »Wunde«, die jeder Künstler davontragen muss, um überhaupt fähig zu sein, sich schöpferisch zu betätigen (vgl. Richard Wagners verwundeter Amfortas im Künstler-Musikdrama »Parsifal«). Die Sehnsucht, die das Marmorbild dem jungen Poeten einimpft, wird der Nährboden seiner Kunst: »Ein tiefes, unbestimmtes Verlangen war von den Erscheinungen der Nacht in seiner Seele zurückgeblieben.«

Während Joseph als Dichter einen großen Schritt nach vorne machte, verabschiedete sich Wilhelm ganz von der Poesie. Nur noch gelegentlich entschlüpfte seiner Feder der eine oder andere Vers. Seinem Bruder Joseph lieferte er allerdings noch eine Vorlage zum »Marmorbild«, sein siebzehn Strophen umfassendes Gedicht »Die zauberische Venus«. Nicht allein die dort figurierende Venusstatue übernahm Joseph als Motiv, sondern auch die gesamte Konzeption. Ein Hochzeitspaar unter Feiernden, errötend dasitzend, eröffnet das Gedicht; analog dazu Florios erste Begegnung mit Bianka; der einsame Bräutigam gerät ins Träumen (»Florios Traum«), und vor ihm erscheint das Marmorbild; die Szene am Wasser im Mondenschein, mit Kahn und Schwänen übernahm Joseph aus Wilhelms Poem. Wilhelms Bräutigam verliert sich jedoch völlig an Frau Venus, der einzige, allerdings grundlegende Unterschied zu Josephs Novelle. Ansonsten erscheint »Das Marmorbild« auf weite Strecken wie eine Prosafassung des Gedichts Wilhelms, in dem es heißt: »Dorten wo am grünen Lande/ Hohe Schilfe wehend schossen,/ Steht ein Venus-Bild am Strande/ Von dem Mondenlicht umflossen«.

Gesinnungsprüfung

Als »Das Marmorbild« 1819 erschien, ohne jede kritische Resonanz, stand Joseph von Eichendorff gerade vor einem neuen Examen; nach fast drei Jahren Referendarszeit galt es, den Ratstitel zu erwerben. Eine schriftliche Arbeit über eine diffizile Staatsfrage war anzufertigen. Eichendorff erhielt das Thema »Welche Vorteile und Nachteile sind von der Aufhebung der Landeshoheit der Bischöfe und Klöster für Deutschland zu erwarten?« Dass ein derart brisantes staats- und kirchenpolitisches Thema ausgerechnet dem katholischen Anwärter zugewiesen wurde, geschah in der Absicht, neben seinen Fähigkeiten auch seine Loyalität zum preußischen Staat zu prüfen. Eichendorff erkannte die »heimliche Fußangel« natürlich, die man ihm stellte, und vielleicht lag er sogar mit seinem Verdacht nicht falsch, dass man mit diesem Prüfungsthema den Beamten Eichendorff aus der Ministerialbürokratie hinausbefördern wollte. Er halte »Gewissen und Ehre« höher »als (seinen) Magen«, betonte er und beantwortete die Frage argumentativ und historisch geschickt, ohne gegen die Säkularisierung zu Felde zu ziehen, aber auch ohne seinen katholischen Standpunkt aufzugeben. Er erinnerte an die allgemeine Nützlichkeit der Klöster als Bildungs-, Armen- und Krankenpflegestätten und kam zu dem Schluss, dass nur eine umsichtige Säkularisierung in Teilbereichen in Betracht käme. Dass er hier Rückgrat zeigte, trug ihm die Anerkennung Johann Heinrich Schmeddings ein, Oberregierungsrats in der Abteilung für katholische Angelegenheiten. Schmedding beurteilte Eichendorffs Kenntnisse, die dieser in einer mündlichen Prüfung am 16. Oktober 1819 gezeigt hatte, als durchgehend gut.

Damit wurde Eichendorff Assessor. Wieder ohne Gehalt.

Es ging der wachsenden Familie nach wie vor finanziell schlecht. Noch konnten sie sich nur auf die spärlichen Gewinne der verbleibenden Güter verlassen. In dieser Zeit entstand das Gedicht »Der irre Spielmann«, ein Schlüsselgedicht in Leben und Dichtung des Schlesiers. »Es pfeift der Wind mir schneidend durchs Haar,/ Ach Welt, wie bist du so kalt und klar«, lautet die Klage Eichendorffs.

Der Dichter befand sich seit dem Kriegsende in einem neuerlichen Umdenkungsprozess, was ihn seine äußeren Umstände sicher noch schwerer ertragen ließ. Er war nun Familienvater, hatte alle Schattenseiten des Krieges, seine Grausamkeiten miterlebt. Das oberflächliche Leben ödete ihn schon seit Langem an. Jetzt fand er, der »laute Tag« sei für ihn vorbei und er müsse ein Besserer werden. Er kämpfte täglich um ein Leben in der »imitatio Christi«, immer nach dem höchsten Maß an Güte und Sanftmut strebend. Wie fragil sein neues Lebensmodell erschien, offenbart sich in dem Gedicht »In der Nacht«, das wohl um 1818 entstanden ist: »O Herr! Auf dunkelschwarzem Meere/ Fahr ich ein schwaches Boot,/ Treu folgend deinem goldnen Heere/ Zum ew'gen Morgenrot.«

Karl von Holtei, der junge Schriftsteller und Schauspieler aus Breslau, begegnete seinem zehn Jahre älteren Landsmann in dieser Zeit zum ersten Mal und war sofort gefangen von Eichendorffs sanftem und bescheidenem Auftreten. Holtei berichtet von einem Gesellschaftsabend des Jahres 1819: »Anfänglich fühlte ich mich trotz aller Freundlichkeit des Wirtes sehr verlassen und zog mich in ein leeres Gemach zurück, wo ich in einen Winkel gedrückt, bitterlich weinte. Da trat ein Mann zu mir, sprach mich freundlich an und sagte manch tröstend Wort. Seine Sprache klang weich und sanft. Ich fühlte mich lebhaft zu ihm gezogen. Als wir zur Gesellschaft zurückkehrten, bat ich um meines neuen Freundes Namen. Es war Joseph Freiherr von Eichendorff.«

Sechstes Kapitel

Unter den Türmen von Danzig

Dunkle Giebel, hohe Fenster,
Türme tief aus Nebeln sehn,
Bleiche Statuen wie Gespenster
Lautlos an den Türen stehn.

Träumerisch der Mond drauf scheinet,
Dem die Stadt gar wohl gefällt,
Als läg zauberhaft versteinet
Drunten eine Märchenwelt.

Und der Türmer wie vor Jahren
Singet ein uraltes Lied:
Wolle Gott den Schiffer wahren,
Der bei Nacht vorüberzieht.

aus: In Danzig

Von der Oder an die Weichsel – Kirchen- und Schulrat zu Danzig

Der preußische Kultusminister Altenstein trat auf den Plan. Dieser überzeugte Vorkämpfer einer Modernisierung des Bildungswesens, der für den Schulbereich eine weitgehende Trennung von Staat und Konfessionen anstrebte, hatte Eichendorffs Examensarbeit über die »Aufhebung der Landeshoheit der Bischöfe« gelesen und stimmte mit dem Prüfer überein, dass hier ein Mann von »Adel der Gesinnung« und »Scharfsinn« sein Können unter Beweis gestellt habe. Ein erfahrener Verwaltungsexperte wie Karl Sigmund Freiherr vom Stein zum Altenstein ließ einen so fähigen jungen Beamten natürlich nicht auf irgendeinem Assessoren-

Die Marienburg unweit von Danzig

pöstchen sitzen, sondern er berief Eichendorff als katholischen Kirchen- und Schulrat nach Danzig. Der Schlesier sah die Beförderung mit einem lachenden und einem weinenden Auge. Am liebsten wäre er in der Heimat geblieben. Aber er konnte weder den ihm wohlgesonnenen Minister brüskieren noch den Ratstitel sausen lassen, und am allerwenigsten konnte er auf die Diäten verzichten, die ihm sein neuer Posten einbrachte. Louise war erneut schwanger und gebar am 6. Januar eine kleine Agnes Clara Augusta. Das vierte Kind des Paares, das nicht nur Glück, sondern auch Kosten bedeutete. Eichendorff musste also in den sauren Apfel beißen und fuhr im Januar 1821 Richtung Weichselmündung.

Danzig (Gdańsk) ist eine Stadt mit bewegter Vergangenheit, vom Zeitpunkt ihrer ersten Erwähnung um 997 an. Über Jahrhunderte war es ein steter Zankapfel zwischen Preußen (das seit den Kreuzzügen dem Deutschen Orden unterstand) und dem mächtigen Königreich Polen (bzw. Polen-Litauen); Danzigs exponierte Lage am Schnittpunkt von großen See- und Flusshandelswegen machte es aber auch zu einer idealen Drehscheibe zwischen Ost und West und zu einer der reichsten Hansestädte. Doch die Macht des Deutschen Ordens, dessen reiche Handelsgüter – Getreide, Bauholz, Bernstein, Honig – über Danzig in alle Welt gingen, zerfiel am Ende des Mittelalters, und die Könige von Polen, deren Schutzherrschaft sich die Freie Stadt Danzig seit 1466 unterstellt hatte, verloren im 18. Jahrhundert schrittweise ihre Unabhängigkeit. Bei der zweiten polnischen Teilung von 1793 fiel Danzig im Gerangel zwischen Preußen und Russland an den Preußenkönig und gehörte fortan zur Provinz Westpreußen. Nur sechs Jahre lang, von 1807 bis 1813, genoss die Weichselmetropole auf Betreiben Napoleons noch einmal den Status einer Freien Stadt. Durch den Wiener Kongress, bei dem die Karten Europas neu gemischt wurden, fiel Danzig dann wieder an Preußen. Die westpreußische Provinzhauptstadt war zu Eichendorffs Zeit von beiden Nationen geprägt, was sich im bunten Stadtbild, dem Nebeneinander von polnischen, preußischen und den pittoresken kaschubischen Trachten, in Sprache und Alltagsleben niederschlug. Es gab ein Miteinander, aber auch ein beginnendes Auseinanderklaffen der Nationen. Das ursprüngliche Selbstverständnis des Königs von Preußen als quasi supranationaler »Landesvater« für Deutsche wie für Polen wurde im Zeichen nationaler und konfessioneller Konflikte allmählich zugunsten einer einseitig prodeutschen und protestantischen Parteinahme ausgehöhlt; die als preußische Untertanen lebenden Polen forderten im Gegenzug die Wiederherstellung ihres zerstückelten Nationalstaates, und sie begehrten religiöse Gleichberechtigung als Katholiken. Diese tiefen Gegensätze knüpften sich vor allem aber an soziale Aspekte. Die gehobene bürgerliche Schicht bestand auch in Danzig größtenteils aus Preußen/Deutschen; auch die Administration war überwiegend mit Deutschen besetzt. Das Gros der unteren Schichten stellten dagegen die polnischen und kaschubischen Bevölkerungsteile; Aufstieg und Karrieren polnischstämmiger Untertanen wurden systematisch untergraben. So standen die Dinge zwischen Deutschen und Polen in Danzig nicht viel anders als in Thorn, Posen oder Breslau. Vor diesem Hintergrund wird deutlich, warum den Eltern Eichendorffs daran gelegen war, ihren Kindern jeden Anflug polnischen Dialekts auszutreiben, es lässt sich zugleich Eichendorffs mutige Haltung ermessen, der sich unbeeindruckt weiterhin mit polnischer Literatur beschäftigte und aus seinem Drama »Der letzte Held von Marienburg« kein Anti-Polen-Stück machte, wozu der Stoff durchaus hätte missbraucht werden können.

Wir kennen das Danzig der Eichendorff-Zeit durch die Schilderungen der Danzigerin Johanna Schopenhauer (vgl. ihre Briefe und Tagebuchnotizen in dem Auswahlband »Im Wechsel der Zeiten, im Gedränge der Welt«). Das Erscheinungsbild dieser alten Stadt war ein Farbenspiel von Hell und Dunkel. Die Gassen waren schmal, die schön geschmückten Häuser mehrere Etagen hoch. Unten auf dem Pflaster war es grau und finster, während oben an den Hausfassaden die Sonnenstrahlen auf gelblichem Sandstein spielten. Imposante Straßenzüge und Bauwerke prägten Danzig, auch sie im Spiel der Kontraste. So präsentierte sich der Lange Markt mit dem berühmten Artushof als freundliche Flaniermeile voller Boutiquen, Läden und Kaffeehäuser, in denen nicht nur Tee und Kaffee, sondern auch das altberühmte, mit Goldblättchen angereicherte Elixier »Danziger Lachs (Goldwasser)« ausgeschenkt wurde. Die elegante Ladenzeile des *Długi Targ*, wie der Lange Markt heute heißt, wurde aber von der übermächtigen Baumasse des Rechtsstädtischen Rathauses überragt und beschattet. In unmittelbarer Nähe, in der Langgasse, der alten Einzugsstraße der polnischen Könige, bezogen die Eichendorffs eine Wohnung in zentraler, feiner Wohnlage. In anderen Vierteln der Stadt, etwa rund um die Brigittenkirche, sah es wesentlich bescheidener und düsterer aus. Der Arbeitsplatz Eichendorffs hingegen lag direkt am Weichselufer, im Königlichen Regierungshaus. Hier stand Eichendorff nun vor der Sisyphos-Arbeit, die schier unüberbrückbaren Gegensätze von protestantisch und katholisch, deutsch und polnisch unter einen Hut zu bringen.

Unterstellt war Eichendorff dem westpreußischen Oberpräsidenten, Heinrich Theodor von Schön, der ebenso wie Altenstein Gefallen an dem pflichtbewussten und aufrechten neuen Beamten fand. Schon nach einigen Wochen schrieb Schön dem Minister: »Ich kann den H. v. Eichendorff nicht abreisen lassen, ohne Ew. Excellenz dafür zu danken, daß Sie mir diesen interessanten Mann geschickt haben.« Offenbar kannte Altenstein seinen ansonsten unverträglichen Oberpräsidenten. Schön war alles Religiöse suspekt. Das Katholische gefiel ihm nun ganz und gar nicht. Gott war für ihn im Kantschen Sinne Urheber der Natur, alles andere, auch der Glaube, war Sache des Menschen und daher der Anschauung des Einzelnen. Preußen versuchte, mit strengen Beamten wie Schön sein Programm der religiösen Toleranz durchzuziehen. Dabei war es mit der Toleranz selbst innerhalb der Regierung nicht weit her. Katholiken waren höhere Staatsposten in vielen Fällen versperrt. In wirkliche Vertrauenspositionen berief die Regierung doch lieber Protestanten. Mit Eichendorffs Ernennung zum Danziger Rat schlug Altenstein also gleich mehrere Fliegen mit einer Klappe. Er setzte Schön einen mit dem Katholizismus vertrauten Mitarbeiter zur Seite, der dem Oberpräsidenten jedoch trotz seines Glaubens angenehm sein musste, weil er »die Gebräuche seiner Kirche ohne Schwärmereien« einhielt. Schön, dem Staatsdiener von heftiger, fast brutaler Natur, musste ein Korrektiv zur Seite gestellt werden, und dazu passte perfekt der sanftmütige, milde Eichendorff. Am wichtigsten aber war, dass mit dem Freiherrn der Ratsposten einem Katholiken zufiel, sodass keiner sagen konnte, Katholische fänden bei der preußischen Regierung kein Unterkommen. Eichendorff war, wie es scheint, so etwas wie ein »Quotenkatholik.« In einem inoffiziellen Briefwechsel der beteiligten Vorgesetzten, den Hans Pörnbacher ans Tageslicht befördert hat, setzte man sich z. B. für eine Erhöhung der Bezüge Eichendorffs ein, weil »die Katholiken« noch immer argwöhnten, dass »ihre confessions-Verwandten blos nur deshalb gegen Andere zurückgesetzt würden«. Eichendorff störte sich wohl wenig an dieser politischen Taktik, Hauptsache, für ihn sprang ein gesichertes Einkommen heraus. Die Diäten, zwei Taler täglich, waren ja lediglich ein Tagegeld und dokumentierten die ungesicherte Position des neuen Staatsdieners. Nach einigen Monaten wurde dieser Übergangslösung auf Betreiben Schöns ein Ende gemacht. Schön in einem Brief an den Minister: »Seine häusliche Lage ist sehr beschränkt; ich kann pflichtgemäß versichern, daß er bei seinen Verhältnissen als Familienvater mit den ihm bewilligten Diäten an diesem so überaus teurem Orte nicht auszukommen vermag und daß er sich deshalb in dringender Verlegenheit findet.« Eichendorff erhielt ab September 1821 ein fixes Grundgehalt von 1200 Talern im Jahr, zu dem noch Diäten, Vertretungsgelder, Reisespesen usw. hinzutraten.

Einige Taler kamen auch von den ererbten Gütern, soweit sie noch Gewinne abwarfen, hinzu.

Einkommen und Auskommen

Mit seinem Beamtengehalt gehörte Eichendorff zu den Leuten mit ausgesprochen gutem Einkommen. Wenn auch gern von dem in finanzieller Enge lebenden Dichter die Rede ist, so muss diese Aussage für die Zeit nach seiner Festeinstellung doch relativiert werden. Eichendorff war nicht arm. Andererseits waren die Ausgaben einer mehrköpfigen Familie in einem Zeitalter, in dem das Versicherungswessen noch in den Kinderschuhen steckte, kaum zu kalkulieren. Jede unvorhergesehene Krankheit riss enorme Löcher in die Haushaltskasse. Die Zahl der durch Krankheit unverschuldet in finanziellen Bankrott getriebenen Familien war damals bestürzend hoch. Eine Hebamme nahm für ihre Arbeit etwa acht Taler, ein Arzt für einen Hausbesuch um einiges mehr. Jeder gutbürgerliche und erst recht jeder adlige Haushalt brauchte Dienstpersonal. Es wurde noch viel im Haus selbst hergestellt, von Kleidern bis hin zu Lebensmitteln. Die Hausfrau war von morgens bis abends mit Nähen und anderen Hausarbeiten beschäftigt. Wegen der zeitraubenden Küchenarbeit gehörte in einem besseren Haushalt unbedingt eine Köchin zur Dienerschaft, wohingegen Arbeiter- und Handwerkerfamilien ihr warmes Essen zumindest teilweise aus kleinen, preiswerten Speiselokalen holten. Große Mühe machte auch das Säubern der Wohnungen. Die Holzböden mussten regelmäßig gepflegt, Teppiche ausgeklopft werden. In einfachen Häusern wurde der Boden nach dem Scheuern mit Sand bestreut. Der Sand sog allen feuchten Schmutz auf und band Staub, der dann einmal die Woche ausgekehrt wurde. Für alle groben Arbeiten war ein Dienstmädchen nötig. Die Dienstmädchenlöhne lagen im Durchschnitt bei 15 bis 25 Taler jährlich. Neben dieser Mindestanzahl an Personal waren wenigstens zeitweise weitere Kräfte nötig, etwa eine Amme, denn die meisten Damen stillten nicht selbst. Eine Amme verdiente etwas mehr als die Köchin. Neben die Ausgaben für Personal traten die Kosten der Miete.

Von einem Mann in Eichendorffs Position wurde selbstverständlich erwartet, dass er und seine Familie ein Leben auf standesgemäßem Niveau führten. Das bedeutete, dass nur eine Wohnung in einem sehr guten, daher teuren Stadtbezirk in Frage kam. Zum gesellschaftlichen Muss gehörte auch, dass eine wohlhabende Familie im Sommer aufs Land fuhr. Eichendorffs verbrachten während der Danziger Zeit die Sommerfrische stets auf Gut Silberhammer, dem Sitz eines befreundeten Adligen. Kamen sie in die Stadt zurück, bezogen sie oft eine neue Wohnung. Häufiger Wohnungswechsel war im 19. Jahrhundert an der Tagesordnung. Man »verwohnte« eine Wohnung, bis sie erste Renovierungen nötig hatte, dann zog man aus, der Eigentümer führte die nötigen Schönheitsreparaturen durch und vermietete weiter. All das kostete Geld. Auch Kleidung schlug damals mehr auf den Geldbeutel als heute. Man konnte nicht sans façon zu einem der häufigen Gesellschaftsabende gehen; ein höherer Beamter wie Eichendorff musste im Frack erscheinen. Auch die obligatorischen weißen Handschuhe waren extrem teuer. Noch kostspieliger war die Damengarderobe; eine Frau von Rang konnte sich nicht zweimal im selben Kleid auf großen Empfängen sehen lassen. Der Klavierpädagoge Friedrich Wieck, Vater des Wunderkindes Clara, schrieb einmal empört aus Paris: »Welcher äußere Glanz hier herrscht, ist unbeschreiblich. Clara muß immer ganz weiß gehen; in jeder Soirée muß alles neu sein – nur alles äußerlich, gewaschen braucht sie nicht zu sein.« Viele Frauen behalfen sich damit, ihre Kleider nach jedem Tragen umzuarbeiten und durch neue Schleifen, Knöpfe oder Kragen zu verändern; ein Spitzenkragen schlug mit acht Talern zu Buche.

Für die Ausbildung der Söhne hatte Eichendorff vorzusorgen. Schulgeld fiel an, sofern die Kinder keinen Hofmeister erhielten, was angesichts des Gymnasialwesens in den Städten allmählich aus der Mode kam. Es wurde viel Geld in Zusatzausbildungen wie Zeichen- und Musikunterricht investiert, schließlich zeichneten schöngeistige Fähigkeiten später Männer wie Frauen aus. Für Eichendorffs Söhne waren nur zwei Berufsmöglichkeiten vorgesehen, entweder die Beamtenlaufbahn oder eine militärische Karriere. Beides kostete erst einmal Geld, die lange Ausbildungs- und Referendarzeit der Beamten musste aus eigener Tasche bezahlt werden, genauso wie die nötige Ausstattung eines Offiziersanwärters. Den Töchtern war eine Mitgift mitzugeben, und die durfte in einer Epoche, die immer noch die arrangierte Ehe unter dem Vermögens- und Versorgungsaspekt bevorzugte, nicht zu knapp ausfallen. Die Altersvorsorge musste ebenfalls von Eichendorffs Gehalt bestritten werden. Er legte sein Geld dauerhaft und gewinnbringend an.

Seine Dichtungen trugen ihm zeitlebens nicht viel ein. Kein Schriftsteller des beginnenden 19. Jahrhunderts, vielleicht mit Ausnahme einiger Erfolgsautoren wie Jean Paul oder Wilhelm Hauff, konnte von seinen Dichtungen existieren. Für seinen Roman »Ahnung und Gegenwart« hatte Eichendorff gerade einmal 1 Friedrichsdor pro Druckbogen erhalten.

Ganz ohne Spaß, obwohl er das Tanzen und Reiten eingeschränkt hatte, lebte der Dichter auch nicht. Er war ein Freund guten Essens, obwohl man es seiner hageren Figur nicht ansah. Er bewirtete gern Gäste. Daneben war er ein ausgesprochener Bibliophiler, sammelte kostbare Ausgaben. Er besaß zum Beispiel Calderóns »Autos« in der ältesten erhaltenen Druckausgabe. Nicht gerade ein billiges Steckenpferd.

Brotberuf und Dichterwerk

Ins Familienleben mischte sich Eichendorff während der Danziger Zeit nur wenig ein. Wenn er zu Hause war, dann galt seine Zeit der Dichtung. Zahlreiche Reisen von Amts wegen engten seinen Spielraum für dichterische Arbeit empfindlich ein. Manchmal war er fast verzweifelt: »Mir läßt mein Amt jetzt leider nicht viel Muße zum Dichten.« Der Bischof von Ermland, der dienstlich mit Eichendorff zu tun hatte, stellte fest: »Der Mann (ist) mit Arbeiten überhäuft und oft leider abwesend.« Trotzdem ist erstaunlich, was Eichendorff in den wenigen Danziger Jahren bis 1824 schrieb: Er vollendete die ersten Kapitel seines »Taugenichts« sowie das satirische Drama »Krieg den Philistern« und schrieb viele Gedichte. Das berühmte, längst zum Volkslied avancierte Gedicht »Der frohe Wandersmann« (»Wem Gott will rechte Gunst erweisen«) bringt Eichendorffs reale Existenz und dessen Unvereinbarkeit mit dem dichterischen Wollen auf den Punkt. Das Gedicht erscheint auf den ersten Blick wie ein argloses Wanderlied, zumal wenn einem die hinzukomponierte Melodie mit ihren fröhlich aufklingenden Punktierungen im Ohr summt. Lustig ist die zweite Strophe des Gedichts nur für den Leser, der Eichendorffs Lebenssituation nicht kennt: »Die Trägen, die zu Hause liegen,/ Erquicket nicht das Morgenrot,/ Sie wissen nur von Kinderwiegen,/ Von Sorgen, Last und Not um Brot.« Seinen eigenen Wunschtraum versieht Eichendorff mit einem gewichtigen Fragezeichen; die Frage ist rhetorisch, denn natürlich machen Last und Brotsorge den poetischen Lebenstraum zunichte: »Die Bächlein von den Bergen springen,/ Die Lerchen schwirren hoch vor Lust,/ Was sollt ich nicht mit ihnen singen/ Aus voller Kehl und frischer Brust?« (V. 9–12). Eichendorff wäre nicht Eichendorff, wenn er nicht seine spezifische Lösung aus dem Dilemma wüsste: Gott. Wie Gott es gefügt hat, so der Tenor des Dichters, so muss der Mensch es annehmen, es kann nur zu seinem Besten sein: »Den lieben Gott laß ich nur walten …/ Hat auch mein Sach aufs best bestellt.«

Im »Mandelkerngedicht«, das er bereits während der Berliner Amtszeit schrieb, hat Eichendorff seinen verstörenden Lebenskonflikt zwischen

Theodor von Schön, im Hintergrund die Marienburg.

Beamten- und Poetentum konkret formuliert. »Zwischen Akten, dunklen Wänden/ Bannt mich, Freiheitbegehrenden,/ Nun des Lebens strenge Pflicht,/ Und aus Schränken, Aktenschichten/ Lachen mir die beleidigten/ Musen in das Amtsgesicht« (V. 1–6), lässt er dieses Schlüsselgedicht beginnen. Abgeschnürt von aller Poeterei, so fühlte sich Eichendorff oft, auch abgelenkt von seiner eigentlichen Berufung durch zu viel des Prosaischen. Dazu kommt das Gefühl beruflicher Zurücksetzung, das der Dichter nie ganz ablegen kann: »Als der letzte Balkentreter/ Steh ich armer Enterbeter/ In des Staates Symphonie,/ Ach, in diesem Schwall von Tönen/ Wo fänd ich da des eignen/ Herzens süße Melodie« (V. 13–18). Im 1823 entstandenen Gedicht »Intermezzo«, untertitelt »Der Bürgermeister«, macht sich der Dichter über seinen Brotberuf lustig, indem er das umständliche und haarspalterische Beamtendeutsch mit Fachbegriffen wie »species facti« und »ad acta« würzt: »Der Staat floriert und bleibt im Takt da«, heißt es in Vers 20, während seine Rädchen im pflichtgemäßen Trab funktionieren. Das Gedicht ist eine Seitenhieb auf Beamtenwillkür und -hochmut, ganz gleich wie und wann der einzelne Beamte seine Akten bearbeitet, das Staatsgetriebe läuft in seinem im Grunde sinnlosen Trott weiter.

O Maria, meine Liebe!

Eichendorff blieb Theodor von Schön gegenüber in den dienstlichen Angelegenheiten loyal, obschon von katholischer Seite der Versuch gemacht wurde, Eichendorff für die eigenen Zwecke (gegen die Säkularisierungsbestrebungen Schöns) einzuspannen. Lediglich auf dem Gebiet der Poesie wurde der Dichter der preußischen Staatsräson untreu. Er schrieb ein »Kirchenlied« (»O Maria, meine Liebe!«), das er wohl 1823 vollendete. Dieses Preislied auf die Gottesmutter wurde vom Fürstbischof von Ermland, Prinz Joseph Wilhelm Friedrich, angeregt. Das im Winkel zwischen Westpreußen und Masuren liegende Ermland war ein etwas abgelegener, streng katholisch gebliebener Landstrich, ein geistliches Fürstbistum, das erst durch die polnische Teilung von 1772 dem preußischen Staat einverleibt worden war. Ablehnen konnte Eichendorff die Bitte eines Fürstbischofs, noch dazu eines Prinzen von Hohenzollern-Hechingen, wohl kaum, und so entstand eines der schönsten Mariengedichte des 19. Jahrhunderts, dessen »große Zartheit« vom geistlichen Herrn gerühmt wurde.

Wo Verlaßne einsam weinen,
Sorgenvoll in stiller Nacht,
Den' vor allem läßt du scheinen
Deiner Liebe milde Pracht,
Daß ein tröstend Himmelslicht
In die dunklen Herzen bricht.

Deinen Jesus in den Armen,
Übern Strom der Zeit gestellt,
Als das himmlische Erbarmen
Hütest du getreu die Welt,
Daß im Sturm, der trübe weht,
Dir kein Kind verloren geht.

Der Fürstbischof ließ das Lied in das Gesangbuch der Ermländer Diözese einfügen. Am 2. September 1824 berichtete er dem Dichter: »Am verflossenen Sonntage hörte ich in der Pfarrkirche zu Frauenberg, bei dem schönen nachmittägigen Gottesdienste, Ihr himlisches Marienlied herrlich singen! Es war ein himmlischer, hochbeseligender Moment für mich, ja himmlisch ist Ihr Lied, denn von oben stammt das Schöne und Heilige! O möchte Ihnen doch mehr Muße vergönnt sein, um noch mehrere solcher Gesänge zum Preise des Herrn und zur Erbauung der Gemeinde dichten zu können.« Nach dem Brief eines Vorgesetzten des Dichters verbreitete sich der Ruhm dieses Marienliedes des »trefflichsten v. Eichendorff« unter den katholischen Gläubigen offenbar rasch, es werde »im lieben Ermland … von tausenden gesungen«.

Eichendorff fügte sich persönlich weder den krassen Säkularisierungswünschen Schöns noch der katholischen Unbedingtheit des Hohenzollernprinzen, sondern schätzte die Lage in den Klöstern Preußens als durchweg bedenklich ein, da er die meisten für »Schlupfwinkel der Trägheit und Unwissenheit« hielt, und sprach sich nur für die Erhaltung von Klöstern aus, die in irgendeiner Weise, z. B. auf dem Gebiet der Gesundheitsfürsorge, aktiv der Allgemeinheit dienten. Schön handelte übrigens in Kirchenfragen sehr frei und gelegentlich gegen die ausdrücklichen Anordnungen aus Berlin, das gerade mit Rom zur Einigung gefunden hatte, die 1821 in der päpstlichen Bulle »De salute annimarum« festgelegt wurden.

Theodor von Schön bemerkte selbstverständlich die Annäherungsversuche des Fürstbischofs an Eichendorff. Er hielt seinen Untergebenen zwar für einen »ebenso herrlichen Dichter als herrlichen Mensch«, in den Kirchenangelegenheiten wahrte er aber sein Vorurteil gegenüber Katholiken und misstraute seinem Beamten. Er überhäufte den Dichter immer mehr mit schulischen und gesundheitlichen Angelegenheiten, während er ihm nach und nach die Bearbeitung katholischer Kirchenfälle entzog. Bei Eichendorff löste dies ein Gefühl beruflicher Zurücksetzung aus.

Schweres Erbe

Auch privat stand Anfang der 20er Jahre nicht alles zum Besten. 1822 starb Eichendorffs Mutter. Karoline von Kloch-Eichendorff hatte ihren Mann nur um vier Jahre überlebt. Mit dem Tod der Mutter brach das Gerangel mit den Gläubigern wieder aus. Karoline hatte als Nutznießerin auf Gut Lubowitz leben dürfen, nun verfiel das Schloss mit seinen Ländereien an die Gläubiger. Es zerriss beiden Brüdern Eichendorff das Herz, als das Schloss ihrer Kindheit im Jahr 1823 zwangsversteigert wurde. Es blieb ihnen lediglich Gut Sedlnitz, das, weil es auf österreichischem Gebiet lag, vor dem Zugriff geschützt blieb. Sedlnitz fiel nun nicht allein an die Geschwister Eichendorff, sondern gehörte in Erbengemeinschaft auch ihrem Onkel Rudolf, einem jüngeren Bruder ihres Vaters. Die Gewinne wurden geteilt. Joseph übernahm die Verwaltung und erhielt dafür einen kleinen Gewinnanteil mehr. Sorge bereitete ihm seine viel jüngere Schwester Louise, die nach dem Tod der Mutter als unmündige Waise dastand. In die Haushalte ihrer Brüder konnte sie nicht gehen, beide lebten viel zu beengt. Auf Sedlnitz residierte der Onkel. Hilfe kam unerwartet von einer begüterten Tante aus Schillersdorf. Sie nahm die junge Louise bei sich auf und enthob die Brüder so ihrer Unterhaltspflicht.

Wilhelm war über das Einspringen der Tante besonders froh, denn auf seinem unsteten Diplomatenposten konnte er sich kaum um eine unverheiratete Schwester kümmern. Zeitweise arbeitete Wilhelm als österreichischer Agent, der das »Komitee zum Umsturz der Monarchien« auszuspionieren hatte. Keine leichte Mission in den Zeiten beginnender politischer Unruhe. Im Übrigen war Wilhelm gerade frisch verheiratet. Ein Jahr schon lebte die Innsbruckerin Julie Fischnaller an seiner Seite. Das Paar wohnte in Wilten direkt am malerischen Inn. Künstlerisch war Wilhelm nur im Verborgenen aktiv. Der Krieg hatte einen Keil zwischen ihn und die Poesie getrieben, obwohl er 1814 noch zuversichtlich an seinen Bruder geschrieben hatte: »Ich glaube nicht, daß wir Feinde sind und hoffe daher wieder mit ihr (Poesie) zusammenzutreffen.« Fünf Jahre später reimte Wilhelm resigniert: »Wenig ist zurückgeblieben, /Von des Sängers alten Trieben.« Wenn er dichtete, dann nur noch, um dann und wann seinem Herzen Luft zu machen. Er sang auch oft Romanzen zur Gitarre. So wie zur Studienzeit. Aber alle seine Werke waren für den Augenblick oder die Schublade. In überlieferten Äußerungen seiner Ehefrau klingt an, dass Wilhelm depressive Phasen hatte. Wehmut scheint sein beständiges Lebensgefühl gewesen zu sein. Sie hielt ihn auch ab, sich wieder enger an den einst so geliebten Bruder zu hängen. Er schrieb einmal an Joseph: »Jedesmal, wenn ich einen Brief von Dir erhalte, fühle ich einen wunderbaren Schmerz, dann wird mir, wie wenn in der Nacht eine Musik aus der Ferne tönte und aus tiefem Schlaf zu einem trauernden Schlummer weckt, aus dem man erwacht, wenn die Töne verklungen sind. Man sucht sie, aber es ist alles finster und still.« Zu seinen Depressionen mag die Arbeit beigetragen haben, die ihm Anfang der 20er Jahre in Innsbruck aufgebürdet wurde: Er war als Zensor beschäftigt, was ihn oft in Gewissenskonflikte trieb.

In Josephs Familie ging es auch nicht heiter zu. Am 5. April 1822 war die kleine Agnes Clara gestorben, einer der vielen, damals noch unvermeidbaren Säuglingstode. Louise trauerte sehr um die kleine Tochter. In ihrer angegriffenen psychischen Verfassung konnte man ihr kaum die junge Schwägerin als Dauergast aufbürden.

Sorgen über Sorgen, die dem Dichter Eichendorff die Flügel beschnitten.

Liedertafel

Andererseits gab es für ihn eine neue Anregung. Er beteiligte sich aktiv an der Danziger Liedertafel. Die regelmäßig stattfindenden Abende dienten einerseits dem gemeinsamen Singen und Musizieren, andererseits dem gesellschaftlichen Diskurs. Auf Liedertafelabenden wurde kräftig politisiert. Zu einer Zeit, da in allen deutschen und österreichischen Staaten ein Versammlungsverbot herrschte, wurden die scheinbar harmlosen Musikabende zu halbpolitischen Veranstaltungen. Bestimmte Lieder dienten als Erkennungszeichen der Gesinnung eines jeden Kreises, Lieder, die auf Außenstehende in der Regel unauffällig wirkten. So wurde Franz Schuberts Lied »An die Musik« zur Hymne der Wiener Vormärzkreise und österreichischer politischer Flüchtlinge in Frankreich. Felix Mendelssohn komponierte politische Chöre für Liedertafeln. Chorleiter und Komponist Friedrich Silcher wagte sogar, die »Marseillaise« aufzuführen.

Die Danziger Liedertafel wurde erst 1823 gegründet und Eichendorff steuerte gleich Beiträge bei, die »Tafellieder«. Das erste Lied dieser Reihe ist ein Wechselgesang zwischen Männern und Frauen, in dem die Männer scherzhaft entlarvt werden, den Wein ebenso hoch wie die »Weiber« zu schätzen. Eichendorff nutzte das zu einem Seitenhieb auf die neu aufblühenden Emanzipations- und Freiheitsbewegungen. Den Frauen legte er die Verse in den Mund: »Nun, wir sehen, ihr seid Meister./ Doch wir sind heut liberal,/ Hoffentlich, als schöne Geister,/ Treibt ihr's etwas ideal«.

Eichendorff dichtete auch ein schwungvolles Trinklied, »Trinken und Singen«, eine ausgelassene Variante der Spruchweisheit: »Intelligenz säuft, Dummheit frisst.«

> Viel Essen macht viel breiter
> Und hilft zum Himmel nicht,

Es kracht die Himmelsleiter,
Kommt so ein schwerer Wicht.
Das Trinken ist gescheiter,
Das schmeckt schon nach Idee,
Da braucht man keine Leiter,
Das geht gleich in die Höh.

CHOR
Da braucht man keine Leiter,
Das geht gleich in die Höh.

Der Dichter und seine Familie banden sich mit der Teilnahme an der »Liedertafel« in das gesellschaftliche Leben Danzigs ein, sie begannen, sich in der Weichselstadt heimisch zu fühlen. Der Dichter richtete sich trotz seines Übermaßes an Arbeit in Danzig recht gut ein. Jahrzehnte später hat Eichendorff der Stadt ein poetisches Denkmal gesetzt, freilich in einer politisch bewegten Zeit, weshalb die Stadt ihm zur »zauberhaft« versteinerten »Märchenwelt« wird, zur Mahnung: »Dunkle Giebel, hohe Fenster, / Türme tief aus Nebeln sehn, / Bleiche Statuen wie Gespenster / Lautlos an den Türen stehn.«

Rattenfänger?

Anfang der Zwanzigerjahre überschlugen sich die Ereignisse in Europa. Die Freiheitsidee ging Hand in Hand mit einem wachsenden National-bewusstsein. In Polen regte sich Widerstand. Heinrich Heine bemerkte 1822: »Die Polen fürchten den gänzlichen Untergang ihrer Nationalität; sie merken jetzt, wie viel zur Erhaltung derselben durch eine National-Literatur bewirkt wird.« Es war die große Stunde des polnischen Dichters Adam Mickiewicz. Aber auch in Spanien, Italien, Griechenland und auf dem Balkan erhoben sich die Menschen gegen Fremdherrschaft. 1820 re-voltierte, ausgehend von Neapel, Italien gegen seine habsburgischen Be-drücker, die mit eiserner Faust den Aufstand niederschlugen und zahl-lose Freiheitskämpfer in den Kerkern verschwinden ließen, viele füllten die berüchtigten Bleikammern von Venedig. In Spanien wurde 1822 einem Aufstand der Liberalen mit Hilfe französischer Truppen ein bluti-ges Ende bereitet. Ab 1821 brach der griechische Freiheitskampf los, der nach unendlichen Grausamkeiten auf beiden Seiten die Türkenherr-schaft erfolgreich vertrieb – allerdings hatten die europäischen Mächte die griechische Nation unterstützt, doch mehr aus Eigeninteresse, galt es doch, das Osmanische Reich zu schwächen. Viele im weitesten Sinne liberal gesonnenen Persönlichkeiten stimmten in den griechischen Freiheitsruf ein und erhoben ihn zum Symbol des eigenen Widerstands; Lord George Byron, Friedrich Hölderlin, Wiilhelm Müller, Franz Schubert – sie alle zählten zu den »Philhellenen«. Eichendorffs früherer Mentor Loeben, auch er ein Freiheitssüchtiger, rief in dem Sonett »An die Griechen« aus: »Drum kämpft für des Rechtes Wiederkehr,/ Ihr Griechen, lang vom Wolf zerfleischte Herde.« Die neuen Aufregungen politischer Natur griffen Loebens durch die Befreiungskriege strapazierte Psyche stark an und trugen offensichtlich zu seinem körperlichen Verfall bei. 1822 erlitt er einen Schlaganfall (mit vierunddreißig Jahren!), der epilepsieartige Zustände in ihm auslöste. Loeben suchte Hilfe bei Justinus Kerner, dem dichtenden Arzt und Seelenheiler, der Loeben zu magnetischen Kuren riet und diagnostizierte: »Das Nervöse in seiner Maschine ist durch unausgesetzten Gebrauch das Vorherrschendste, aber nun auch das Erschöpfteste« (1824, Pissin).

In die patriotisch motivierte Freiheitsbewegung mengte sich bereits einiges an sozialem Zündstoff. Noch war Solidarität bei den unteren Schichten nicht anzutreffen, noch gärte sozialer Unmut, aufgeschreckt durch die Französische Revolution, latent unter der Oberfläche eines allgemeinen »Liberalismus«. Die Ideen des Sozialismus, die verstärkt seit 1830 zirkulierten, waren eine Reaktion auf längst stattfindende Umwälzungen; in England rannten um Brot und Lohn gebrachte Arme als »Maschinenstürmer« gegen die sie bedrohende Industrialisierung an, aber auch in Frankreich und anderen kontinentaleuropäischen Ländern hatten – verhaltener – erste Vorboten des modernen Kapitalismus Einzug gehalten. Graf Claude-Henri de Saint-Simon wetterte gegen adlige und klerikale Faulenzer, die auf Kosten von Arbeitern, Bauern und Bürgern unnütz dahinlebten. Eichendorff erkannte, was sich an sozialem Gärstoff hinter dem überbordenden Patriotismus der 20er Jahre verbarg. Er reagierte bitter konservativ mit dem Gedicht »Der neue Rattenfänger« von 1824, das die Idee der Gleichmacherei, die Aufhebung aller sozialen Schranken zusammen mit der »Vaterländerei« scharf anklagt. Alle sollen Lumpenproletarier werden und zur Nationalmusik tanzen, lässt Eichendorff seinen Rattenfänger marktschreierisch verkünden: »Was! Wir gering? Ihr vornehm, reich?/ Planierend schwirrt die Schere,/ Seid Lumps wie wir, so sind wir gleich,/ Hübsch breit wird die Misere!/ Das alte Lied, das spiel ich neu,/ Da tanzen alle Leute,/ Das ist die Vaterländerei,/ O Herr, mach uns gescheute! – «

Seiner konservativen Haltung als Dichter und Beamter hatte es

Eichendorff sicher zu danken, dass er ab Herbst 1823 den geistlichen Beistand der Prinzessin Elisabeth Ludovika von Bayern zu organisieren hatte, die dem preußischen Kronprinzen Friedrich Wilhelm angetraut werden sollte. Die Wittelsbacherin war natürlich katholisch, als spätere Königin von Preußen sollte sie nach dem Willen des Königs allerdings – wie bei solchen dynastischen Ehen zumeist üblich – protestantisch werden. Sie weigerte sich jedoch, den Glauben ihres künftigen Ehemanns anzunehmen, was zu vielerlei diplomatischen Verwicklungen führte, die Eheschließung letztlich aber nicht verhinderte. Erst sieben Jahre nach ihrer Vermählung ist Elisabeth zum protestantischen (reformierten) Bekenntnis der Hohenzollern übergewechselt. Die Wahl der katholischen Braut entsprach zwar dem persönlichen Wunsch des Kronprinzen, gehörte aber auch zum politischen Kalkül des Berliner Hofs; Preußen setzte innenpolitisch nach wie vor alles daran, die weiten katholischen Landstriche am Rhein und in Schlesien mit dem protestantischen Kernland zu einen.

Zur Betreuung der Prinzessin wurde Eichendorff für kurze Zeit nach Berlin beordert und im Ministerium der Geistlichen, Unterrichts- und Medizinalangelegenheiten offiziell angestellt. Er erledigte seine Mission zur vollsten Zufriedenheit der Berliner Behörden.

Theodor von Schön hatte inzwischen alles darangesetzt, zum Oberpräsidenten von West- und Ostpreußen zu avancieren. Die Beförderung machte eine Übersiedlung nach Königsberg nötig. Auf seinen besten Mitarbeiter wollte Schön an seinem neuen Amtssitz nicht verzichten. Er bot Eichendorff den Aufstieg zum Oberpräsidialrat an und damit verbunden eine Gehaltserhöhung von 300 Talern, wenn er mit nach Königsberg käme. Der Dichter konnte das Angebot nicht ausschlagen. Die Familie brach 1824 wohl oder übel nach Königsberg auf.

Siebtes Kapitel

Ungeliebtes Königsberg – der »Taugenichts«

Aktenstöße nachts verschlingen,
Schwatzen nach der Welt Gebrauch,
Und das große Tretrad schwingen
Wie ein Ochs, das kann ich auch.

Aber glauben, daß der Plunder
Eben nicht der Plunder wär,
Sondern ein hochwichtig Wunder,
Das gelang mir nimmermehr.

Aber andre überwitzen,
Daß ich mit dem Federkiel
Könnt den morschen Weltbau stützen,
Schien mir immer Narrenspiel.

Und so, weil ich in dem Drehen
Da steh oft wie ein Pasquill,
Läßt die Welt mich eben stehen –
Mag sies halten, wie sie will!

Der Isegrim

Sibirisches Klima

»Danzig … wird hier nicht so bald sein«, seufzte Eichendorff, kaum in Königsberg angekommen. Sein Seufzer galt nicht der Stadt, die einen durchaus angenehmen Anblick bot, zumindest in den Sommermonaten. Die Hauptstadt von Ostpreußen bot mit ihrem stolzen Deutschordensschloss, dem gotischen Dom, dem idyllischen Schlossteich und den grü-

Karikatur auf den preußischen Ministerrat

nen Kastanienalleen das Bild einer durchaus liebenswerten Provinz-
metropole, Zentrum eines weiten, dünn besiedelten Landes von herber
Schönheit, mit unendlichen Wäldern und unzähligen Rittergütern. In
den »Illustrierten geographischen Bildern aus Preußen« von 1856 heißt
es: »Zwischen den 4000 Häusern und 2100 Speichern ... breiten sich
schattige Gärten aus, welche der Stadt ländlichen Reiz verleihen.« Während der schlechten Jahreszeit war das Klima allerdings eisig, was vor
allem Louise nicht gut vertrug, die sich in Königsberg nicht einleben
konnte und nur wenig Anschluss an die dortige Gesellschaft fand. Der
Dichter litt ebenfalls an dem ungeselligen Leben in der einstmals blühenden Handelsstadt. Königsberg wirkte verschlafen und bieder, kulturell hatte die Stadt nur noch wenig zu bieten. Vergangen die politischen
und philosophischen Hochzeiten der Stadt, als sich Simon Dach, Robert
Robertin und Heinrich Albert in der barocken Dichtergesellschaft »Musikalische Kürbishütte« zusammenfanden, sich Kurfürst Friedrich von
Brandenburg 1701 hier zum König in Preußen krönen ließ. Vergangen die
großen Tage, als die berühmtesten Dichter und Denker der Stadt, Imma-
nuel Kant und Johann Gottfried Herder, von Königsberg aus ihre neuen
Ideen über ganz Europa verbreiteten – Herder kehrte seiner Wirkungs-
stätte jedoch zugunsten Weimars den Rücken, so wie es auch den
ebenso berühmten Religionsphilosophen Johann Georg Hamann, ge-
priesen und verketzert als »Magus des Nordens«, in seinen letzten Lebensjahren nach Düsseldorf und Münster zog. Junge Dichtergenies wie
Reinhold Michael Lenz und – in der nächsten Generation – E.T.A. Hoffmann hielt es in Königsberg ohnehin nur auf kurze Zeit. Der alte Glanz
der ostpreußischen Metropole war am Ende des 18. Jahrhunderts nahezu
verblasst. Als Eichendorff hierhin übersiedelte, war Königsberg eine stille
Provinzstadt, die von ihrem Bernsteinhandel lebte. Hier geborene
Schriftsteller wie die Frauenrechtlerin Fanny Lewald verließen ihre Hei-
matstadt mit fliegenden Fahnen, um der provinziellen Enge zu entgehen.
Nur wenige blieben – so der mit Fanny Lewald befreundete Arzt und
Publizist Johann Jacoby, der von Königsberg aus unermüdlich für eine
demokratische Erneuerung Deutschlands warb. Die Schuld an der Flucht
der Intellektuellen trugen nicht die Stadt und ihre Einwohner allein, vielmehr lag es an dem sich allmählich durchsetzenden Verständnis von der
Zentralität Berlins als Omphalos der preußischen Welt und der hochmütigen Geringschätzung der Ostprovinzen als »halb-russisch«. Das Wachs-
tum Königsbergs, des Mittelpunkts einer agrarisch geprägten Provinz,
stagnierte, während zugleich eine Stadt wie Breslau dank des Bergbaus
und der Industrialisierung Schlesiens stetig wuchs.

In Königsberg fühlte sich Eichendorff doppelt geschlagen; gedrückt vom ungeliebten, doch pflichtgemäß erfüllten Beruf und wie abgeschnitten vom literarischen Leben. Nein, nicht so ganz abgeschnitten, denn immerhin hielt er Kontakt zur Berliner ›Mittwochsgesellschaft‹ und den dort tonangebenden Dichterfreunden wie Fouqué und Chamisso; Eichendorff war allerdings nur »auswärtiges Mitglied«. Die gehäufte Arbeit, die ihm aus seinem neuen Posten als Stellvertreter Schöns erwuchs, verhinderte zudem die Mitarbeit an der Zeitschrift der Gesellschaft. Nur zu gern hätte Eichendorff ein Prosastück beigesteuert oder neue Gedichte, aber die Zeit blieb ihm nicht. Vom Bauprojekt einer Mineralwasserfabrik bis zur Organisation städtischer Musikfeste wurden ihm diverse Fälle aus sämtlichen Ministerien aufgebürdet. Bloß eines vertraute ihm sein Vorgesetzter nicht mehr an, nämlich die Bearbeitung kirchlicher Angelegenheiten, was Eichendorff zu Recht als Beleidigung empfand. Nach zwei Jahren hingebungsvollen Stellvertreterdaseins klagte Eichendorff über Schön: »Er kann es noch immer nicht über sich gewinnen, mir zu vertrauen.« Er fühlte sich »wie in Fesseln« und fand, dass das Königsberger Verhältnis unglücklicherweise mit seiner »gantzen Persönlichkeit nicht übereinstimmte«. Louise begann zu kränkeln, gleich nachdem der erste nasskalte Herbst und »sibirische« Winter ihr zugesetzt hatte. Seinen Kindern wünschte der Dichter mehr Berlinische Abwechslung. Er selbst wurde krank, spuckte mehrmals Blut; eine Tuberkulose konnten die Ärzte glücklicherweise nicht diagnostizieren. Höchstwahrscheinlich drückte ihn mehr seine Psyche als ein körperliches Leiden.

Schon nach zwei Jahren bewarb sich der Dichter auf freie Posten. Am Rhein wurde die Stelle eines Schulrats frei. Sein Berliner Vorgesetzter Schmedding notierte: »H. v. Eichendorff wünscht sehnlichst seine Versetzung nach Koblenz.« Aber ein Schlesier und Katholik auf einem Kultusratsposten im Rheinland? Ein Ding der Unmöglichkeit in Preußen. Seine Bewebung wurde kategorisch abgelehnt. Und nicht nur diese eine. Mühsam richtete sich der Dichter am Pregel ein, lernte, seine spärlich bemessene Freizeit auf Familie und Dichtung gleichmäßig zu verteilen. Er schrieb wieder.

In Königsberg entstanden Gedichte, die allerdings von Irritation und Ungewissheit sprechen. Das schöne Gedicht »Nachts« ist eines dieser bedrückenden Poeme. Das lyrische Ich erlebt eine stille Nacht, in der sich nur manchmal ein Nachtigallenschlag hören lässt, »dann wieder alles grau und stille« (V. 6). Grau, diese Eichendorffsche Unfarbe, mit der er alles Öde und Leere untermalt. Den »wunderbaren Nachtgesang« (Z. 7) vermag das lyrische Ich nicht mehr zu begreifen, seine eigene Poesie erscheint ihm nichtig wie ein Traum, irreal und ohnmächtig: »Wirrst die Gedanken mir;/ Mein irres Singen hier/ Ist wie ein Rufen nur aus Träumen« (Z. 10–12). Auf betonter Silbe des jambischen Metrums steht hervorgehoben das Adverb ›hier‹. Der Standort des lyrischen Ich ist im Grauen und Stillen, der »wunderbare Nachtgesang« kommt dagegen von »fern« (Z. 8), ist wegen der Distanz allein kaum fassbar für das lyrische Ich. Bestimmt empfand Eichendorff sein ›Hier‹ Königsberg als grau und still und verwortete Sehnsucht nach der Ferne, wo Poesie, der »Nachtgesang«, lebte und gelebt wurde, sei es in Berlin, sei es ins Breslau, in Wien, oder anderswo. Ebenfalls aus dem Jahr 1826 stammte der Sechsstropher »Durch Feld und Buchenhallen«. Hier setzte der Dichter die stille Welt, noch ganz bieder und reaktionär in ihrem Nachtschlaf, hart der Poesie und dem Aufbruch (Symbol: Sonnenaufgang) gegenüber: »Wenns kaum im Osten glühte,/ Die Welt noch still und weit,/ Da weht recht durchs Gemüte/ Die schöne Blütenzeit« (Z. 5–8). – Notabene: Interessant ist in diesem Gedicht die aufsteigende Blickrichtung, von den Blüten zur auffliegenden Lerche, zum Berg, über die Wolken hin »bis ins Himmelreich«.

»Alles, alles wieder gut«

1826 veröffentlichte Eichendorff aber auch seinen ersten großen Bucherfolg. Die Berliner Freunde sprachen von einer Sensation, Kritiker nahmen ihn endlich wahr. »Aus dem Leben eines Taugenichts« war zusammen mit dem »Marmorbild« und einer Gedichtreihe in der Vereinsbuchhandlung Berlin erschienen. Man merkt dieser rundum makellosen Novelle an, dass ihr Schöpfer die Stufe literarischer Meisterschaft erreicht hat.

Als ein herzerfrischendes Buch, ein Buch auf den Spuren des urwüchsigen deutschen Volkes ging die Novelle in die Literaturgeschichte ein. »Verkörperung des deutschen Gemüts«, beurteilte Theodor Fontane den »Taugenichts«: »eine von Frühlingslust durchhauchte« Novelle nannte Willibald Alexis das Werk. In älteren Lesebüchern der Volksschulen war die Novelle ab der 2. Hälfte des 19. Jahrhunderts Repertoirestück, und jede Eichendorff-Ausgabe der Welt gruppiert ihre Texte um den »Taugenichts« als Zentralgestirn. Welch ein Irrtum! Den nichtsahnenden Schulkindern entgehen glücklicherweise die Abgründe dieser Eichendorffschen Novelle, die eben nicht die schwärmerische Beschreibung eines »Sonntagslebens« ist, wie Alexis meinte. Lediglich ein ähnlich gestimmter Dichter wie Werner Bergengruen erahnte, dass »in ihm etwas dem Abgrund entgegendrängte«. Der von seiner Umwelt als »Taugenichts« bezeichnete junge Mann ist in erster Linie ein Ausgestoßener. Die Erzählung beginnt mit seinem plötzlichen Rauswurf aus dem Elternhaus. Die Nachbarn, denen er Lebewohl wünscht, beachten ihn nicht: »Es kümmerte sich eben keiner sehr darum.« Bei seinem Eintritt in das Schloss der beiden gnädigen Fräulein steht er allen fremd im Wege, der Gärtner beschimpft ihn als Gesindel, eine Begegnung mit der von ihm umschwärmten schönen Dame inmitten vieler Herrschaften, die sich auf Taugenichts' Kosten amüsieren, lässt ihn erkennen, dass »ich so arm bin und verspottet und verlassen von der Welt«. Sein Außenseitergefühl verstärkt sich, als die schöne Dame seine heimlichen und schüchternen Blumengrüße nicht mehr annimmt und er sie für unerreichbar hält. »Mir ist's nirgends recht«, klagt er: »es ist, als wäre ich überall eben zu spät gekommen, als hätte die ganze Welt gar nicht auf mich gerechnet.« Taugenichts ist immer allein, allein unterwegs, allein im Zolleinnehmerhaus, allein am Weiher, während alle anderen Burschen zum Tanzen gehen, und der Dame nähert er sich nur unbemerkt, als heimlich Lauschender, als geheimer Bote von Blumenbouquets. In seiner Einsamkeit ist ihm »zum Sterben bange« und er »weinte bitterlich«. Unterwegs auf Reisen kommt ihm »die Welt auf einmal so entsetzlich weit und groß vor, und ich so ganz allein darin, daß ich aus Herzensgrunde hätte weinen mögen«, weil ihm alle Geborgenheit, die Mühle und das gräfliche Schloss fehlen und er ganz und gar allein und jedem ausgeliefert ist. Und prompt flicht Eichendorff in seiner humoristischen Erzählweise die Begegnung mit zwei Räubern ein, die sich dann freilich als reisende Maler entdecken (später erweist sich auch das als Larve). Taugenichts selbst entzieht sich immer dann, wenn er brüskiert wird, er isoliert sich selbst. Am Schluss der Novelle fallen Fremdsein und Schwermut allerdings von ihm ab, da findet er seine Dulcinea und ist nicht mehr allein. Dennoch irritiert das überbetonte »es war alles, alles gut« im Finalsatz, eine Beschwörungsformel. Und ob für Taugenichts alles nach Wunsch gehen wird, daran darf man zweifeln, denn auf seinen Traum, mit seiner schönen Dame zusammen nach Italien zu gehen, lächelt sie nur still und sieht ihn an.

Diejenigen, die im Taugenichts die »deutsche Seele« abkonterfeit wissen wollen, haben vielleicht recht, aber anders, als sie meinen. Nicht das träumerisch-romantische, das sentimentale, gutherzig-naive Wese des Volkes, sondern das wenig Selbstbewusste, das Unselbständige, die inaktive Seite des Deutschen, der nur allzu sehr einer übermächtigen Figur bedarf, die ihn dirigiert und führt, sei es in Kaiserpurpur, Tyrannenbraun, oder Parteienbunt. Willenlos reist Taugenichts bis nach Italien, einmal nehmen ihn die Damen mit, dann die Maler; Eichendorff nutzt die Passivform, wenn es heißt: »Ich, ganz verblüfft, springe endlich geschwind in den Wagen hinein ... der Postillon knallt, und so ging's mit mir fort in die weite Welt hinein.« Nie weiß Taugenichts so recht, wo er ist und wie ihm geschieht, wie eine Feder wird er hin- und hergeweht, denkt sich seinen Teil, aber überlässt sich auch allem, was ihm geschieht. Das Leben wirft ihn einfach herum.

Erträglich ist dem Taugenichts das alles nur, weil er sich einer höheren Institution unterstellt: Gott. »Nun Gott befohlen«, ist sein ständiger Ausspruch. In einem der Lieder, die Taugenichts singt, dem bereits besprochenen »Wem Gott will rechte Gunst erweisen« klingt das als Lebensmotto auf: »Den lieben Gott laß' ich nur walten«. Im Übrigen stellt das Gedicht ja ein großes Fragezeichen hinter die Poetenexistenz, die sich auch für Taugenichts als leidvoll erweist.

Sein gesunder Glaube (Chiffre Rom) bewahrt ihn davor, in die Fänge von Frau Venus zu geraten, die mit ihren Gefolgsleuten in den Ruinen vor der Ewigen Stadt umgehen soll. Welche Gedankenwelt liegt also zwischen der Entstehung der »Zauberei im Herbste«, »Das Marmorbild« und »Aus dem Leben eines Taugenichts« – der Konflikt zwischen publikumsgefälliger und authentischer Kunst spielt im »Taugenichts« überhaupt keine Rolle mehr. Vielmehr kündigt sich ein für Eichendorff immer drängenderes Thema an, das Künstler-Bürger-Problem. Die Anfechtungen, die der Taugenichts zu bestehen hat, sind prosaischer Natur. Soll er als ein Müllerssohn weiterleben, selbst einmal Müller werden, soll er ein Leben lang, sanglos, angetan mit Schlafrock und Nachtmütze, als Zolleinnehmer hausen, soll er ein junges, hübsches und reiches Mädchen heiraten, das sich ihm geradezu an den Hals wirft? Wie ist es mit dem Schlaraffenleben auf dem italienischen Schloss und den Gunstbezeugungen der italienischen Gräfin? Überall lockt Versorgung, sogar Wohlhabenheit, aber all dem weicht Taugenichts aus, wenn seine Sehnsucht nach Mühle und Schloss auch manchmal übergroß sind. Was gewinnt aber am Ende? Die Poesie, die der Taugenichts mit Leib und Seele betreibt? Taugnichts kehrt zum Schloss zurück und verbindet sich mit dem schönen Fräulein, das sich als Nichte des Portiers erweist und darum für den Titelhelden erreichbar ist. Wo diese Verbindung enden wird, nämlich in der reinsten Prosa, in einem Brotberuf für Taugenichts, der ein sorgenfreies, angenehmes Leben garantiert. Der Leser weiß das, genauso wie die Nichte, nur Taugenichts nimmt am Ende tragischerweise gar nicht wahr, dass ihm nun ein biederes Bürgerleben ins Haus steht. Es bleibt die Frage, ob für ihn am Ende »alles, alles gut« wird. In einer Szene auf der Donaufähre im neunten Kapitel singen Musikanten ein Lied mit dem Vers »Beatus ille homo,/ Qui sedet in sua domo« – »glücklich der Mann,/ der in seinem Haus sitzt«. Der Taugenichts stimmt jauchzend in den Refrain ein, obwohl er nicht weiß, was der lateinische Spruch bedeutet, trotzdem:»Ich aber jauchzte am allervergnügtesten, denn ich sah soeben von fern mein Zolleinnehmerhäuschen und bald darauf auch das Schloß in der Abendsonne über die Berge hervorkommen.« Nun wird er gerade das, was er ursprünglich ablehnte. Was er allerdings im Gegenzug erhält, ist endlich Geborgenheit. Jetzt nehmen die Menschen Anteil an ihm, er kümmert sie, sie stoßen ihn nicht zurück und er sondert sich nicht ab. Der Preis aber ist eine vollkommene Entpoetisierung. Aus seiner »schönen Fraue«, seiner ›hohen Minne‹, einem von Ferne angebeteten Altarbild wird eine schlichte Bürgerin, mit der er Knackmandeln kaut und die ihm mit den Worten zugeführt wird:»Liebt euch wie die Kaninchen und seid glücklich.«

Joseph von Eichendorff stand in einem Zwiespalt, darin glich er immerhin seiner Novellenfigur. Einerseits mochte er auf gewisse Weise sogar sein Beamtenleben, weil es ein regelmäßiges, berechenbares Leben war; er genoss das Familienidyll daheim, die Fürsorge seiner Frau, die ihm sämtliche familiären Lasten abnahm und bei der er sich in der Tat geborgen fühlte. Andererseits drängte es ihn stets zu einem vollkommen unabhängigen, regellosen Dichterleben. Träumend, schweifend, singend den ganzen Tag über. In seiner Novelle wog er beide Lebensformen gegeneinander ab – und beschrieb die Geburt des Philisters aus der Asche des Poeten.

Romantik – passé

Sein Bruder Wilhelm dagegen verstand es nicht, sich mit Poesie und Beruf zu arrangieren, und auch andere größere Dichter und Denker der Zeit hatten Schwierigkeiten mit ihrer Doppelexistenz. Wilhelm Heinrich Wackenroder beispielsweise litt unsäglich als Beamter; für ihn bedeutete Poesie Weltflucht; oder der Komponist Hector Berlioz, der sich als Bibliothekar zu verdingen hatte und jede Minute verfluchte, die ihn von seinem Notenpapier abzog; ebenso Eduard Mörike, der sich als Pfarrer durchbringen musste und damit rächte, dass er nächtens die Kirchenmauern anpisste. Was einige Jahrzehnte zuvor noch üblich war, dass sich nämlich jeder Künstler in Brotberuf und Berufung selbstverständlich teilte, war mit Beginn des 19. Jahrhunderts zerbrochen. Das romantische Idealbild des genialen Künstlers, der nur Priester seiner Kunst war, war geboren. Das aufblühende Verlagswesen, eine enorm ansteigende Nachfrage nach Büchern, Noten, auch Radierungen, Lithographien etc. schuf auch materielle Vorbedingungen zum freien Künstlertum. Der Komponist Franz Schubert gehörte mit zu den ersten, die ohne feste Anstellung, allein von ihren Werken leben konnten, es zumindest versuchten. Eine Schriftstellerin wie Fanny Lewald lebte recht kommod von den Honoraren ihrer Romane. Die äußeren Möglichkeiten und ein entsprechendes Künstlerbild waren da, nur konnten die wenigsten Kunstschaffenden sich ein unabhängiges Leben einrichten und gerieten in Konflikt zwischen Ideal und Realität. Wie die Brüder Eichendorff. Dass sich Joseph mit den Realitäten seines Lebens einigermaßen abfand und einzurichten wusste, es für Wilhelm aber nur ein entweder – oder gab, zeigt auch, dass sich Joseph allmählich aus der romantischen Weltanschauung löste, während sein Bruder durch und durch Romantiker blieb. Joseph entwickelte sich entsprechend der Zeitläufte künstlerisch weiter. Im »Taugenichts« ist beispielsweise durch die Sozialkritik in der Kahnfahrtszene oder durch die Erkenntnis vom »falschen Italien« – eine fast totale Entromantisierung des Italienbildes, weil sich für Taugenichts eben nichts ›Romantisches‹ dort ergibt, nur zerplatzte Träume –, ein ganz neuer Erzählton angeschlagen. Und wie zweifelhaft das schön-romantische Schlusstableau vom weißen Schlösschen im Mondenschein ist, wurde bereits angedeutet.

Die romantische Epoche Joseph von Eichendorffs neigte sich dem Ende zu. Einen markanten Schlusspunkt setzte für ihn höchstwahrscheinlich der Tod des Jugendgefährten Otto von Loeben. Schon lange hatte sich der Dichter in seine Görlitzer Wohnung eingesponnen, vor allem nachdem sein Schäferroman »Arkadien« (1812) nur Spott und Hohn geerntet hatte und die meisten Kritiker ihn einfach lächerlich fanden. Dorothea Schlegel entsetzte sich: »Über diesen Roman könnte ich weinen.« Einen letzten Versuch, sich wieder an das gesellschaftliche Leben anzuschließen, unternahm Loeben, indem er mit einer wohlhabenden Gräfin die Ehe schloss, aber seine restliche Lebenszeit war zu kurz, um sich erneut in der Welt einzurichten. Loeben starb im April 1825. Fouqué sang ihm ins Grab nach: »Du sangst und sangst, lieber Freund, und webtest!/ Und meist, was Du errangst, waren Wunden/ Und Schmerzen sangst Du, und verwebtest Klagen!«.

Otto Eberhardt hat in seinem Aurora-Aufsatz 1992 nachgewiesen, dass Eichendorff in den »Taugenichts« sowohl kritische Anspielungen auf die Heidelberger Romantik einflocht, als auch eine Parodie auf Loeben. Eberhardt nennt Eichendorffs Loeben-Karikatur »ein vernichtendes Urteil«. Als Literaturkritiker war Eichendorff rigoros und kaltblütig, unbestechlich durch Freundschaft und Sympathie; selbst seinen Gönner Fouqué ließ er nicht ungeschoren. Ein überdeutlicher und doppelter Schlussstrich.

Ablesbar ist die Neuorientierung Eichendorffs ab Mitte der 20er Jahre an dem Wechsel der literarischen Genres. Roman und Erzählung legte er vorerst beiseite. Seine lyrischen Einfälle nahmen ab 1820 deutlich ab. Die im Anhang zum »Taugenichts« erschienene Gedichtsammlung ist die Endsumme seiner romantisch grundierten Lyrik. Aufbruch zu neuen Ufern dokumentierte sich in seiner plötzlichen Hinwendung zum Drama. Die ersten Dramen Eichendorffs stehen unter den Überschriften ›Literaturkritik‹ und ›Historiendrama‹. Nun war das Drama bei Gott kein Lieblingskind der Romantiker. Sie schrieben zwar viele Lust- und Trauerspiele, aber nur wenige finden noch den Weg auf die Bühne. Lediglich eine Handvoll Dramen ragt wie ein Bündel einsamer und wunderbarer Pfeiler in der literarischen Landschaft der Zeit auf, Brentanos Komödie »Ponce de Leon« etwa. Heinrich von Kleist bildet die berühmte Ausnahme, steht allerdings auch sonst monolithisch in der romantischen Epoche da, und es bestehen Zweifel am romantischen Impetus seiner Dramen. Gerade das Historiendrama hatte es in der direkt auf Schiller folgenden Literaturphase schwer. Eichendorffs »Ezelin von Romano« und »Der letzte Held von Marienburg« sind wichtige Versuche, die Gattung zu rehabilitieren. Der Triumph, in dieser Literaturepoche große Welt-Dramen geschaffen zu haben, gebührt allerdings einem anderen, nämlich Christian Dietrich Grabbe, doch auch er gerät immer mehr in Vergessenheit.

Literaturkritik auf ›dramatisch‹

1827 hatte Eichendorff sein Drama »Meierbeths Glück und Ende« fertig gestellt, eine Literatursatire, die er ausgerechnet in Loebens Todesjahr 1825 begonnen hatte. Dem heutigen Leser erschließen sich die vielen Anspielungen auf bekannte Schriftsteller der Eichendorff-Zeit nicht mehr, darum entgeht ihm die eigentlich komische und sarkastische Note des Stücks. »Meierbeths Glück und Ende« war ein Tagesdrama, ein auf den Augenblick des Entstehens berechnetes Werk, dessen Aufführung heute wenig Sinn machen würde – trotz seines übersprudelnden Witzes. Für die Eichendorff-Biographik ist es ein aufschlussreiches Werk, denn so manche literarische Abneigung, gar Hassliebe des Dichters lässt sich hier dokumentieren. Eichendorff zog vor allem gegen die Anglomanie zu Felde, die sich in zahlreichen Shakespeare-Übersetzungen niederschlug, die aber selten dem Original gerecht wurden, zum anderen in der Vorliebe für die Romane Walter Scotts und deutscher Autoren, die auf dieser Scott-Welle ritten. Figuren aus Scotts Büchern tauchen auf, etwa ein junger Mann namens Wawerley, wie Scotts gleichnamiger Roman betitelt ist. Eine Berlinerin, klassifiziert als halbgebildete Romanleserin, verliert sich in diesem »Wawerley-Gewimmel«. In der dritten Szene lässt Eichendorff eine Gruppe Literaten auftreten, die bekanntermaßen für das Schreiben von Moderomanen stehen, bzw. die Eichendorff bezichtigt, sich allzu sehr dem Publikumsgeschmack zu beugen, zum Schaden des Niveaus ihrer Werke. Zu den Vertretern der »Schmierenliteratur«, wie der schlesische Dichter schimpfte, gehörte als Erster Karl Gottlieb Heun, preußischer Beamter wie Eichendorff, Geheimer Hofrat sogar. Mit der Erzählung »Mimili« wurde er berühmt und blieb bei dem eingeschlagenen Weg, sein Publikum mit schwülen Liebesromanen zu ködern. Im »Buch Le Grand« nannte Heinrich Heine den schreibenden Hofrat einen »Sänger der Korallenlippen, Schwanenhälse, hüpfenden Schneekügelchen, Dingelchen, Mädchen, Mimilichen, Küßchen und Assessorchen« und seine Bücher waren ihm »Taschenbordellchen mit der Phantasie einer näscherischen Küchenjungfer«. Die wilde Ritter- und Abenteurerwelt Scotts und die sentimental-erotische Heuns, der unter dem Pseudonym H. Clauren schrieb und von Wilhelm Hauff 1825/26 in eine berühmte literarische Fehde verwickelt wurde, fasste Eichendorff in einer Art Literaturgeographie Deutschlands zusammen: »Also Deutschland, sag ich, läuft bekanntlich in seiner erhabendsten Spitze in eine etwas dicke aber schauerliche Buug aus, von welcher vorlängst die trockenen Winde, die das aufgeklärte Wetter brachten, den Dachstuhl abgehoben haben, während die von der anderen Seite herstreichende melancholische feuchte Luft selbst die fühllosen Felsenklumpen dieses Bauwerks rührte, und sie mit Efeu und Vergißmeinnicht überkleidete.«

Dass sie ihre Haut dem Publikum zu Markte trügen, warf Eichendorff außerdem seinem Nothelfer Fouqué und Ludwig Tieck vor, die er mit seinen Literatenfiguren in »Meierbeth« karikiert. Fouqué, der einige nordische Helden in seinen Dramen glänzen ließ gemäß der Scott-Welle, wird als »Zweiter« folgender Monolog in den Mund gelegt: »Zwei, drei Ideen erst stell' ich in die Luft,/ Danach dann rech' ich Jungfraun aus Duft/ Und Helden aus Nordland ins Blaue hinein,/ Und ob da auch krachen Arm und Bein,/ Und ob es historisch oder schief, ob natürlich;/ Sie reden doch vornehm stets und manierlich;/ Jetzt mit der Menschheit göttlichem Kränzen/ Schmück' ich sie kühn in jamb'schen Sentenzen!« Selbst vor seinem Freund und Dichterkollegen Adelbert von Chamisso machte

Eichendorffs Kritik nicht halt. Chamisso erscheint in der Rolle des vierten Literaten, der sofort jedes Erlebnis dramatisch und pittoresk in Verse fasst: »Sich wälzend wächst es aus dunklem Grunde,/ Soldaten jagen, die Ihnen schlagen die letzte Stunde,/ Lohen erleuchten die furchtbare Runde.« In der Figur des Vierten karikierte sich Eichendorff aber auch selbst. Es war viel Verwandtes zwischen ihm und Chamisso, unter anderem der Blick auf die göttliche Instanz in beider Lyrik. Der vierte, der wie Eichendorffs Romanfiguren Gitarre spielend und singend auf und ab wandelt, intoniert: »…und wo verzagend, vor dem tiefen Graun,/ Schweigt aller Wesen Mund,/ Ja, da erschließt sich göttlichem Vertrauen/ Des Sängers Herzensgrund«.

Folgt man dem Drama weiter, dann vervollständigte sich Eichendorffs Rundumschlag gegen die Literaturszene seiner Zeit; er nahm die Romanautoren Heinrich Zschokke und Christian Vulpius mit ihren Räuberpistolen auf die Pike. Dann trat er gegen Schicksalstragödien an, wie sie Franz Grillparzer und Zacharias Werner schrieben. Werner fabriziere »prächtigen Unsinn«, meinte Eichendorff in seiner Abhandlung zur Literatur. Gegen Gattungen wie das Singspiel (Figur Selma), gegen einzelne Personen wie dem Intriganten, der obligatorischer Weise ein Italiener sein muss (Figur Canneglio; beachte das Lautspiel »Kanaille«) und dem treuen Freund und Diener (Figur Treugold), gegen Rezensenten (»Besonnener Eunuchen kühle Schar«) und Verleger, gegen Schauspieler und Kunstliebhaber, kurz gegen den gesamten Literaturbetrieb geht das turbulente Drama, das übrigens in neun Szenen aufgeteilt ist, entsprechend den neun Musen.

Das Drama wurde nicht aufgeführt. Es ist auch nicht ersichtlich und nicht vorstellbar, dass Eichendorff überhaupt an eine Bühnenaufführung dachte: »Meierbeth« ist vielmehr ein reines Lesedrama und darüber hinaus mehr Dialog-Satire als Drama.

Schon das 1823 zur Vollendung gebrachte Drama »Krieg den Philistern« untertitelte Eichendorff einschränkend »Dramatisches Märchen in Fünf Abenteuern« und ließ damit die Grenze zwischen Drama und Dialogerzählung verschwimmen. Wie »Meierbeth« ist »Krieg den Philistern« eine Literatursatire und zugleich eine Spitze auf die politische Situation Deutschlands. Zielscheibe des Eichendorffschen Spotts sind die Chauvinisten, die überlauten Patrioten, die er z. B. in der Figur des Rottenmeisters Theuderich karikierte. Theuderich glänzt nicht nur durch seinen mittelalterlichen Namen, sondern auch durch seine altdeutsche Tracht; er tritt lautstark mit den Worten auf: »Ho, Hermannsenkel, bänd'ge Deine Schlachtwut! Nicht Bruderblut soll dieses Eisen lecken,/ Bis menschenfressend draußen kracht die Mannsschlacht!« Eichendorff entlarvt den Nationalismus als leere Pose im Parademarsch, genauso wie die Willkür der Regierung, verkörpert durch Regent und Bürgermeister, ebenso aber das Aufbegehren des Volkes, dessen Freiheitsideale sich als ziemlich unidealistisch erweisen: »VOLK: Ja, ihr Großmäuler, ihr habt gut singen, wir müssen euch mit unserer verteufelten Maschine mit fortschleppen. Wir wollen nicht glücklich sein und nicht gebildet sein, und auch nicht mehr in Versen sprechen! He, Schnaps her, Fleisch, Freiheit, tralleralera!« Dabei galt Eichendorffs Kritik in erster Linie dem Reformbeamtentum, das auf eine Liberalisierung des preußischen Staatssystems von innen heraus und von oben kontrolliert hinarbeitete. »Demokratische Grundsätze in einer monarchistischen Regierung« nannte Hardenberg dieses Unterfangen, das man auch als »Revolution von oben« bezeichnet hat und das auf eine Modernisierung, aber auch Bürokratisierung des monarchischen Staates, der vor der napoleonischen Herausforderung versagt hatte, hinarbeitete. Pikanterweise war Eichendorffs Vorgesetzter Theodor von Schön einer jener Reformköpfe. Mit seinem »Krieg den Philistern« distanzierte sich Eichendorff von diesem Reformbeamtentum. Er war kein Liberaler. Sein zweiter Schuss ging gegen den Bildungsbürger los, für Eichendorff Prototyp des Philisters. Der unpolitische, genügsam in sich versunkene Philister, wie Clemens Brentano ihn beschrieb (»Der Philister vor, in und nach der Geschichte«, 1811) als Hemmschuh jeder Entwicklung, auch freiheitlicher und emanzipatorischer Bestrebungen, fand Eichendorffs Kritik eben genauso wie das andere Extrem des Freiheitsaktivisten. Seine Literaturkritik galt den patriotischen Gesängen, die Eichendorff schon bei den Poeten des 18. Jahrhunderts als falsche Literatur ansah, erst recht bei zeitgenössischen Versuchen, antikisierende Strophen zu verfassen. Sie galt den Rührstücken, die Autoren wie Wilhelm Iffland und August von Kotzebue schufen, sowie der Sentimentalromantik seines einstigen Freundes Otto von Loeben und dem grassierenden Byronismus der Weltschmerzliteraten, die im Vormärz hoch geschätzt wurden. Bei Eichendorff wurde auch Letzteres zur bloßen Pose, etwa in der Szene des Boten mit Lina (3. Abenteuer); der Bote überlegte nach Linas Zurückweisung: »Dieser Affront! Wie soll ich mich dabei nehmen. Düstere Rache brüten? – Melancholie? – Ja, ich will melancholisch sein! Das hab ich mir schon lang einmal gewünscht, konnte aber immer vor Geschäften nicht dazu kommen. – O Menschheit, in nicht durchbohrendem Gefühle, ich will, deinen Staub von den Schuhen schütteln und unter Hohngelächter fliehen … fort, fort in die graue Wildnis!«

Ezelin von Romano

Ein ›echtes‹ Drama vollendete der Dichter im selben Jahr: »Ezelin von Romano«. Seit 1824 befasste er sich mit dem Stoff, angeregt durch Friedrich von Raumers »Geschichte der Hohenstaufen« und nachdem er mehrere andere Themen aus etwa derselben Zeit, also dem 13. Jahrhundert, auf ihre Dramentauglichkeit überprüft hatte.

Den erbitterten Machtkampf zwischen Kaiser Friedrich II. und den Päpsten Gregor IX. und Innozenz IV. nutzte Ezelin von Romano, Schwiegersohn des Staufers (im Drama nur Vogt), um die eigene Position in Oberitalien zu stärken. Nach Friedrichs Tod 1250 standen sich staufische und päpstliche Parteien noch unversöhnlicher gegenüber. Die Staufer wollten mit aller Kraft das Kaisertum auf italienischem Boden erhalten. Konradin, Sohn des 1253 verstorbenen Konrads IV. und Enkel Friedrichs II., stand als potentieller neuer Kaiser bereit. Der Papst seinerseits suchte den Einfluss des Patrimonium Petri auf Süd- und Norditalien zu verstärken – das Königreich Sizilien war vom Stuhl Petri bereits lehensabhängig. Ezelin musste mit schwindendem Rückhalt durch die Staufer immer verbissener um seine Machtposition in Oberitalien kämpfen und eroberte zeitweise Parma. Die Machtgier Romanos gefiel weder den Staufern noch dem Papst. Innozenz IV. bannte Ezelin 1254, die den Staufern ergebenen Städte wie Venedig erhoben sich gegen ihn. 1259 wurde er vernichtend geschlagen und starb in Gefangenschaft. Dies der kurz umrissene historische Hintergrund des Dramas, das die Zeit zwischen der Eroberung Paduas als dem größten Triumph Ezelins und seinem Tod thematisiert. Das Drama ist als Spitze gegen Napoleon gedeutet worden, der seine Hand zuallererst nach Oberitalien ausstreckte, genau wie Ezelin, und mit Kirchenstaat und Habsburgern auf italienischem Boden in Auseinandersetzungen verwickelt wurde. Das Stück greift aber in seiner Kritik gar nicht bis zu Napoleon zurück. Es setzt sie bei den Missstimmigkeiten zwischen dem Patrimonium Petri und dem Haus Habsburg an. Es ging den Staaten schlicht um die Einflussnahme auf oberitalienische Gebiete. Schon Pius VII., Statthalter Christi bis 1823, hatte innenpolitisch mit Konflikten zu kämpfen. Das italienische Volk begann sich gegen seine Herrscher aufzulehnen, die Italien unter sich aufgeteilt und zerrissen hatten, sei es nun Papst oder Kaiser. Pius VII. versuchte, den österreichischen Einfluss auf Italien zurückzudrängen, um die eigene Position zu stärken, während Österreich natürlich nicht aus seinem eroberten Gebiet weichen wollte. Das Gerangel zwischen Papst und Kaiser nutzten die italienischen Befreiungsbewegungen, um ihrerseits Einfluss in Oberitalien zu erlangen.

Auch Ezelin steht als Oberitaliener den beiden Mächten Kaiser und Papst gegenüber. Die Situation der Eichendorffzeit ähnelte insofern der historischen Konstellation um 1250. Beide Päpste, der mittelalterliche und der neuzeitliche, reagierten mit der Zurücknahme von Zugeständnissen. Das von Papst Gregor XVI., der Freiheit als »verabscheuungswürdig« empfand, erlassene Edikt von Palotto führte zu einer verstärkten Reaktion. Unzählige politische Häftlinge vegetierten in den Kerkern des Kirchenstaats. Erst ab 1830 näherten sich das Metternichsche Österreich und die Kurie wieder einander an; es war politisch klüger für beide, den italienischen Revolutionsgeist gemeinsam zu bekämpfen. Von jeder großen Auseinandersetzung erhoffen sich Dritte ihre Vorteile, das beschreibt Eichendorff ebenfalls in seinem Drama (3. Akt): Die kriegerischen Wirren werden vom Volk ausgenutzt, ein von ihnen gewähltes Stadtoberhaupt auszurufen und damit selbst die politische Macht in die Hand zu bekommen; der Adel quittiert diese Art Erhebung mit einer – zum Teil an Shakespeares politisches Drama »Julius Caesar« angelehnten – Schimpftirade gegen das niedere Volk: »Nicht wählen darf, wer selbst nicht wählbar ist./ Was wissen sie vom Szepter, die den Pfriemen/ Nur schwingen in der schmutz'gen Faust? Der Auswurf!/ Wo ihn die Wucht des ritterlichen Schwerts/ Nicht beugt; wirft er die schmier'gen Mützen/ Hoch in die Luft, und nennt sich brüstend: Volk!« Zu Eichendorffs Epoche wurde immer noch fein unterschieden zwischen dem alleruntersten Lumpenproletariat, dem »Auswurf«, dem man auch nach des Dichters Meinung keinesfalls irgendwelche politische Macht in die Hände geben durfte, und dem, was als ›wahres Volk‹ bezeichnet wurde: Bauern, Handwerksmeister, Krämer und kleine Angestellte, dem Kleinbürgertum. Fast prophetisch klingen die Worte, die Eichendorff dem Mönch Antonio in den Mund legt: »Gewitter ziehn durch diese schwüle Stille,/ Und nach den Höhn oben zielt der Blitz«. Ein treffendes Bild der Ruhe vor dem Sturm von 1830, der auf Kronen zielte. »O wie mir ekelt tief vor dieser Zeit«, heißt es an anderer Stele im »Ezelin von Romano«.

Natürlich sind die politischen Anspielungen bei Weitem nicht das Einzige, was diesen Text auszeichnet. Da sind fein gesponnene menschliche Dramen am Rande, wie das der unerwidert liebenden Isolde oder die homoerotischen Anwandlungen Mercutios (nicht nur darin ein direkter Nachfahre des Shakespearschen Mercutio aus »Romeo und Julia«): »Siehst du, ich weiß nicht, Freundchen, du hast so etwas Blondes, Sanftes, Molkichtes im Gesicht, wie ein Milchtopf; man kann nicht vorübergehen, ohne das bißchen Sahne oben abzuschöpfen«, sagt Mercutio zu Jakob und über die in Männerkleidung auftretende Zilie: »Die junge

Schöne ist ein schöner Junge – wie der Wiederschein ihr durch die Locken den weißen Hals beglänzt! – Sündhaftigkeit, du hast mehr Mut als ich, du fällst mich mitten auf dem Schlachtfelde an.«

Ein gewaltiges Psychodrama ist das Schicksal des Magold, der von allen ›Träumer‹ genannt wird. Ein Ritter, der am liebsten in Einklang mit Gott und der Welt lebte, in der abgeschlossenen Idylle seines Schlosses. Ihm raubt der Krieg Freiheit und Güter, und nun beginnt sein zähes Ringen zwischen allzu menschlichen Rachegelüsten und der Anforderung des Evangeliums, »liebet eure Feinde«, der er zu folgen sucht. Der intrigante Pelavicino gießt Öl in dieses Feuer, indem er Magold von der Ermordung seines Sohnes durch Ezelins Soldaten berichtet. Wie sich Pelavinino, der Kaisertreue, erhofft hatte, schwört Magold daraufhin Rache und verwundet Ezelin tödlich. Im Kampf ersticht er allerdings auch seine als feindlicher Soldat verkleidete Tochter Violante, die ihrerseits Ezelino liebte und zu schützen trachtete. Für keine der Hauptfiguren des Dramas gibt es ein Happy End. Jedem wird sein Idyll zerstört, Friedensutopien sind nur im Angesicht des Todes möglich. Sterbend stellt sich Violante ihren Geliebten und den Vater als versöhnt vor, sterbend fühlt sich der halb-irrsinnige Page Ugolino »still und tiefbeglückt«. Nur ein Liebespaar findet sich nach vielen Irrungen und Wirrungen: Zilia und der Paduaner Cassara. Weder an Kaiser noch Papst, schon gar nicht an den Usurpator Ezelin ist eine Zukunftsutopie gebunden, sondern an die nun freien Oberitaliener – durchs Hintertürchen führt Eichendorff hier die Freiheitsidee ein. Wie so oft bei Eichendorff bleibt aber zum Schluss alles in der Schwebe; es gibt einerseits das optimistische Bild der Heirat, die Versöhnung zweier Kontrahenten (Este und Pelavicino), aber daneben die große Zahl zerbrochener Leben. Eines hebt das andere auf.

Eichendorff nahm niemals ein Blatt vor den Mund; einige Passagen seiner Werke streifen die Grenze dessen, was die Gesellschaft seiner Zeit als ›anstößig‹ empfand. Offenbar waren bei dem »Letzten Held von Marienburg« viele derartige markante Stellen der Theaterzensur zum Opfer gefallen, was den verheerenden Durchfall des Stücks mitverschuldete. Nur dem dichterischen Talent Eichendorffs, der seine »Delicatessen« und Kritiken sprachlich geschickt zu verstecken wusste, ist zu danken, dass seine Bücher überhaupt die Zensur passierten.

Wie »Meierbeths Glück und Ende« wurde auch das Stauferdrama niemals zu Lebzeiten des Dichters aufgeführt. Es erschien 1828 in einem Königsberger Verlag und stieß auf wenig Interesse.

Anstellungskäfig

Der geringe Erfolg seiner beiden Dramen lastete auf Eichendorff. Dazu kamen familiäre Nöte, zunehmende Kränklichkeiten Louises, die fast alle daher rührten, dass sie sich in Königsberg nach wie vor fremd und ausgesondert vorkam. Die Söhne erreichten ein Alter, in dem ihnen Eichendorff mehr bieten wollte, als in einer Provinzstadt möglich war. Bislang genügte ihnen der Hauslehrer, den der Dichter standesgemäß für seine Kinder verpflichtet hatte. Letzten Schliff sollten die Söhne aber auf einem Gymnasium erhalten, so wie Joseph selber als Jugendlicher.

Die Arbeit im Amt war ihm zum täglichen Einerlei geworden. Willibald Alexis vertraute er an, er fühle sich in diesem »Anstellungskäfig« gefangen. »Es ist ein gantz anderes, fröhlicheres u. keckeres Ding um den Gesang in der Freiheit«, schrieb er 1825. Der Anstellungskäfig wurde ihm mittlerweile mit 1600 Talern jährlich vergoldet – eine stolze Summe, zu der immer noch Diäten kamen, wenn Eichendorff Schön zu vertreten hatte. Die Verwaltung von Gut Sedlnitz muss Eichendorff etwa zu dieser Zeit in fremde Hände gelegt haben, weil er nun nicht mehr auf die wenigen Taler angewiesen war und ihm schlicht die Zeit fehlte, sich um das Gut zu kümmern.

Auch Wilhelm hatte es weit gebracht und sorgte sich wenig um das Gut. Er war mittlerweile zum Kreishauptmann aufgestiegen und führte ein nach außen behagliches Beamtenleben. Er war durch und durch konservativ eingestellt, einer, der das Metternichsche System kaum in Frage stellte. Wilhelm rühmte sich der engen Bekanntschaft mit Graf Georg Sedlnitzky von Choltic, dem österreichischen Polizeipräsidenten und Oberzensor. »Ezelin von Romano« wird dem habsburgertreuen Wilhelm gut gefallen haben. Er las alle Werke seines Bruders »mit Freude und Stoltz«, schrieb er 1831 an Joseph. Sein Lieblingsbuch sollte aber immer »Ahnung und Gegenwart« bleiben: »keines ergreift mich tiefer«.

Vermutlich ergriff es ihn 1831 deshalb wieder besonders, weil die Zeit in eine ähnlich unheilvolle Schwebe geriet wie um 1810. Joseph dichtete etwa zu jener Zeit: »Wie im Turm der Uhr Gewichte/ Rücket fort die Weltgeschichte,/ Und der Zeiger schweigend kreist,/ Keiner rät, wohin er weist« (»Weltlauf«, V. 21–24). 1830 war die Revolution in Frankreich ausgebrochen. Beide Eichendorffs, bei all ihrer Kritikfähigkeit letzten Endes loyale Staatsdiener, verfolgten die Volksempörung mit gemischten Gefühlen. »Vor allem behüte uns Gott vor einem deutschen Paris«, betete der Dichter im Revolutionsjahr. Für ihn war jedes Aufbegehren von ›unten‹ chaotische Anarchie. Er hielt das Volk moralisch und geistig nicht für fähig, eine Revolution zu tragen, sondern sah jede revolutionäre Bewegung über kurz oder lang in Gewalt, gar in Terror ausarten. Doch Paris war weit von der Ostseestadt, in der sich der Dichter nun mehr schlecht als recht eingerichtet hatte und die freundlicher schien durch die Geburt seiner Tochter Anna Hedwig am 20. Oktober 1830. Neun Jahre nach der früh verstorbenen Agnes Clara hatte Louise wieder eine Tochter zur Welt gebracht. Eine seltsam lange Spanne ohne Geburten, zumal Louise ihre anderen Kinder im regelmäßigen Zweijahresabstand geboren hatte. Die Vermutung liegt nahe, dass Louises häufige Krankheiten mit einer, vielleicht mit mehreren Fehlgeburten zusammenhingen, sowie dem aufzuarbeitenden Tod von Agnes. Jedenfalls schottete sich Louise von Eichendorff auffällig ab.

Dagegen unternahm Joseph auch in Königsberg den Versuch, sich gesellschaftlich zu integrieren. Er trat dem ›Lesekränzchen‹ bei, einem der vielen, in fast jeder Stadt zu findenden Kreise von Literaturliebhabern. Keine direkten Salons, sondern gesellige Treffen, bei denen vorgelesen und über das Gelesene diskutiert wurde. Oft setzten die Besucher eines Lesezirkels sich ein regelrechtes Lektüreprogramm, durch das sie sich systematisch durcharbeiteten (typisch deutsch übrigens, denn in vergleichbaren französischen oder britischen Kreisen ging man weniger arbeitswütig mit Lektüre um). Joseph von Eichendorff wurde rasch zum Zentralgestirn des Königsberger Lesekränzchens und damit zur lokalen Dichtergröße. Das Königsberger Publikum verlangte dafür den Tribut des Dichters: Er verfasste ein Bühnenstück für das städtische Theater, »Der letzte Held von Marienburg«, ein stark an Schillers »Wallenstein« gemahnendes Trauerspiel. Es erlebte nur die Uraufführung, denn es fiel mit Pauken und Trompeten durch. Aus heutiger Sicht unverständlich, denn das Drama besitzt sehr viel äußere Dramatik und innere Spannung. Von der desaströsen Aufführung am 27. Februar 1831 berichtete ein Augenzeuge: »Ich ging wirklich mit Beklemmung für Eichendorff ins Schauspielhaus … Mein Mut hob sich einigermaßen, als nach der Ouvertüre ›Heil dir im Siegerkranz‹ angestimmt wurde, denn dies war ein gutes Vorzeichen rosiger Laune. Nun kam das Stück, es spielte sich in der Tat passabel hin, aber sehr vieles war weggeschnitten; noch mehreres verstand man nicht bei der entsetzlich schlechten Poltersprache der Aktöre … am Ende fehlte aller Effect … Ich muß gestehen, mit tat Eichendorff leid, als einige laute Zeichen der Mißbilligung fielen, denn das polternde Geschrei: Eichendorff vor! Eichendorff vor! konnte ich unmöglich als Beifall nehmen.« Über eine Reaktion des Dichters ist nichts bekannt. Dass sich Eichendorff aber nach dieser Uraufführung nur noch ein einziges Mal an ein Drama setzte und dann nicht an eine Tragödie, sondern an eine Komödie, lässt Rückschlüsse darauf zu, dass für ihn das Thema Bühne abgeschlossen war.

So endete seine Königsberger Zeit mit einem Missklang.

Im Juni 1831 sollte Joseph von Eichendorff nach Berlin reisen, seine Familie ließ er wenige Wochen später nachkommen.

Achtes Kapitel

Lockendes Spree-Athen

Ich kann wohl manchmal singen,
Als ob ich fröhlich sei,
Doch heimlich Tränen dringen,
Da wird das Herz mir frei.

So lassen Nachtigallen,
Spielt draußen Frühlingsluft,
Der Sehnsucht Lied erschallen,
Aus ihres Käfigs Gruft.

Da lauschen alle Herzen,
Und alles ist erfreut,
Doch keiner fühlt die Schmerzen,
Im Lied das tiefe Leid.

Wehmut (I)

Verbeamtet in Königsberg

Eichendorff stand nun, mit Mitte Dreißig, auf dem Höhepunkt seiner Beamtenkarriere. Er hatte es in Königsberg zum Oberpräsidialrat gebracht, doch trotz des nun ansehnlichen Gehalts behielt Eichendorff seine bescheidene Lebensweise bei. Die ganze Familie hatte sich dem wunschlosen, selbstgenügsamen Wesen des Vaters anzupassen.

Auf den ersten Blick schien im Alltag Eichendorffs alles seine ruhige Ordnung zu haben.

Ein »tück'scher Friede« wie so oft in seinem Leben. In Wahrheit litt der Dichter an seinem Amt. Er kam mit seinen Vorgesetzten nicht zurecht, blieb im Kreise der Kollegen ein Außenseiter. Es gab Ressentiments gegen

»Aus dem Leben eines Taugenichts«. Illustration

ihn, den schlesischen Freiherrn, den Katholiken, den Dichter. Die Schlesier, deren Land so nahe an der österreichischen und an der polnischen Grenze lag, waren in den Augen der »Altpreußen« unsichere Kantonisten, deren Treue man leise anzweifelte – wusste man denn, ob sie es nicht insgeheim immer noch mit den Österreichern hielten oder der vergangenen Größe Polens nachtrauerten? Eichendorff sprach ausgezeichnet polnisch und hatte lange Jahre in Wien verbracht, machte wahrscheinlich in privaten Gesprächen auch kein Hehl daraus, dass er die lebensfrohe Donaustadt von Herzen liebte, viel mehr als das kalte, steife Königsberg. Das und vieles andere machte ihn in den ostpreußischen Amtsstuben suspekt.

Nicht geringer als die Reserve gegen den »Landfremden« waren die Vorbehalte gegen den Dichter.

Eichendorff hatte kurz nach seinem Amtsantritt in Königsberg das satirische Schauspiel »Krieg den Philistern« veröffentlicht, durch das sich einige Herren des höheren Verwaltungsdienstes in ihrer Beamtenehre verletzt fühlten. Für Eichendorff war ein Philister, »wer mit Nichts geheimnisvoll und wichtig thut, wer die hohen Dinge materialistisch und also gemein ansieht, wer sich selbst als goldenes Kalb in die Mitte der Welt setzt und es ehrfurchtsvoll anbetend umtanzt«. Gleich zu Anfang des Dramas versetzt der Dichter den löblichen Staatsdienern einen wohlgezielten Florettstich. Eichendorff lässt den »Chor der Beamten« als Gefolgschaft und Claqueure eines eitlen und selbstgefälligen Regenten aufmarschieren und »sogleich hinter ihren Pulten Platz nehmen«. Nun läuft die Staatsmaschinerie an, angetrieben von den aberwitzigen Befehlen des Regenten, während der Chor der Beamten unermüdlich seinen Refrain »Papier, Papier, Papier!« deklamiert und der Narr dazu sarkastisch bemerkt: »Die Zeit braucht viel Papier, Papier braucht Lumpen, o lumpige Zeit!«

Zwar gab es in Eichendorffs Umgebung durchaus Beamte, die solche spritzigen Seitenhiebe auf bürokratische Selbstüberschätzung goutierten; der Berliner Staatsrat Nicolovius etwa ließ dem Dichter ausrichten, er fände das Drama erfüllt von »Sinn für Witz und geistreichen Spott«. Bei seinen Kollegen, die sich in den dargestellten Beamtentypen wiederzuerkennen glaubten, jedoch hatte Eichendorff fortan einiges auszustehen. Gegen ihn wurde intrigiert, er wurde schikaniert und der Herr Oberpräsidialrat schließlich kaltgestellt. Obwohl er sich in seinen Amtsgeschäften als leistungsfähig und umsichtig erwies, wurden ihm nach und nach die wichtigeren Aufgaben entzogen. Er wurde immer mehr auf nebensächliche Angelegenheiten abgedrängt, die der Qualifikation eines Regierungsrates bei Weitem nicht entsprachen. Dazu kam, dass die Königsberger nicht gerade als taktvolle Menschen galten; Robert Schumann beispielsweise mokierte sich über »Gefühllosigkeit und Ostpreußenton«. Eichendorff konnte damit wohl nicht umgehen.

Rückten die biederen Königsberger Beamten den Spötter und Satiriker Eichendorff in die Nähe staatsgefährlicher Demagogen, ungeachtet der konservativ-katholischen Weltsicht des Dichters? Vielleicht. Es mag aber auch eine gehörige Portion Neid mitgespielt haben, der einige Kollegen Eichendorffs dazu aufstachelte, den Dichter, der beim gebildeten Publikum nicht erfolglos geblieben war, in seinem Dienstalltag unten zu halten. In seinem 1833 im ›Schlesischen Musenalmanach‹ erschienenen Gedicht »Der Unverbesserliche« spielte der Freiherr auf diese Situation an: »Und eh wir uns beide besannen, / Da wiehert' das Flügelroß –/ Wir flogen selbander von dannen, / Daß es unten die Schreiber verdroß.« Heute ist schwer zu verifizieren, wer die Gegenspieler Eichendorffs waren und welche Beweggründe sie hatten. Wichtig ist für das Verständnis seiner Vita eigentlich nur, dass er in der Beamtenwelt mehr und mehr nach unten durchgereicht wurde.

Es war nicht so, dass der Dichter haushoch über diesen kleinlichen Attacken gestanden hätte. Er fühlte sich verletzt. Es kränkte ihn, dass man an seiner beruflichen Kompetenz zweifelte. Um so mehr, da er zu gleicher Zeit auch in seiner Dichtereitelkeit getroffen wurde. Er hatte einiges an Lyrik veröffentlicht, er hatte den Roman »Ahnung und Gegenwart«, die Novelle »Das Marmorbild« herausgebracht, ein Teilabdruck seines »Taugenichts« war ebenfalls erschienen, aber der Durchbruch, das große Echo auf seine dichterische Arbeit war ausgeblieben, einzelne lobende Stimmen konnten ihn nicht darüber hinwegtäuschen. Statt dessen schmetterte ihn eine 1826 ausgerechnet im vielgelesenen Cotta'schen »Morgenblatt für gebildete Stände« erschienene Rezension des immer säuerlichen, wohl auch verbitterten Wolfgang Menzel nieder: »Aus dem Leben eines Taugenichts und das Marmorbild … man erwartet etwas Komisches und findet nur langweilige Rührung, Der Taugenichts taugt auch gar nichts, und hat nicht einen Fetzen von jener göttlichen Bettelhaftigkeit der Tagediebe bei Shakespeare und Cervantes; also fehlt ihm alles, was man Humor nennt.«

Joseph von Görres. Zeichnung von Ludwig Emil Grimm.

Amtsmüde

1828 gab Eichendorff auf. Er streckte seine Fühler in andere Städte aus und bat um Versetzung aus dem ungeliebten Königsberg. Eine besondere Perfidie seiner Vorgesetzten war nun aber, dass sie Eichendorffs Gesuch einfach liegen ließen. Jede Bitte um Versetzung wurde dilatorisch behandelt, schließlich zurückgewiesen. Der Dichter sehnte sich danach, in einem katholischen Land, in einer Gegend, die für Dichter etwas übrig hatte, sein Glück zu versuchen. München wurde sein bevorzugtes Ziel. Bayern war damals – ich betone »damals« – ein vom aufklärerischen Aufwind getragener moderner Staat. Eine gewisse Liberalisierung war spürbar und kam den Künsten und Wissenschaften zugute. König Ludwig I. liebte es, sich unter das Künstlervolk zu mischen. Aber ohne Beziehungen war damals wie heute in München keine Anstellung zu finden. Eichendorff wandte sich deshalb an Joseph Görres um Fürsprache. Görres hatte einige Kontakte in den süddeutschen Raum, zumal durch seine Zeit als Philosophie-Professor in Heidelberg. An Görres schrieb Eichendorff einen ausführlichen Brief, gleichsam seine Miniatur-Memoiren, in denen er an zentraler Stelle seinen Herzenswunsch ausspricht:

»Euer Hochwohlgeboren kennen indes die preußische Wirtschaft so gut wie ich, ich habe ehrlich gekämpft, so gut ich's vermag, aber ich bewege mich hier wie in Fesseln, ohne Hoffnung lohnenden Erfolgs und sehe mit Gewißheit voraus, mich in diesem Verhältnisse nicht mehr lange halten zu können. Auch die Dichtkunst kommt mir läppisch vor … Ich wage daher zunächst die inständigste und ergebenste Bitte an Euer Hochwohlgeboren, mir gütigst Ihre Meinung darüber mitteilen zu wollen, ob Aussicht für mich vorhanden wäre, möglichst mit gleichem Rang und Gehalt wie hier (ich habe hier 1600 Taler) in Bayern angestellt zu werden, und wie ich's zunächst angreifen und an wen ich mich zu wenden hätte, um dieses heißersehnte Ziel zu erlangen.«

Aufbruch ins Ungewisse

Der Bittbrief an Görres blieb ohne Erfolg. Eichendorff entschloss sich daraufhin, einen riskanten Schritt zu wagen; riskant, weil seine ganze Familie von seinem Einkommen abhing und er dieses Einkommen erst einmal verlor: Er zog auf gut Glück aus Königsberg weg und siedelte sich 1831 in Berlin an. Das heißt, der Dichter reiste allein voraus, um die Lage zu sondieren; die Familie sollte nachkommen. Er hatte, anders als er zunächst geglaubt hatte, keine feste Anstellung in Aussicht, nur die Hoffnung darauf, aber ihn feuerte der Traum von einem erfüllten Künstlerleben unter Gleichgesinnten an, den er in der aufstrebenden Metropole mit ihren Salons, Kaffehäusern und Lesegesellschaften, ihren Zeitungen und Literaturgazetten zu verwirklichen trachtete.

Gegen Eichendorffs Aufbruch hatte sein Königsberger Vorgesetzter Theodor von Schön erstaunlich wenig einzuwenden, obwohl Eichendorff lange seine rechte Hand gewesen war. Schöns Argwohn gegen jeden religiösen Menschen hatte jedoch auch vor dem verehrten Dichter nicht Halt gemacht, dies obwohl Eichendorff seinen Katholizismus keineswegs demonstrativ zur Schau trug und nur wenige Texte religiösen Inhalts verfasste; die meisten seiner geistlichen Gedichte hatte er bereits während der Loebenzeit in Heidelberg vollendet. Minister Altenstein vermutete in einem vertraulichen Brief, Schön habe Eichendorff forthaben wollen, »weil er Katholik«.

Schön kannte Eichendorffs Wunsch, in eine kulturell lebendigere Stadt versetzt zu werden, und wollte ihm helfen, in Berlin Fuß zu fassen. Leider beging er dabei die Ungeschicklichkeit, Eichendorff als geeigneten Nachfolger für den Posten Schmeddings zu empfehlen. Das reizte Schmedding natürlich und dessen Mentor, den Freiherrn vom Stein zum Altenstein, noch mehr, da Schön auf diese Weise in seine Kompetenzen eingriff. Keine günstigen Voraussetzungen für Eichendorff, der zum Leidtragenden dieser Beamtenintrigen wurde.

Ungern vergab Berlin hohe Posten an Katholiken. Man sorgte an den obersten Stellen dafür, dass die Posten für sie spärlich gesät waren. Da sich mit Schmedding bereits ein Katholik in hoher Stellung im Kultusministerium befand, war hier und auch anderswo zunächst kein Platz für Eichendorff frei. Er wurde daher beliebig als ›Springer‹ eingesetzt.

Schnell verstand man in Berlin, dass der schlesische Dichter dem Reformbeamtentum fern stand und eine eher konservative Haltung einnahm, was die Beziehung zum Spiritus rector der Reformbeamten, Altenstein, fragil werden ließ. Eichendorff musste sich als Aushilfe verdingen, wurde in verschiedenen Ministerien eingesetzt, ohne festes Aufgabengebiet. Finanziell war das nur bei starker Selbstbescheidung möglich. Mehr oder weniger gut lebten die Eichendorffs vom Ersparten und den Erträgen, die das letzte verbliebene Gut, Sedlnitz in Mähren, abwarf.

In Berlin hatte Eichendorff wieder mit Vorurteilen zu kämpfen. Der Druck auf Katholiken war immens. Die preußische protestantische Regierung hatte inoffizielle Richtlinien ausgegeben, wie mit katholischen Mitbürgern umzugehen sei, z. B. war ihnen die Ausübung verschiedener Lehrämter wie der historischen Fächer verboten. Eichendorff hatte das als junger Mann selbst erfahren müssen, als er sich um eine Stelle als Geschichtsprofessor an der Berliner Universität beworben hatte.

Wenn man Katholiken wie Protestanten offiziell auch gleich behandelte, in der Realität legte man Katholiken und Schlesiern im entscheidenden Augenblick Steine in den Weg. Und nun kam da gar ein Dichter her und suchte um eine Stelle nach, einer der es gewagt hatte, soeben ein pro-katholisches Trauerspiel zu veröffentlichen, ein Historiendrama, in dem die Preußen nicht gut wegkamen. Der Intrigant und der Wankelmütige im Stück »Der letzte Held von Marienburg« sind zwei preußische Landritter; in seinem Bühnenstück nahm Eichendorff mit der Gestalt des preußischen Junkers von Kinthenau auch das Hegemoniestreben der Preußen auf die Pike:

> »KINTHENAU: Wir wüchsen so im Stillen fort – erwehrten
> Des Ordens wohl sowie der Polen uns,
> Des einen durch den andern, und behielten
> Die Arme frei.« (IV,1)

Da jeder Bewerber für Regierungsämter von der Staatsmacht streng durchleuchtet wurde, dürften Eichendorffs Anstellungsgesuche mit Unbehagen aufgenommen worden sein, in der Folge reichte man ihn von

Amt zu Amt durch. In seinem Brief an Görres erhob Eichendorff den Verdacht, man habe ihn früher, in seiner Breslauer Zeit, einmal mit einer Examensarbeit über die Aufhebung katholischer Klöster überprüfen wollen. »Da ich, Gott sei dank, mein Gewissen und meine Ehre jederzeit höher gehalten habe als meinen Magen, so beantwortete ich die Frage, die ich mit gutem Grund nur für eine Art von heimlicher Fußangel halten mußte, mit besonderem Fleiß und mit aller hier nötigen Freimütigkeit und Rücksichtslosigkeit.«

Womöglich hing ihm sein freimütiger Aufsatz noch nach – in preußischen Akten verlor sich ja nichts! –, noch wahrscheinlicher aber stieß Eichendorff mit seinem geraden und nur dem eigenen Gewissen verpflichteten Wesen an die Grenzen seiner ›lieben‹ Mitmenschen. Er konnte sich nicht biegen wie andere, beherrschte die Kunst der Schmeichelei nicht, konnte sich nicht verstellen oder feiner ausgedrückt, er benahm sich undiplomatisch. Er war kein Ellbogenmensch.

»Aufrichtig sein und ehrlich bringt Gefahr«, wusste Shakespeare, und Eichendorffs berufliches Wohl war andauernd in Gefahr.

Wie oft er in seinen Amtshandlungen wider sein Gewissen zu handeln gezwungen war, wie oft er sich Weisungen verweigerte, wie sein Sohn in seiner Biographie des Vaters andeutete, kann man sich nur vorstellen. Gewiss ist: Seine Berufsjahre waren eine einzige Qual für den Dichter, durchgestanden in dem Bewusstsein, »in jedem Augenblicke streng getan zu haben, was Pflicht und Ehre mir geboten … und somit: Herr, dein Wille geschehe!«

Bei allen Widrigkeiten, die ihn in der Spreemetropole erwarteten, wurde es ihm aber täglich unmöglicher, nach Königsberg zurückzukehren. Immerhin schwebte diese Option wie ein Damoklesschwert noch lange über ihm. Nach wie vor war er in der ostpreußischen Provinzhauptstadt nur beurlaubt; nach wie vor warteten dort eine angesehene Position und ein höheres Gehalt auf ihn. Doch war ihm nach fast einem Berliner Jahr gewiß: »Kehre ich jetzt nach Königsberg zurück, so bin ich, das fühle ich sehr deutlich, als Beamter und Dichter unausbleiblich für immer begraben.«

Berlin – Stadt des Geistes und des Geldes

Eichendorffs neuer Wohnort wuchs seit den ersten Jahrzehnten des 19. Jahrhunderts in rasanter Weise. Zum Zeitpunkt seiner Ankunft zählte Berlin um die 220 000 Einwohner, zwanzig Jahre später, um 1850, bereits ca. 420 000 Menschen, eine Zahl, die zwar noch knapp unter derjenigen

Wiens lag, die aber fast das vierfache von Städten wie Breslau, München und Köln betrug. Man versuchte, die Infrastruktur entsprechend auszubauen, und natürlich verzichtete man dabei nicht auf eine der großen Errungenschaften der Menschheitsgeschichte, die Eisenbahn. Seit 1838 pendelte ein Zug zwischen Berlin und Potsdam. Die verbesserte Verkehrssituation zog Unternehmen an. Schon bald war Berlin in den Händen des neuen industriellen Bürgertums. Und wo das Geld sitzt, lässt die Kultur bekanntlich nicht lange auf sich warten. Das Bildungssystem wurde ausgebaut, die Universität war eine der besten Deutschlands. Johann Gottlieb Fichte und ab 1818 Hegel dozierten hier über den »absoluten Idealismus« und den »Weltgeist«. Architekten und Ingenieure begannen derweil, am Stadtbild zu arbeiten und zu feilen, Schinkel entwarf große Bauten, etwa die Singakademie, die der Baumeister Carl Theodor Ottner 1825 errichtete.

Berlins Straßenbild wurde allmählich neoklassizistisch und neugotisch; sein monumentaler Anstrich, für uns Heutige manchmal ein Ausdruck übersteigerter Großmannssucht, war ein unübersehbares Signal einer neuen Epoche.

Es gab Zeiten in Berlin, da hatte die Kunst total brach gelegen – man denke nur an den unseligen Soldatenkönig Friedrich Wilhelm I., der als erste Amtshandlung nach seiner Inthronisation die Hofmusiker vom Hof verjagte, mit Ausnahme der Regimentsmusik natürlich. Unter seinem genialen Sohn Friedrich dem Großen ging es für Musiker und Literaten aber rasch wieder bergauf, auch wenn der »roi-philosophe« von den bedeutendsten in Berlin ansässigen Geistesgrößen wie Lessing und Moses Mendelssohn patout keine Notiz nehmen wollte. Auf musikalischem Gebiet führten nach Philipp Emanuel Bach, Reichardt und Zelter seit 1820 Gasparo Spontini und Giacomo Meyerbeer das Szepter, zu ihrem Konzept einer »Großen Oper« italienisch-französischer Prägung lieferten Komponisten wie Carl Maria von Weber und Felix Mendelssohn Bartholdy den »deutschen«, den romantischen Gegenentwurf. Der »Freischütz«, die deutsche Volksoper schlechthin, begeisterte mit ihrem Waldmythos die Berliner und Berlinerinnen. Im Übrigen aber senkte sich die Waage der Berliner Künste wieder auf die Seite der Literatur.

Das Berlin der 30er Jahre war eine Stadt lebhafter intellektueller Kommunikation. Heinrich Heine tat den Ausspruch: »Berlin ist gar keine Stadt, sondern Berlin gibt bloß den Ort dazu her, wo sich eine Menge Menschen, und zwar darunter viele Menschen von Geist, versammeln, denen der Ort ganz gleichgültig ist, diese bilden das geistige Berlin« (1828). Dieses »geistige Berlin« verkörperte sich *par excellence* in den großen Salons, die von bedeutenden Frauengestalten wie Caroline und Dorothea Schlegel geführt wurden, besonders aber von Bettine von Arnim, die nach dem Tod ihres Mannes als erfolgreiche Schriftstellerin in Erscheinung trat. Der Kreis um Arnim und Brentano war es, der Eichendorff nach Berlin zog. Joseph von Eichendorff kam in keine ihm völlig unbekannte Stadt. Immerhin hatte er am Anfang seiner Beamtenkarriere hier geraume Zeit verbracht. Im Sommer 1831 suchte er sogleich seine alten Bekannten auf, etwa Friedrich Carl von Savigny, den Schwager von Clemens und Bettine Brentano, und den Dichter Karl von Holtei, den er seit 1819 kannte – wir haben die erste Begegnung im Fünften Kapitel festgehalten.

Während die gesellschaftlichen Kontakte rasch geknüpft waren, machte ihm seine berufliche Situation nach wie vor Sorgen. Es war einfach nicht daran zu denken, dass Eichendorff in Berlin in absehbarer Zeit einen adäquaten Posten erhielt.

Eichendorff und der Mittelalterkult

Anders stellte sich die gesellschaftliche Situation in Berlin für den Dichter dar. Von den Vorurteilen, denen Eichendorff im Amt begegnete und wahrscheinlich auf der Straße genauso, war in den Künstlerkreisen, in denen sich der Schlesier bewegte, nichts zu spüren. Im Gegenteil! Die Begeisterung für das Mittelalter schlug nach wie vor hohe Wellen, und mit ihr verband sich die Faszination des Katholizismus. Die erhabene »Vorzeit« des Mittelalters wurde bei vielen Dichtern der Zeit – Tieck, E. T. A. Hoffmann, Arnim, Fouqué, Zacharias Werner, Heine, Hauff, Uhland, Grillparzer – zu einer Lieblingsszenerie, und eben auch in Eichendorffs Novelle »Das Marmorbild«. Ein ganzer Malerbund, die »Lukasbrüder« oder Nazarener, widmete sich dem Mittelalterkult. Wir haben schon erzählt, welch enge Freundschaftsbande der junge Eichendorff zu einigen dieser Maler geknüpft hatte.

Auf dem Höhepunkt des Neokatholizismus fanden einige Gebildete zur katholischen Kirche zurück. Der Maler Philipp Otto Runge liebäugelte damit. Friedrich und Dorothea Schlegel vollzogen den Glaubenswechsel. Clemens von Brentano tat es ihnen nach, zum Missmut seiner Familie, die ihn für wunderlich hielt. Bettine an ihren Mann 1824: »Dieser scheint mit wirklich sehr bedauerungswürdig, kein Mensch mag ihn leiden in der Familie ... Mit Prophezeiung und Vorauswissen giebt er sich auch ab ... Er hat allerlei bunte damastne Lappen, wahrscheinlich von alten fürstlichen Sofas p.p. in Gebetbüchern liegen, von denen er be-

hauptet, es sei von den Kleidern der 3 Könige und der heiligen Magda-
lena.«

Eichendorff verkehrte sowohl bei Schlegels als auch bei Brentano. In
diesem Kreis wurde er als Katholik akzeptiert, ohne den Zwang, sich
rechtfertigen zu müssen. Er verkehrte natürlich auch in protestantischen
Häusern wie dem der Bettine von Arnim, wo er als Freund von Clemens
akzeptiert wurde, wenn auch nicht rückhaltlos. Hier kam ihm seine vor-
nehm-zurückhaltende Art zu Hilfe. Ihm selbst konnte man nach Aussage
seines Sohnes »konfessionelle Befangenheit ... in keiner Weise vorwer-
fen ... zu seinen beste Freunden gehörten ... protestantische Geistliche«.

Vom Unstern verfolgt

In der Zeit der Berliner Krise entstanden Skizzen zu einer biographisch
motivierten Novelle,»Unstern«. Unter dem Kapitel»Einzelzüge« tauchen
satirische Spitzen gegen Ministerialbeamte auf. Wahrscheinlich hatte
Eichendorff vor, sich in dieser Novelle Luft zu machen und die Qualen
der Amtsstube zu verarbeiten. Humorvoll rechnet er mit dem Gefühl,
niemals im Leben Glück zu haben. Er schreibt es in der Novelle einer
unzeitigen Geburt zu, die dem Ich-Erzähler ein glückloses Schicksal
beschert:»Es war eine tiefe, stille, klare Winternacht des Jahre 1788, die
Konstellation war überaus günstig. Jupiter und Venus blinkten sich
freundlich auf die weißen Dächer, der Mond stand im Zeichen der Jung-
frau ... im Garten ... hatten sich nämlich Koch, Jäger und der Organist
mit Trompeten und Pauken versammelt, um mich, sobald ich das Licht
der Welt erblickte, feierlich anzublasen ... da löste Daniel unverzüglich
den ersten Böller ... darüber erschrak meine Mutter dergestalt, daß sie
plötzlich in eine Ohnmacht fiel. Nun donnerte draußen ... Böller auf Böller, die Trompeten schmetterten ... die Schloßuhr schlug ganz verwirrt
Zwölfe dazwischen – alles umsonst: die Riechfläschchen für meine Mutter waren nicht so schnell herbeigeschafft, die Konstellation ... verpaßt,
ich wurde gerade anderthalb Minuten zu spät geboren. Eine lumpige
Spanne Zeit! Und doch holt sie keiner wieder ein. Das Glück ist einmal im
Vorsprung, er im Nachtrab.«

Auch wenn sich eine direkte Gleichsetzung zwischen der Novelle und
dem realem Lebensweg ihres Verfassers verbietet: Es schien in der Tat
manchmal so, als zöge das Unglück immer hinter Eichendorff her. 1831
ließ er eine Familie nach Berlin nachkommen, auch wenn er noch keine
sichere Anstellung hatte (was noch zehn Jahre – ! – dauern sollte), doch in
Königsberg wütete die Cholera und es tat not, die Familie in Sicherheit zu

bringen. Im Herbst 1831 erreichte diese Menschheitsgeißel aber auch die Spreestadt.

Eichendorffs beugten mit Diäten der tückischen Seuche vor. »Keine Furcht«, notierte der gottergebene Dichter.

Immerhin schien sich das Wesen seiner Ehefrau Louise im entspannteren Berliner Klima ein wenig zu mildern. Sie verlor viel von ihrer Herbheit, auch im Verhältnis zu ihren Kindern. Die Schwierigkeiten ihres Mannes waren nicht spurlos an ihr vorbeigegangen. In Berlin erwartete sie – obwohl ihr zunächst weniger Geld zur Verfügung stand – ein anregenderes, abwechslungsreicheres Leben als im muffigen Königsberg. Ihr Leben wurde erfüllter.

Joseph von Eichendorff hatte inzwischen Freundschaft mit Adelbert von Chamisso geschlossen, und gemeinsam mit ihm besuchte er die berühmte ›Berliner Mittwochsgesellschaft‹. Diesem von E. T. A. Hoffmanns Freund Julius Hitzig 1824 gegründeten literarischen Cercle gehörte Eichendorff jedoch nur als »auswärtiges Mitglied« an. Er spielte auch nach der Übersiedelung nach Berlin in ihm nur eine periphere Rolle. Seine introvertierte Art machte ihn zu einem stillen Besucher der Salons, auch dem der Mendelssohns, in den er um diese Zeit eingeführt wurde. Den Mendelssohnschen Salon führte zunächst Lea, Felix' Mutter, dann übernahm mehr und mehr ihre Tochter Fanny Hensel den Cercle und verwandelte ihn in einen Musiksalon, der sich zu den so genannten Sonntagsmusiken auswuchs, die eine Lücke im Berliner Musikleben schlossen.

Es gelang Eichendorff, sich über die Mittwochsgesellschaft und andere Kreise wieder enger an das aktuelle Literaturgeschehen anzuschließen. Chamisso etwa lud Eichendorff zur Mitarbeit am »Deutschen Musenalmanach« ein, den er gemeinsam mit Gustav Schwab herausgab. Ein willkommenes Forum für Eichendorffs Gedichte. So durfte er sich als Dichter endlich wieder angenommen fühlen. 1841 erschien eine ihn ehrende Ausgabe des Musenalmanachs; mehrere seiner Gedichte waren enthalten und sein Portrait diente als Titelbild, über das Karl Gutzkow spitz bemerkte: »Eichendorffs Portrait steht vorn. Sieht wie ein preußischer Regierungsrat aus, hat aber ein gemüthliches Herz.«

Gebrochene Schwingen

Von ›Regierungsrat‹ spürte Eichendorff in den nun folgenden Berliner Jahren wenig. Das preußische Beamtentum war einer strengen Disziplin unterworfen. Zur Disziplinierung gehörten obligatorisch lange Jahre der

Einarbeitung in niedrigen Diensten. Wer eine Beamtenlaufbahn einschlug oder wie der Dichter eigenmächtig in eine andere Stadt wechselte, musste sich zunächst hochdienen, zunächst in subalternen Stellungen, die manchmal gering, meistens aber gar nicht entlohnt wurden. Für seine Ausbildung hatte im 19. Jahrhundert jeder ein ›Lehrgeld‹ zu zahlen, selbst Beamte. Eichendorff war sich dessen bewusst, als er von Königsberg nach Berlin umzog. Er war trotz seiner Danziger und Königsberger Dienstjahre ›der Neue‹ und hatte sich zu beweisen. Dass Eichendorffs Wechsel nach Berlin im Grunde als Zeichen einer – auch geistigen – Mobilität zu werten und gegebenenfalls zu honorieren war, dieser Gedanke war den preußischen Beamtenschädeln zutiefst fremd. Der Schlesier musste über Monate auf Gehalt verzichten. Eine drückende, wenn auch selbst gewählte Situation für einen Familienvater, und für den Dichter nur zu meistern, weil er auf die – schmal gewordenen – Einkünfte seines schlesischen Landguts zurückgreifen konnte. Spärliche Einkünfte zwar, doch die Existenz war dadurch immerhin soweit gesichert, dass er sich nicht wie viele andere in ähnlicher Situation mit Schreibarbeiten als Sekretär oder Kopist über Wasser halten musste. Der Vorteil eigenen Grundbesitzes.

Eichendorff wurde in verschiedenen Ministerien in wechselnden Tätigkeiten herangezogen. Seine neuen Vorgesetzten hatten so die Möglichkeit herauszufinden, wo er am besten einsetzbar und was zu leisten er imstande war, er selbst bekam erschöpfende Gelegenheit, sich gründlich zu orientieren.

So weit, so gut. In Eichendorffs Fall hatte die Sache jedoch gleich mehrere Haken. Sein früherer Königsberger Vorgesetzter Theodor von Schön war in Berlin schon lange in Ungnade gefallen. Seine nahezu absolutistisch anmutende Stellung als Oberpräsident West- und Ostpreußens erregte Argwohn in den Ministerien. Außerdem wehrte sich Schön als Kenner der Verhältnisse vor Ort gegen eine Berliner Zentralbürokratie, welche die östlichen Provinzen vom »grünen Tisch« aus regieren wollte. Kein Wunder, dass die Berliner Behörden dem Schön-Protegé Eichendorff erst einmal mit Skepsis begegneten. Doch auch als der Dichter sich mit erfolgreicher Arbeit und loyaler Haltung empfohlen hatte, blieb man ihm gegenüber distanziert. Die Einarbeitungsphase war lange vorüber. Eichendorff hoffte auf einen festen Posten mit einem eigenen Aufgabengebiet. Aber die Zeit verging, und es erfolgte keine Ernennung. Wenn er inzwischen auch ein üppigeres Gehalt bezog, blieb er nicht mehr als ein Hilfsarbeiter, ein ›Springer‹ in den verschiedenen Ämtern. Er trug weiterhin seinen Makel und sein Stigma – er war Schlesier, und er war Katholik.

Die vielgelobte Toleranz Preußens hatte ihre Grenzen: Sie war eine von oben aufoktroyierte Toleranz. Dass die Bevölkerung sie auch wirklich ausübte, war utopisch. Abneigung und Hass zwischen Protestanten und Katholiken, antijüdische Ressentiments und Widerwillen gegen »Schwärmer«, »Pantheisten« und »Atheisten« machten sich in Preußen genauso breit wie in anderen Teilen Deutschlands. Das Gros der preußischen Untertanen war evangelisch-lutherisch und seiner Obrigkeit treu ergeben, auch wenn das angestammte Herrscherhaus der Hohenzollern reformierten (calvinistischen) Glaubens war. Die Katholiken befanden sich in der Minderheit, nimmt man einige östliche Gebiete und natürlich die rheinischen Landschaften aus. Doch galten das Rheinland und Westfalen gemeinhin nur als ungeliebte Enklaven des preußischen Staates. Das Selbstbild der Preußen war auf das ›Kernland‹ um Berlin und Königsberg fixiert, und hier war seit altersher der Protestantismus Trumpf. Eichendorff stand als Katholik fast zwangsläufig am Rand der Berliner Beamtenschaft.

Joseph von Eichendorff bekam zu spüren, dass er nur halb akzeptiert war. Er wurde von Amt zu Amt weitergereicht, nicht zwei Jahre, nicht fünf Jahre, sondern ganze dreizehn Jahre hindurch bis zu seiner Pensionierung! Niemals wurde ihm ein wirklich eigenverantwortliches Betätigungsfeld zugestanden, überall setzte man ihm, der doch bereits einmal als Regierungsrat selbständig ein Amt geführt hatte, einen Vorgesetzten vor die Nase. Nirgends ließ man ihn den Ersten sein, bestenfalls den Zweiten, mochte er noch so qualifiziert sein. Anfänglich durchschaute er das Ausmaß seiner Diskriminierung noch nicht völlig. Er bewarb sich hoffnungsvoll für verschiedene höhere Positionen, unter anderem im Oktober 1832 bei der Zensurbehörde. Ausgerechnet bei der Zensur – dieser wichtige Posten blieb doch besser einem Protestanten vorbehalten! Ein Eichendorff, dessen Drama »Der letzte Held von Marienburg« von der Zensur erbarmungslos zusammengestrichen worden war, nun selbst als Zensor – das ging seinen Vorgesetzten denn doch entschieden zu weit.

Zwischen Akten, dunkeln Wänden

Offensichtlich empfand der von Freunden als gutmütig, bescheiden und sanft charakterisierte Dichter die »Berliner Seele« als etwas völlig Konträres. Vielen seiner Zeitgenossen erging es nicht anders, sie sagten den Berlinern Großspurigkeit und Überheblichkeit, aber auch liederliche Sittenverderbnis nach. So wetterte Joseph Görres in einem Brief an Achim von Arnim einmal aus tiefster Seele gegen Berliner und Preußen schlechthin:

»Du mußt mirs fortwährend nicht übel nehmen, wenn das gesammte teutsche jetzige Wesen mich mit Eckel und Überdruß erfüllt, so ist das preußische mir gar wie Goldschwefel und Mineraltermes, die Eingeweide wollen sich mir umdrehen, wenn ich nur daran denke, und es wird mir so fexerlich zu Muthe, wie dem Kerl im Noth und Hilfsbuchelchen, der die Frösche verschluckt. Ich habe nichts gegen das Volk, der Stamm ist gerade so gut und schlecht wie jeder anderer Teutsche, wenn er im Durchschnitt geistig beschränkter als mancher Andere ist, so hat er dafür anderes, was ihn wieder entschädigt, aber euer loses, liederliches, kraftloses Berlin, eure sogenannte gelehrte und gebildete Welt, euer aufgeblasenes, nichtiges, leeres Beamtenvolk, eure gänzlich und auch gänzlich nulle Regierung, es ist unbeschreiblich, wie widerwärtig das Alles einem … erscheint … diese brutale, plumpe Gewaltthätigkeit ohne Nerv und ohne Kraft, die den Druck wenigstens aber einige Überlegenheit beschönigen könnten … und hört rein noch die fortdauernde Ruhmredigkeit dazu, dann steht einem vollends der Verstand still… Dann die verschollene großmaulige Liberalität dazu, die sich unter die allerkraftloseste Reaction ohne allen Widerstand gefügt … Lassen wir den Quark« (28. Mai 1822). Arnim nahm diese und ähnliche ätzende Bemerkungen des katholischen Philosophen so ernst, wie sie wohl auch gemeint waren, und es kam zu einer handfesten Trübung ihrer Freundschaft. Bei gelegentlichen Treffen bemühten sich beide freilich krampfhaft, nicht in den Wunden des anderen zu stochern; Görres schwieg sich über Preußen aus, und Arnim umschiffte das gefährliche Fahrwasser der katholischen Frage. In ähnlich verzwickter Lage muss sich Eichendorff immer wieder gegenüber seinen Amtskollegen befunden haben. Er hielt ein paar Jahre durch, in der Hoffnung auf eine berufliche Verbesserung. Sein Gehalt stieg auf eine angemessene Höhe, aber die ihm zugewiesenen Aufgaben konnten den Dichter weder ausfüllen noch befriedigen. Einige Zeit stand seine Person zur Diskussion als Mitarbeiter der »Historisch-politischen Zeitschrift«, des Vorläufers der heute noch bestehenden »Historischen Zeitschrift (HZ)«. Leopold von Ranke nahm hier bereits die Position eines Chefredakteurs ein. Die Zusammenarbeit mit dem genialen Historiker hätte dem Dichter sehr zugesagt. Der Plan zerschlug sich. Eichendorff war einmal mehr mit falschen Hoffnungen genährt, einmal mehr bewusst zurückgesetzt worden.

Der zu oft ge- und enttäuschte Regierungsrat resignierte. Er vollzog gleichsam die »innere Kündigung«, um ein Schlagwort aus der heutigen Arbeitswelt zu benutzen. Eichendorff erfüllte fortan seine Pflicht, aber weitgehend ohne Eigeninitiative und Schwung. Ab Mitte der 30er Jahre stellte er häufiger und mit ziemlicher Regelmäßigkeit Urlaubsanträge. Er nutzte alle Mittel und Wege, um sich den Aufenthalt im Ministerium zu ersparen.

Seine missliche Situation hat er in seinen Werken mehrmals artikuliert. Die Dichtkunst wurde ihm so zum Ventil, zur Möglichkeit, seine Klage hinauszuschreien, allerdings in vollgültiger literarischer Form und nach wie vor mit hellsichtiger Kritik am Stumpfsinn des Bürokratenunwesens. Nach zwei Jahren Alltagstrott im Berliner Ministerium schrieb er das Gedicht »Der Unverbesserliche« nieder: »Ihr habt den Vogel gefangen,/ Der war so frank und frei,/ Nun ist ihm's Fliegen vergangen,/ Der Sommer ist lange vorbei.// Es liegen wohl Federn neben/ Und unter und über mir,/ Sie können mich alle nicht heben/ aus diesem Meer von Papier,// Papier! Wie hör' ich dich schreien,/ Da alles die Federn schwenkt/ In langen, emsigen Reihen-/ So wird der Staat nun gelenkt« (V. 1–12). Das Dichten bot ihm allerdings auch jederzeit einen Ausweg aus dem Beamteneinerlei. Eichendorff dichtete an seinem Schreibpult, wann immer es ihm möglich war und offensichtlich ohne darüber seine Beamtenpflicht zu versäumen. Die Poesie wurde seine Gegenwelt, in ihr war er frei. Und so wendet sich die Klage in »Der Unverbesserliche« zum Triumph des Dichters über die Beamten: »Und wie ich hinaustrat zur Schwelle,/ Da blühten die Bäume schon all',/ Und Liebchen, so frühlingshelle,/ Saß drunten beim Vogelschall.// Und eh' wir uns beide besannen,/ Da wiehert' das Flügelroß –/ Wir flogen selbander von dannen,/ Daß es unten die Schreiber verdroß« (V. 25–32). Im Gedicht »Rettung« kleidete Eichendorff seine Biographie, hauptsächlich den Zwang zum Beamtenberuf und auch sein Kranken am unpoetischen Alltagsleben, in märchenhafte Bilder. Rettung werde dem Dichter durch seinen gewaltigen inneren Horizont, die Macht seiner Gedanken und Verse: »von innen fühlt' ich blaue Schwingen singen«; »Da ward ich im innersten Herzen so munter«.

Mit der Erfahrung der Ohnmacht und der »Entpersönlichung« des Beamtendaseins befasst sich auch ein Gedicht, das Eichendorff bereits 1820 während seiner ersten Berliner Dienstzeit schrieb, aber erst 1837 drucken ließ. Es ist eines seiner Meisterwerke, das – mehr noch als andere Lieder des Dichters – das Bild des schlesischen Dichters als »verträumter Romantiker« in Frage stellt.

MANDELKERNGEDICHT

Zwischen Akten, dunkeln Wänden
Bannt mich, Freiheitsbegehrenden,

Nun des Lebens strenge Pflicht,
Und aus Schränken, Aktenschichten
Lachen mir die beleidigten
Musen in das Amtsgesicht.

Als an Lenz und Morgenröte
Noch das Herz sich erlabete,
O du stilles, heit'res Glück!
Wie ich nun auch heiß mich sehne,
Ach, aus dieser Sandebene
Führt kein Weg dahin zurück.

Als der letzte Balkentreter
Steh' ich armer Enterbeter
In des Staates Symphonie,
Ach, in diesem Schwall von Tönen
Wo fänd' ich da des eigenen
Herzens süße Melodie?

Ein Gedicht soll ich Euch spenden:
Nun, so geht mit dem Leidenden
Nicht zu strenge ins Gericht!
Nehmt den Willen für Gewährung,
Kühnen Reim für Begeisterung.
Diesen Unsinn als Gedicht!

Geborgenheit und Schicksalsschläge –
Familienleben und Dichten

Glücklicherweise bot die Familie dem unbefriedigten Beamten Geborgenheit und Harmonie. Aus Louise war eine emsige Hausfrau geworden,
die sich selbst den Bedürfnissen der Ihren unterordnete. Dabei behielt
sie ihre Dominanz und Energie, erzog die Kinder mit Konsequenz und
mitunter großer Strenge. Ihr Mann enthielt sich dagegen fast völlig der
Kindererziehung, beziehungsweise sah sie darin erfüllt, den Kindern ein
Vorbild zu sein. Das setzte voraus, dass er ständig über sich selbst reflek-
tierte und an seinem Charakter feilte. Er, der in seiner Jugend aufbrau-
send und wild sein konnte, bemühte sich eisern um Gelassenheit und
Sanftmut. Er arbeitete ständig und ernsthaft an sich. Mit größter Härte
sich selbst gegenüber. Einigen seiner Romanfiguren hat er diese fast je-

suitische Selbstbeschau und Kontrolle angedichtet, dem seriösen Friedrich aus »Ahnung und Gegenwart«, oder dem in sich gehenden Grafen Victor in »Dichter und ihre Gesellen«. In der Novelle »Viel Lärmen um nichts« kündigte sich eine resignative Stimmung des Dichters an, aus der er sich nicht mehr lösen sollte.

Die Bedürfnisse der Familie verlangten hohe finanzielle Aufwendungen. Da war als wichtigster Ausgabenposten im Familienbudget die Ausbildung der Söhne. Hermann wurde zum Lernen außer Haus gegeben. Sorgen machte sich das Ehepaar Eichendorff um ihren Sprössling Rudolf, dem das Leben in der Großstadt, weitgehend ungebunden und unkontrollierbar, nur allzu gut gefiel und der auf die ›schiefe Bahn‹ zu geraten drohte. Er wurde aus Berlin entfernt. Eichendorff schickte den Jungen in die Provinzstadt Braunsberg (Ermland) in Pension. Für die mittlerweile fünfzehnjährige Tochter Therese musste eine Aussteuer zusammengetragen werden.

Geld kostete auch die Pflege des jüngsten Eichendorff-Kindes, das schon mit anderthalb Jahren erkrankte und bei dem alle ärztliche Kunst vergebens war. Im März 1832 starb die kleine Anna Hedwig, das geliebte Nesthäkchen. Louise konnte sich in den Tod des Kindes kaum finden – zum zweiten Mal war ihr eine Tochter entrissen worden. Fassungslos war Joseph über das Sterben des Mädchens, aber es gelang ihm, seine Trauer poetisch zu kanalisieren. Der Gedichtzyklus »Auf meines Kindes Tod« entstand, der in die Reihe »Totenopfer« eingefügt wurde. Ein erschütterndes und klares Seelenstudium: der Trauernde zwischen Wut, Schmerz, Verzweiflung, Aufgabe und Fügung ist dargestellt. In Briefen und anderen Selbstzeugnissen hielt sich der Dichter mit Wehklagen über das geraubte Kind zurück, aber in den Gedichten gab er seiner Verstörung über das Geschick Ausdruck: »Das ists, was mich verstöret … Daß mein Herz nicht konnte brechen/ Bei dem letzten Todeskuß!/ Daß ich wie im Wahnsinn sprechen/ Nun in irren Liedern muß« (Z. 9–12).

Dass Eichendorff seine Gefühle als Dichter nach außen trug, vor der Familie seine tiefe Erschütterung aber verbarg, ist sehr gut vorstellbar. Für ihn gab es nur einen Mitwisser seiner Bedrückungen und Freuden – Gott: »Du weißt's, wie mir von Schmerzen/ Mein Herz zerrissen ist« (»Auf meines Kindes Tod 7«, Z. 19,20).

Eichendorffs »Totenopfer«-Gedichte sprechen allesamt von Irritationen des lyrischen Ichs, von tiefer Vereinsamung. Sie wurden in der Zeit der Befreiungskriege zwischen 1810–1814 oder aber nach Anna Hedwigs Tod in einem Zeitraum von ca. drei Jahren geschrieben.

AM STROM

Der Fluß glitt einsam hin und rauschte,
Wie sonst, noch immer, immerfort,
Ich stand am Strand gelehnt und lauschte,
Ach, was ich liebt, war lange fort.
Kein Laut, kein Windeshauch, kein Singen
Ging durch den weiten Mittag schwül.
Verträumt die stillen Weiden hingen
Hinab bis in die Wellen kühl.

Die waren alle wie Sirenen
Mit feuchtem, langem, grünem Haar,
Und von der alten Zeit voll Sehnen
Sie sangen leis und wunderbar.
Sing Weide, singe grüne Weide
Wie Stimmen aus der Liebsten Grab
Zieht mich dein heimlich Lied voll Leide
Zum Strom von Wehmut mit hinab.

Zentrale Worte des »Totenopfers« sind »ewig«, »immer«, »immerfort«, und
aus nahezu allen Gedichten sind bewegte Verben ausgeschlossen. »Von
fern die Uhren schlagen«, so beginnt eines der anrührendsten Gedichte;
die Zeit hat vollkommen ihre Bedeutung bzw. ihre Grenze verloren – sie
wird Ewigkeit.

Daher ist auch die Metapher der »stillen Zeit« eine eindrucksvolle
Wendung in dieser Gedichtgruppe; sie findet sich in dem berühmtesten
der »Totenopfer«-Gedichte, dem ergreifend von Schumann und später
noch einmal von Brahms vertonten Lied »In der Fremde«.

IN DER FREMDE

Aus der Heimat hinter den Blitzen rot
Da kommen die Wolken her,
Aber Vater und Mutter sind lange tot,
Es kennt mich dort keiner mehr.
Wie bald, ach wie bald kommt die stille Zeit,
Da ruhe ich auch, und über mir
Rauschet die schöne Waldeinsamkeit,
Und keiner kennt mich mehr hier.

Mit dem Titel »Totenopfer« knüpfte Eichendorff an eine von Justinus Kerner und Gustav Schwab genutzte Bezeichnung für Gedichte auf Verstorbene an. In dem von Schwab herausgegebenen »Musenalmanach« erscheinen denn auch viele der als »Totenopfer« gesammelten Gedichte. Der Zyklus »Auf meines Kindes Tod« steht in inhaltlicher Verwandtschaft mit Friedrich Rückerts »Kindertotenliedern«. Dieser Zyklus entstand etwa zur selben Zeit, um 1834, wurde allerdings erst postum veröffentlicht und ist dank der späteren Vertonung von Gustav Mahler bis heute unvergessen geblieben. Mit Sicherheit kannte Rückert die im »Deutschen Musenalmanach« von 1834 und 1835 erschienen Teile der Eichendorffschen Totenklage – vor allem das achte Gedicht der Reihe (»Von fern die Uhren schlagen«) verfehlte seine Wirkung auf Rückert nicht, der die Motive der brennenden Kinderzimmerlampe, der bereiteten Betten, des nur verirrten, an die Tür klopfenden Kindes aufnahm.

Unter schweren inneren Kämpfen gelang es dem Dichter einmal mehr, sich aufrecht zu halten und sich dem zu fügen, was er als »göttlichen Willen« sah. Jeder Schicksalsschlag war für ihn eine Mahnung, sich noch mehr zu bescheiden, noch milder und freundlicher zu werden. Ein Bekannter hielt das Portrait der Jahres 1832 in einem Brief an Gustav Schwab fest: »Eichendorff hat einige graue Haare, aber ein jugendliches Gesicht und ein feuriges Auge. Ich glaube nicht, daß er jemals im Leben aus der Kindlichkeit herausgerissen worden ist; sie ist ihm rein natürlich, wie seine Bescheidenheit, sein Humor, seine freundlich blühenden Gedanken« (12. September 1832).

Berlin, die laute, schon damals schnelllebige Metropole, forderte eine tragische Grundhaltung Eichendorffs heraus – den Hang zur inneren Emigration.

Der Dichter kapselte sich ab. Vorher schon Randfigur auf dem gesellschaftlichen Parkett, stellte er sich nun bewusst selbst ins Abseits. Über sein Privatleben ließ er nichts in der Öffentlichkeit verlauten. Heute bereiten Eichendorff-Forschern seine späten Lebensjahre ein unauflösliches Rätsel. Der Dichter hat für die Zeit ab 1832 nur spärliche Zeugnisse seines Alltags-, Familien- und Künstlerlebens hinterlassen. Eichendorff erträumte sich einen konsequenten Rückzug: »Und ich ruht überwoben,/ Du sängest immerzu,/ Die Linde schüttelt' oben/ Ihr Laub und deckt mich zu« (Nachklänge 1).

Neuntes Kapitel

Streitbarer Sänger – sensibler Poet

Was du gestern frisch gesungen,
Ist doch heute schon verklungen,
Und beim letzten Klange schreit
Alle Welt nach Neuigkeit.

War ein Held, der legt' verwegen
Einstmals seinen blut'gen Degen
Als wie Gottes schwere Hand
Über das erschrockne Land.

So viel Gipfel als da funkeln,
Sahn wir abendlich verdunkeln,
Und es hat die alte Nacht
Alles wieder gleichgemacht
aus: Weltlauf

Weltsicht

Die politisch bewegten dreißiger Jahre des 19. Jahrhunderts, in denen
Eichendorff den großen Sprung aus der behäbigen Provinzstadt Königsberg in das quirlige Spree-Athen wagte, begannen auch im Osten Europas mit einem Feuersturm: Polen erhob sich gegen die Bevormundung
durch das zaristische Russland. Zar Nikolaus I. versuchte 1830, das polnische Militär zu entmachten, was letztlich den Sprengstoff zum polnischen Aufstand lieferte. Die Auswirkungen – versprengte Flüchtlinge, Revolutionsgeist und »Polenvereine« – waren in den preußischen Provinzen
bis in die fernsten Dörfer spürbar. Eine kleine Szene aus Fontanes Novelle »Unterm Birnbaum« mag das illustrieren: Fontane lässt hier einen

»Das Lesekabinett«. Gemälde von J. P. Hasenclever

141

polnischen Handelsreisenden namens Szulski auftreten, der am Stammtisch eines Dorfkrugs die biederen Bauern des Oderbruchs mit dramatischen Begebenheiten aus den blutigen Straßenkämpfen in Warschau unterhält. Aus späteren Äußerungen Eichendorffs kann geschlossen werden, dass er am Geschick Polens großen Anteil nahm und nur wenig von den Russen und ihrem machtbesessenen Zaren hielt.

Dies änderte nichts an Eichendorffs konservativer Weltsicht. Seine Distanz zum liberal-bürokratischen Berliner Reformbeamtentum Altensteinscher Prägung verbaute ihm viele Chancen, so die Aussicht, neben dem berühmten Historiker Leopold Ranke an der »Historisch-politischen Zeitschrift« als Redakteur mitzuwirken. Eichendorffs Aufsätze für diese Zeitschrift wurden abgelehnt und nicht veröffentlicht.

Dabei hätte sich die antiliberale Haltung der von Ranke herausgegebenen Zeitschrift weltanschaulich doch mit Eichendorffs Konservatismus vertragen müssen, möchte man meinen. Oder lag in des Dichters Idee eines christlichen Staates, dem nicht unbedingt Führer aus fürstlichem Geblüt, wohl aber des Seelenadels vorstehen sollten, genug politische Sprengkraft? Eine utopische Idee, gewiss, so schätzen wir heute Eichendorffs Staatstraum ein, »weit hergeholt« und reichlich aristokratisch, würden wir sagen. Aber in der Aufbruchzeit um 1830 wirkten solche Ideen nicht als bloße utopische Träumerei. Sie wurden als Option begriffen, als durchaus diskutierbare Möglichkeit zukünftiger politischer Wegrichtung. Vergessen wir auch nicht, dass Religion noch nicht scharf vom Staat getrennt war, dass ein Kirchenstaat real noch eine politische Rolle spielte und beileibe keine unwichtige.

Ein zweites Hindernis war, dass ein Eichendorffscher Text wie »Krieg den Philistern« mit negativem Beigeschmack zur Kenntnis genommen wurde, ein Rundumschlag, in dem schließlich alles und jedes verspottet und niedergemacht wird: Beamtentum, Liberalismus, Nationalismus, Monarchie, Künstlertum, im Grunde die ganze bestehende Gesellschaft. »Der Riese Grobian haut Philister und Poetische ohne Unterschied nieder und streift mit dem Schwerte die Eisentür des Pulverturms. Es gibt Funken, der Turm fliegt mit ungeheurem Gekrach in die Luft und begräbt die Stadt, den Riesen und beide Heere unter seinen Trümmern.« Wie sagte Tucholsky, bestimmt kein geistiger Nachfahre Eichendorffs: »Was darf die Satire? Alles.«

Musenalmanach

Während sich die berufliche Zukunft Eichendorffs eher düster markierte, fand er künstlerisch neue Anregungen. Endlich war er ein ordentliches, nicht nur peripheres Mitglied der Berliner »Mittwochsgesellschaft«, genoss die spannenden Literaturdiskussionen und den Umgang mit Poeten wie Adelbert von Chamisso und Robert Reinick. Über Chamisso wurde er mit Gustav Schwab bekannt und so eröffnete sich ihm ein neues Forum für seine Werke, der von Chamisso und Schwab herausgegebene »Deutsche Musenalmanach«. Der Möglichkeit, hier veröffentlichen zu können, verdanken wir überhaupt erst die Entstehung vieler Poesien Eichendorffs.

Eines der vielen Gedichte, die der Schlesier im »Musenalmanach« abdrucken ließ, möchte ich an dieser Stelle einfügen, weil sich an ihm die seltsame und unterschwellige Abgründigkeit der Eichendorffschen Lyrik gut sichtbar machen lässt – »Das Ständchen«. Über drei Strophen hinweg glaubt sich der Leser in einer idyllisch-romantischen Serenaden-Stimmung, doch dann brechen zwei mit einem Gedankenstrich zäsierte Zeilen ein, die alle Idylle, Romantik und Lustigkeit aufstören (Z. 13,14) Zum verzweifelten Aufschrei gerät dann der Schluss des Gedichts. Erich Wolfgang Korngold hat diesen Vierstropher wunderbar vertont, indem er den munteren Fluss der drei ersten Strophen rhythmisch flott und pikant vertonte, die bewussten zwei Zeilen jedoch in betont getragenem Gestus, der zudem durch Wortwiederholung (»mein Lieb«) ins Stocken gerät. Die Zeit wird hier ganz aufgehoben. »Auf die Dächer zwischen blassen/ Wolken scheint der Mond herfür,/ Ein Student fort auf der Gassen/ Singt vor seiner Liebsten Tür./ Und die Brunnen rauschen wieder/ Durch die stille Einsamkeit,/ Und der Wald vom Berge nieder,/ Wie in alter, schöner Zeit.// So in meinen jungen Tagen, Hab ich manche Somernacht/ Auch die Laute hier geschlagen/ und manch lustges Lied erdacht.// Aber von der stillen Schwelle/Trugen sie mein Lieb zur Ruh –/ Und du, fröhlicher Geselle,/ Singe, sing nur immer zu!« »Das Ständchen« lässt uns einen noch tieferen Blick in Eichendorffs Dichterwerkstatt tun – Eichendorff war ein Meister des Klangs, der unmerklichen Lautnuancen. In der ersten Strophe des Gedichts sind die Vokale recht gleichmäßig gestreut, doch schon in der nächsten Strophe überwiegt der Vokal ›u‹. In der dritten Strophe halten sich das dunkle ›u‹ und das offene ›a‹ die Waage, aber mit der vierten Zeile verdüstert sich der Klang, das ›u‹ dominiert und dies noch dazu auf den Reimworten, also besonders betont. Raffiniert setzt er aber in diese dunkle Strophe das völlig konträre helle ›i‹ und trägt so die inhaltliche Diskrepanz zwischen schmerzerfülltem lyrischem Ich und fröhlichem Studenten bis in das Klangbild hinein; die Schlusszeile erhält damit eine ungeheure innere Spannung.

Ebenso war Eichendorff ein Meister der Verfremdung: Alles könnte man von einer Serenadenszene erwarten und viele Versatzstücke Eichendorffs passen auch: der verliebte Student, der Mond, der plätschernde Brunnen, Sommernacht, aber bei Eichendorff strahlt kein gütiger Mond, sondern versteckt sich hinter blassen Wolken; Das Bild erhält damit einen negativen Beiklang, wirkt gespenstisch. So offenbart sich Schritt für Schritt, dass in dem Gedicht eigentlich keine Idylle zu Hause ist, und das Romantische zur Fassade gerät. Von Einsamkeit, Verlust, Leid wird es unterhöhlt.

Die Mitarbeit an einer derart beliebten Literaturzeitschrift wie dem »Deutschen Musenalmanach« förderte selbstverständlich die Bekanntheit Eichendorffs. Aber seine Popularität besaß etwas sehr Eigenes. Sie beschränkte sich auf wenige seiner Werke, zu seinen Lebzeiten eigentlich nur auf den »Taugenichts«, »Das Marmorbild« und erlesene Proben seiner Lyrik, später konzentrierte sich die Rezeption auf den Erstlingsroman »Ahnung und Gegenwart«, die beiden Novellen und die Erzählung »Das Schloß Dürande« sowie einige Gedichte vornehmlich aus den »Wanderliedern« und dem »Sängerleben«. Der Dichter selbst wurde nie zur populären Figur. Er hielt sich zurück, setzte sich niemals in Szene, ›verkaufte‹ sich nicht. Während seine Poesien wie »In einem kühlen Grunde« rasch zum Allgemeingut wurden, in verschiedenen Veröffentlichungen sogar ohne Verfassernamen häufig als ›Deutsches Volkslied‹ bezeichnet wurden, blieb Eichendorffs Bekanntheit auf die literarische Szene begrenzt. Er verhielt sich in seinen späteren Lebensjahren so unauffällig, dass Otto Graf von Bismarck 1851 verwundert an seine Zukünftige schrieb: »Weißt du, daß der Mensch noch lebt?« In der Tat war der Dichter zwei Mal in Zeitungsartikeln für tot erklärt worden.

Im Kreis der Kenner

Aus Äußerungen gegenüber seinem Sohn Hermann lässt sich herauslesen, dass der Dichter wenig auf den äußeren Ruhm beim breiten Publikum bedacht war, wohl aber auf den Respekt einer kleinen Schar von Kennern. Er fühlte sich am wohlsten, wenn er vor Gleichgesinnten im engsten Kreis brillieren konnte, ansonsten vermied er Aufsehen. Es ängstigte ihn sogar und dieses ängstliche Vermeiden jedes Anflugs von »Ruhmsucht« ist vor seinem tiefreligiösen Hintergrund erklärbar. In dem

Friedrich Carl von Savigny, berühmter Rechtshistoriker, Schwager von Clemens Brentano und Bettine von Arnim, zählte zu den einflussreichsten Persönlichkeiten der Berliner Gelehrten- und Dichterkreise.

ebenfalls im »Deutschen Musenalmanach« erschienenen, 1833 entstandenen Gedicht »Morgengebet« heißt es erhellend: »und buhlt mein Lied, auf Weltgunst lauernd,/ Um schnöden Sold der Eitelkeit:/ Zerschlag mein Saitenspiel, und schauernd/ Schweig ich vor Dir in Ewigkeit« (Z.13–16).

Allein in den Künstlerkreisen Berlins lebte er auf und genoss die Verehrung als Dichter von hohem Rang. Er verkehrte in mehreren bedeutenden Salons der Stadt, wobei der Mendelssohnsche der herausragendste war. Wie er siebzehn Jahre zuvor fürsorgliche Anteilnahme im Salon Lea Mendelssohns gefunden hatte, so fand er sie nun bei den Geschwistern Fanny und Felix. Savignys Salon war seine zweite Adresse: Durch den angesehenen Rechtsgelehrten gelangte er auch in die sich jetzt, nach dem Tod Achim von Arnims, um Bettine von Arnim bildenden Kreise. Er ging bei Tieck ein und aus sowie bei Hitzig. Jahre später wurde er regelmäßiger Gast von Paul Heyses »Donnerstagsgesellschaft« in Berlin. Der Dichter reiste nicht gerne, aber zu interessanten Dichterlesungen im Umkreis Berlins zog es ihn doch hin, zumal wenn literarische Bekannte wie Ludwig Tieck lasen.

In Berlin hatte er trotz seines wachsenden Ansehens auch weiterhin nicht nur um eine angemessene Position, sondern auch um ein adäquates Gehalt zu kämpfen. Er befand sich in der Situation, stets ihm Zustehendes einfordern zu müssen, zum Beispiel im November 1831, als er noch für den Redakteursposten neben Leopold Ranke zur Debatte stand: »Ich hoffe daher nicht unbescheiden zu erscheinen, wenn ich meine ganz gehorsamste Bitte dahin richte, daß mir vom 1. Januar k.J. ab zu meinem bisherigen Einkommen von 1500 Talern noch eine jährliche Zulage von 500 Talern in vierteljährlichen Raten gewährt werde möchte, worauf ich jedoch alles, was ich an Honorar oder sonst in Beziehung auf Ihre Zeitschrift einnehme, abrechnen werde.« Fünf Jahre später verlangte er allerdings 700 Taler mehr. Immerhin brachte er es gegen Ende der dreißiger Jahre auf ein Einkommen von 2300 Talern jährlich, einigen seiner Forderungen war also entsprochen worden.

Wider Demokraten, Deutschtümler und Antiklerikale

Die freundlichen Gedanken vermochte Eichendorff durchaus in bitter satirische zu verwandeln.

Im Todesjahr seiner Tochter beschäftigte ein Großereignis Deutschland, das »Hambacher Fest«, eine politische Kundgebung nationaler, liberaler und demokratischer Kräfte, die zu einer Massenversammlung geriet – sage und schreibe 20 000, wenn nicht gar 30 000 Menschen sollen unter der schwarz-rot-goldenen Trikolore aufs Hambacher Schloss gezogen sein, eine für die Obrigkeiten besorgniserregende Protestaktion ›von unten‹. Die Initiatoren waren selber überrascht von der Wirkung dieser ersten großen Demonstration für ein einiges und freiheitliches Deutschland, die bei einer ausgereifteren Organisation der liberalen und demo-kratischen Bewegung in jenen Maitagen 1832 vielleicht eine Revolution hätte lostreten können, wie es die Überzeugung von Heinrich Heine war.

Immerhin ein Anlass für Eichendorff, die ihm zu weit gehenden For-derungen nach Freiheit und Gleichheit kritisch unter die Lupe zu neh-men. Er lehnte ja die Revolution ab, die seiner Meinung nach immer zu unkontrollierbarem Terror ausarten musste. Ihm waren die »Markt-schreier« verhasst, die sich Emanzipation und Demokratie aufs Fähnlein geschrieben hatten, allerdings war ihm das erzkonservative Gegenlager, das zum Absolutismus und das Ancien Régime zurückzukehren wünsch-te und z. T. auch schon lautstark für seine rückwärtsgewandten Ziele ein-zutreten begann, herzlich unsympathisch. Wie viele andere Zeitgenossen stand Eichendorff, der Katholik und Europäer, ein wenig zwischen den Lagern und mochte nicht Position zugunsten einer bestimmten Partei beziehen. Was ihn am Liberalismus seiner Zeit abstieß, war seine enge Verquickung mit dem deutsch-nationalen Gedankengut. Seine erst pos-tum veröffentlichte Satire »Auch ich war in Arkadien« rechnete daher mit Deutschtümelei ebenso ab wie mit Freigeisterei. Vor allem gegen Hein-rich Heine zog er zu Felde. So fasste er seine Satire als Reisebericht ab, in Anspielung auf Heines »Harzreise« und »Nordsee« aus dem ersten Teil der »Reisebilder«, die den gebürtigen Düsseldorfer berühmt gemacht hatten und in denen Sätze wie: »Alle Menschen, gleichgeboren,/ Sind ein adliges Geschlecht« stehen. Der Ich-Erzähler in »Auch ich war in Arka-dien« lässt seinen Reisebericht im Wirtshaus »Zum goldenen Zeitgeiste« beginnen, in dem sich Liberale und Altdeutsche betrinken, über Schle-gels Roman »Lucinde« streiten (womit Eichendorff einen Seitenhieb auf die Frauenemanzipation führt) und Kotzebuaner hinauswerfen. Das neue goldene Kalb, das angebetet wird, ist die Tagespresse. Die Reise führt auf den Bocksberg (Harzreise!), um den Redakteure als moderne Hexen auf riesigen Schreibfedern durch die Luft kreisen. Oberhexe des Treibens ist der Bildungsbürger, ein behäbiger Professor. Die öffentliche Meinung in Gestalt eines »liederlichen Frauenzimmers« regiert aber alle. Als Schmierentheater wird die liberale Zukunft gesehen, als verkehrte Welt, in welcher der Tyrann seine Krone an den Nagel hängt und im Mor-genrock als Herr Biedermeier im Bürgerhaus sitzt. Den Herrscher zeich-net Eichendorff ebenso negativ wie den Revolutionsführer. Kein Mann der Extreme, unser schlesischer Dichter, sondern ein Mann der Mitte.

Seine dezente Haltung trennte ihn von den Dichtern des »Jungen Deutschland«, namentlich von Heinrich Heine, der hoffnungsvoll die Julirevolution begrüßte: »In Frankreich flammt immer mächtiger die

Sonne der Freiheit und überleuchtet die ganze Welt mit ihren Strahlen.« Wenn beiden Dichtern auch gemeinsam war, dass sie die bestehenden Verhältnisse als unzureichend betrachteten, beide sich »in der Fremde« fühlten, gab es doch den einen großen Unterschied zwischen ihnen: Heine glaubte, »die Revolution tritt ein in die Literatur und der Krieg wird ernster« (Februar 1830), während Eichendorff die Revolution nie als Sinn und Zweck in seine Literatur einfließen ließ. Ihm blieb auch die ›journalistische Schreibe‹ fremd, derer sich jetzt viele Schriftsteller bedienten, um das Publikum mit tagesaktuellen Themen zu konfrontieren; Eichendorff fand diese neuartige politische Dichtung des Vormärz zu wenig poetisch und stellte die Frage: »Was ist denn eigentlich politische Poesie? Gewiß nicht versifizierte Kammerverhandlungen über Presse, Verfassungsfragen oder ordinaire Franzosenfresserei.« Ihn störte vor allem die Areligiosität und der betonte Antiklerikalismus vieler zeitgenössischer Autoren, die das Papsttum als eine andere Form des Absolutismus ansahen und gegen die weltliche Herrschaft des Papstes, die sich besonders im Kirchenstaat verkörperte, anschrieben (mit einigem Recht, bedenkt man die perverse Scheinheiligkeit, die zuließ, dass unter der Kuppel des Petersdoms die Milde Jesu gepredigt wurde – mit Blick auf Michelangelos herrliche Pietà –, während ein paar Straßenzüge weiter, die politischen Häftlinge des Vatikan eingekerkert waren und der Folter erlagen). Antichristliche Kunst war für Eichendorff keine Kunst. In seiner »Abhandlung zur Literatur« äußerte er sehr bestimmt seine Meinung, die gesamte Vormärz-Literatur samt ihrem Zugpferd Heinrich Heine sei antichristlich. Während also Heine in seinem Pariser Exil auf die Nachricht über das Hambacher Fest hoffnungsfroh fragte: »Ist es wirklich wahr, daß das stille Traumland in lebendige Bewegung geraten?«, verfasste Eichendorff einen Hexenkessel voll Spott – aber aus einer schon resignativen Stimmung heraus. Nicht von ungefähr steht der Halbsatz »Auch ich war in Arkadien«, mit dem er seine Satire schließt, in Friedrich Schillers Gedicht »Resignation« – und hier als Anfangszeile: »Auch ich war in Arkadien geboren,/ Auch mir hat die Natur/ An meiner Wiege Freude zu geschworen,/ Auch ich war in Arkadien geboren,/ doch Tränen gab der kurze Lenz mir nur.« Mit dieser Anspielung verrät Eichendorff, dass er sich auch mehr vom Hambacher Fest versprochen hatte, eine längerfristige und durchgreifende Veränderung; wie es sich tatsächlich abgespielt hatte, empfand er als großes, leeres Theater, als lärmende Kirmes, ein Gewinn nur für die Brezel-, Bier- und Fähnchenverkäufer, die hier ihre materiellen und geistigen – Waren losschlugen.

Interessant ist, dass Heine eine positive Ansicht über Eichendorffs

Lyrik geäußert hat und sie mit der Dichtung Ludwig Uhlands verglich, der nun gewiss ein politischer Dichter war und zugleich einer der populärsten seiner Zeit: »In der Tat, welch ein vortrefflicher Dichter ist der Freiherr von Eichendorff; die Lieder, die er seinem Roman ›Ahnung und Gegenwart‹ eingewebt hat, lassen sich von den Uhlandschen gar nicht unterscheiden, und zwar von den besten derselben. Der Unterschied besteht vielleicht nur in der grüneren Waldesfrische und der kristallhafteren Wahrheit der Eichendorffschen Gedichte« (1836).

»Die Freier«

Unpolitisch waren Eichendorffs Werke nicht, er verpackte gesellschaftskritische Spitzen nur poetisch geschickter als viele andere. Sein Lustspiel »Die Freier«, zu dem er bereits vor 1820 Skizzen verfasst hatte und das er noch vor dem Umzug nach Berlin vollendete, erlangte in der zweiten Hälfte des 19. Jahrhunderts eine gewisse Popularität, der gelungen dargestellten, mit herzhaft komischen Figuren bestückten Verwechslungsgeschichte halber. Sogar in einer Vertonung liegt die Komödie vor, der Komponist Christian Lahusen nahm sich ihrer 1923 an; vereinzelte Aufführungen erlebt das Lustspiel (im Gegensatz zu den anderen Eichendorff-Dramen) noch heute, allerdings gingen »Die Freier« zu Eichendorffs Lebzeiten nur einmal, im Jahr 1849, über die Bühne. Dieses Datum, der Fakt, dass eine öffentliche Aufführung des Werks eben nur in diesem Jahr gewagt werden konnte, deutet auf seine Kritikfülle. Die Rezeptionsgeschichte bewegt sich leider sehr an der Fabel des Stücks entlang, dabei beginnt es sogleich mit einem Seitenhieb auf das Beamtentum und auf Nationalisten, die sich hinter der Chiffre ›turnen‹ verbergen. Der Hofrat Fleder, einer der Protagonisten, unterbricht seine als sinnlos entlarvte Aktenschreiberei mit gymnastischen Übungen nach ›Turnvater Jahn‹. Negativ gezeichnet auch die Adligen, Gräfin Adele, die es liebt zu befehlen und mit Menschen in aristokratisch-hochmütiger Manier zu spielen, der das aber nicht mehr gelingt, sodass sie sich hilflos an ihre Zofe anlehnen muss (übrigens ist Adele ein Abklatsch seiner ›wilden Gräfinnen‹ – Eichendorff liebte es, seine Werke selber hochzunehmen). Sie ist ebenso kalt und nur auf ihr Vergnügen aus wie Graf Leonardi, von Eichendorff nicht mehr als fröhlicher Jäger gezeichnet, sondern eher als gelangweilter Dandy. Vor Kritik an der Künstlerexistenz macht Eichendorff nicht halt und zeichnet Künstler hier als halbe Vagabunden und Schlitzohren, auf einer Stufe mit dem Wirt, was moralische Bedenken betrifft. Eine der sympathischsten Figuren, bei all seiner Raubeinigkeit, ist der Jäger Viktor, dessen Listigkeit und dominantes Auftreten an die Operngestalt Figaro aus Mozarts/Da Pontes »Le nozze di Figaro« erinnert. Weitere Figuren und ihre Konstellationen gemahnen an diese Oper, die Eichendorff sehr liebte, wie er überhaupt ein Verehrer Mozartscher Musik war. Gräfin, Graf, Zofe, Diener, Gärtner und Gärtnermädchen sowie die *buffa*-Figuren Flitt, Schlender und Hofrat Fleder, sie begegnen uns bei Mozart in Gräfin, Graf, Susanna, Figaro, Gärtner und Barberina, in Don Bartolo und Don Curzio wieder. Eichendorff lässt die Zofe Flora im Verlauf der Handlung als Offizier verkleidet auftreten, eine Parallele zu dem mädchenhaften Pagen Cherubino im »Figaro«, der vom Grafen zur Armee gezwungen wird. Hier suchte der Dichter übrigens nachzuweisen, dass für Frauen nur der Rock passt, ihre Emanzipation ein Unding ist. Er lässt die verkleidete Flora aufseufzen: »Ach! Einer, der den Federhut, Schwert, Schnurrbart/ Und alle Manneswürde jetzt dahingäb'/ Um einen einz'gen Weiberrock – ein Mutwill,/ Der seinen Willen eben hart gebüßt,/ Wie er den Mut dazu nicht konnt' erschwingen!« Die Nähe zu Mozarts Oper war bewusst inszeniert und erweist den Text als vorrevolutionär.

Gerade die ins Auge fallenden Bezüge zur Meisteroper Mozarts machten Eichendorffs Komödie zu einem interessanten Libretto der Komponisten um 1900.

»Dichter und ihre Gesellen«

Viel Zeit ließen die Amtsgeschäfte dem Dichter nicht. Die berufliche Neuorientierung in Berlin nahm seine ganze Aufmerksamkeit in Anspruch. Dennoch stahl er sich die Zeit zu größeren Projekten; wenn man seinem Gedicht »Der Unverbesserliche« glauben darf, dann hat er auch zwischen den Aktenarbeiten im Amt an seinen Poesien geschrieben. Am 12. April 1833 schrieb er an Theodor von Schön, der dem Dichter (nicht dem Beamten) Eichendorff immer verbunden blieb: »Was meine Poesie anbetrifft, so schreibe ich jetzt … an einem größeren Roman, der die verschiedenen Richtungen des Dichterlebens darstellen soll. Ob und wann ich damit fertig werde, hängt von der Muse und Muße ab, ich werde über Gelingen und Fortgang Euer Exzellenz – als einem der wenigen, die an solchen Dingen wahrhaften Anteil nehmen – von Zeit zu Zeit getreulich Bericht erstatten.« Es ist der Roman »Dichter und ihre Gesellen«, der 1834 vollendet und veröffentlicht wurde. In gewisser Weise eine Fortsetzung von »Ahnung und Gegenwart«, denn hier sind die Protagonisten weiter von ihrer Heidelberger Studienzeit entfernt, haben ihren poetischen Weg bereits gefunden, bzw. leben ihren Lebensentwurf: Fortunat und Lothario alias Graf Viktor; Fortunats Freund Walter wählte das Leben eines Verwaltungsbeamten. Ungetrübt ist ihre Lebenswahl nicht, denn Fortunat neidet das behagliche Beamtendasein, während Walter die poetische Leichtigkeit vermisst. Lothario zweifelt an seinen Werken, und das genau trifft den biographischen Anteil des Romans. Eichendorff hat hier seiner Zerrissenheit zwischen Amtsleben – dessen Vorteile von Sicherheit und Bequemlichkeit er durchaus anerkannte – und Poesie Ausdruck gegeben. Walter und Fortunat, das sind personifizierte Seiten seiner Persönlichkeit. Es geht ihm um die Frage, wie viel Künstler man sein kann und darf, ohne sich ganz zu verlieren, ob eine Zwitterexistenz wie die seine nicht doch die bessere Wahl ist. Vorgeführt wird die Gefährlichkeit eines rein poetischen Lebens am Studenten Otto, der sein Jurastudium gegen den Willen der als philisterhaft nur auf einen guten Brotberuf bedachten Eltern abbricht, gen Italien zieht, die Schriftstellerei zum Metier macht und tatsächlich jeden Bezug zur Realität verliert. Er stirbt im Wahnsinn. Allerdings – und das ist typisch für Eichendorff, bei dem nichts simpel abläuft und alles vieldeutig ist – erfährt dieser Tod besondere Heiligung.

Dem sterbenden Otto begegnet ein Kind, das zu einer Art ›Seelenführer‹ wird; auf Ottos Frage, wo denn seine Eltern lebten, antwortet es, im Himmel, und auf die Frage, wohin es ihn führe, nach Hause. Himmel und Heimat verschmelzen. Otto weiß damit um seinen nahen Tod. Das Kind ist eingebunden in die christliche Atmosphäre, spricht vom Christkind, singt von der Sternenmantelmadonna. Otto hat eine wunderbare Imagination der Stadt Rom, Rom tritt hier in seiner besonderen Bedeutung als Heilige Stadt, als Abbild des Paradieses hervor. Der unglückselige Poet wird in dieser Szene zum Märtyrer erhoben.

Die gesellschaftliche Ebene des Romans präsentiert ein Abbild der Eichendorffschen Gegenwart. Zum ersten Mal in seinen Texten wird eine bürgerliche Familie, die des Amtmanns, Ottos Vaters, dargestellt, und zwar in sehr positiven, sogar idyllischen Bildern. Alle anderen Lebenswelten, vor allem die der Hocharistokratie, sind gebrochen. Fürst und Fürstin verderbt und intrigant, der Fürst schwer krank und geistig labil, die Fürstin welk und bösartig. Graf Viktor ist ein zerfahrener Charakter, Gräfin Juanna eine tragische Figur. Deutlich wird hier der Wandel der Gesellschaft von einer aristokratischen zur bürgerlichen beschrieben. Es überwiegen Bilder einer überalterten, zerfallenden Adelswelt. Der freiheitsliebende Fortunat dagegen gewinnt am Schluss die geliebte Frau und darf hoffnungsvoll gen Italien ziehen: Eichendorffs utopische Fürsprache für ein liberaleres Leben unter offeneren Gesetzmäßigkeiten. Andere Freiheitsfreunde, der Maler Albrecht etwa, für den Freiheit mit einer vereinten deutschen Nation symbiotisch zusammengehört, behandelt Eichendorff dagegen kritisch. Er inszeniert Albrechts Nationalismus als leeres und aufgesetztes Theater. Albrecht stürzt sich schließlich in ein riesiges Schwert, das er noch aus den Zeiten der Befreiungskriege mit sich führt.

Eine weitere Ebene ist die Literaturkritik, die der Dichter auch in diesen, seinen wohl faszinierendsten Text einflocht. Der bizarre Engländer, der in dem Roman immer wieder figuriert, ist eine Anspielung auf die anhaltende Vorliebe für die Schauerromantik made in Britain. Entsprechend balladesk ist die Erzählung von der wilden Spanierin, die unheimlich und fantastisch ist. Dass sie dann als ›wahre Begebenheit‹ offenbart wird, erhöht ihre Unheimlichkeit.

Der Roman ist ohnehin wesentlich schwärzer gezeichnet als »Ahnung und Gegenwart«; der Eindruck wird hauptsächlich durch den tragischen Lebenslauf Ottos hervorgerufen; sein Vorgänger in »Ahnung und Gegenwart« war der halb wahnsinnig gewordene Maler Rudolf, aber Ottos Wahnsinn eben ist vollkommen und sein Scheitern endgültig, weil er sterben muss. Wesentlich schroffer als Romana in »Ahnung und Gegenwart« ist die ›wilde Juanna‹ charakterisiert. Ihre Episode fasst Eichendorff komprimierter, dadurch wird die Spannung in ihren Szenen forciert. Zwar enden beide Frauen im Selbstmord, aber Juannas Atmosphäre wird als dämonischer beschrieben. Andererseits enthüllen sich bei ihr auch Züge einer strengen Richterin; sie führt den ihr nachstellenden Fürsten tief in den Wald zu einer Hütte, vor der eine blinde Alte mit ihrer verrückten Tochter sitzt: eine abgelegte Geliebte des Fürsten, die aus Kummer wahnsinnig wurde. »Juannas Augen funkelten beinahe tödlich, er hielt sie nicht länger aus und floh tief erschüttert von dem entsetzlichen Ort. Sie aber war unterdes in das Gärtchen getreten und sprach trostreich zu der Blinden und ihrem armen Kind.«

Der Roman »Dichter und ihre Gesellen« ist nach meiner Meinung eines der reichsten Bücher Eichendorffs und des ganzen Jahrhunderts. Den Worten eines Rezensenten aus dem Jahre 1834 ist nichts hinzuzufügen: »Es liegen viele tiefe Gedanken in diesem Buche, aber Gedanken, die früher gefühlt als verstanden und zerlegt sein wollen; ein reicher Aufgang des Lebens, schöne und wahre Bilder unserer Zeit … den Inhalt hier zu erzählen wäre thöricht, obwohl manchem Philister ein Gefallen damit geschähe, der das Buch nicht verstände und doch sagen könnte, er habe es gelesen, weil er auf solcher Weise dessen historischen Faden kennen lernt! Wer wird aber Philistern einen Gefallen thun wollen im Reich der Geister!« (»Das Brennglas«, 28. November 1834).

»Die Entführung«

Von der Figur Juanna aus »Dichter und ihre Gesellen« ist es nicht weit zur nächsten interessanten Frauenfigur, Gräfin Diana, und dem nächsten Projekt Eichendorffs, der Novelle »Die Entführung«, einer der leider viel zu wenig beachteten Texte des Dichters. Zeitlich ist die Novelle in der Ära Ludwigs XV. angesiedelt, am Ende der dreißiger Jahre des 18. Jahrhunderts, als der junge Monarch sein verschwenderisches Hofleben aufzog. Eine Novelle aus der Zeit des Ancien Régime also. Im Sinne »absolutistischer« Moral (oder vielmehr Unmoral) handelt Graf Gaston, der sich einfach nimmt, was er haben will, dabei weder Skrupel noch moralische Bedenken kennt und sein Spielzeug launisch beiseite wirft, wenn er glaubt, etwas Besseres gefunden zu haben. Er entführt die spröde, männerhassende Gräfin Diana. Sie versucht, ihm durch Selbstmord, einen Flammentod, zu entkommen, wovor er sie aber rettet und in sein Schloss bringt. Ihre Tat und »grausame Schönheit« machen ihn ihr gegenüber jedoch kalt. Er verlässt das Schloss und begegnet unterwegs der Marquise Leontine, einer Freundin Dianas, wieder. Er nimmt sie mit auf sein Schloss, will sie als seine Braut vorstellen, um Diana zu demütigen, doch die Entführte hat sich bereits in ein Kloster geflüchtet. Nicht Liebe zu Diana, sondern Rache für einen Affront, den die Gräfin ihm bei Hofe angetan hatte, verleiteten ihn zur versuchten Verführung der Schönen; sie hatte ihm nämlich den Rücken zugedreht: »Die Umstehenden blickten ihn schadenfroh an, Gaston aber lachte wild und kurz auf und verschwor sich innerlich, die Stolze zu demütigen, und sollt' er auf den Zinnen von Notre-Dame mit ihr den Tanz wagen!« Gaston wird in seiner despotischen Haltung noch durch den verderbten König von Frankreich bestärkt. Die Adelskritik ist hier unübersehbar.

Alle positiven Eigenschaften liegen bei der »amazonenhaften« Gräfin Diana, der einzigen moralische Größe am sittenlosen Hof des französischen Königs. Leontine, mag man einwenden, das Landedelfräulein, zunächst als naive Schöne gezeichnet, könnte doch die positivere Frauenfigur sein, denn Dianas Wildheit erschreckt. Aber den Eichendorff-Kenner macht gleich das erste Motiv der Charakterisierung Leontines stutzig: Ein zahmes Reh grast neben dem Mädchen. Das Reh symbolisiert in seinen Dichtungen stets eine gefährdete Figur. So schildert die erste Szene Maries in »Ahnung und Gegenwart« das Mädchen auf einem erlegten Reh sitzend – Marie wird Prostituierte und endet im Wahnsinn. »Hast ein Reh du lieb vor andern/ Laß' es nicht alleine grasen«, heißt die Warnung in Eichendorff berühmtem Gedicht »Zwielicht«. Leontine ist gefährdet. Es ist ihr selber halb bewusst: »Und ich hab' mich verflogen/ In der weiten, weiten Welt.« Das Bild bevorstehender Veränderung und eines endgültigen Abschieds (von der Kindheit) wird drastischer: »Aber es war ihr doch wehmütig, als nun die Wagentür wie ein Sargdeckel hinter ihr zuschlug und die Mutter, die immer noch mit dem Tuche nachwinkte, im Dunkel verschwand und Schloß und Garten allmählich hinter den schwarzen Bäumen versanken.« Leontine wird zur Ersatzgeliebten, da der Graf Dianas nicht habhaft werden kann; er wird wehmütig, sobald die Glocken des Klosters erklingen, in dem Diana vor seinen Nachstellungen Zuflucht gesucht hat. Das stille Drama einer seltsamen Dreiecksbeziehung.

Diana wird von den anderen Figuren der Novelle als wild, übermütig und herrisch empfunden, weil sie sich aus der von der Gesellschaft erwarteten Rolle als verführerische und verführbare Frau ausklinkt. Eichendorff begründet ihre Wildheit psychologisch. Angedeutet wird eine düstere Vergangenheit. Dianas Eltern sind früh verstorben, und sie wird von einem Vormund erzogen, der das heranwachsende Mädchen bedrängt. So schlimm, dass Diana mit Hilfe eines Bekannten (der aber selber das Mädchen begehrt) aus dem Haus des Vormunds flieht. Es wird deutlich, dass diese furchtbaren Erfahrungen der jungen Frau eine tiefe Abneigung gegen die Männerwelt eingebrannt haben.

Diana findet allerdings, im Gegensatz zu den ihr verwandten Romanfiguren wie der Romana in »Ahnung und Gegenwart«, einen (nicht ganz ungetrübten) Frieden, indem sie sich total aus dem Gesellschaftsleben verabschiedet. Graf Gaston gelingt es ebenfalls, sich vor der endgültigen Selbstaufgabe zu bewahren, indem er den Versailler Hof verlässt und sich mit Leontine zu einem zurückgezogenen Leben auf seinem Landsitz an der Loire entschließt. Ein resignatives Fazit, das Eichendorff in seiner Novelle zieht: Mit leichten seelischen Blessuren kommt nur der davon, der sich rechtzeitig aus dem Gesellschaftsleben entfernen kann – Eichendorff zog sich zurück.

Frauen – ihre Rechte, Pflichten und Grenzen

Bei den interessanten Frauenfiguren der »Entführung« und der anderen Erzählwerke drängt sich die Frage nach Eichendorffs Frauenbild auf. Um es vorweg zu nehmen: Es bewegte sich irgendwo in der Mitte zwischen patriarchalisch-preußischem Herrentum und liberaleren Ansichten. Er sprach Frauen eine gewisse Gleichberechtigung zu. Sie hatten in Eichendorffs Augen Anspruch auf eine Ausbildung und dieselben Rechte und Pflichten wie die Männer – solange sie nicht ihr angestammtes Reich, den Familienverband, verließen. Den Frauen, schreibt Eichendorff in einem Aufsatz über »Die deutsche Salon-Poesie der Frauen«, gehöre die Wahrung und Pflege der Sitte, »die Sitte aber in ihrer wesentlich erziehenden Gestalt wird immer vorzüglich nur in der Familie und deren geselligen Beziehungen wirksam seyn können«. Damit verwies er die Frauen doch wieder auf den zweiten Rang der Geschlechterhierarchie. Nur auf die Familie beschränkt zu sein, bedeutete Ausschluss von der Berufstätigkeit, bedeutete Eingrenzung auf Haushalt und Kindererziehung einschließlich der religiösen Unterweisung. Gegen ihre Rolle dürfe die Frau nicht rebellieren, nicht aus den ihr »von Natur« bestimmten Grenzen ausbrechen, den Mann gar nachahmen wollen: »Das Großsprechen und Reiten und Cigarrenrauchen thut's nicht, und macht die freie Frau ebenso wenig, als die Schnurr- und anderen Bärte den Nebeljungen ... zum Helden!« Besonders über schreibende Frauen hatte Freiherr von Eichendorff seine eigene Meinung: Dichterinnen seien grundsätzlich ihren Launen unterworfen und schrieben dementsprechend, mal gut, mal schlecht, ohne konsequente Linie. Ein altes Vorurteil, das Eichendorff da bediente, das Vorurteil von dem geringeren logischen Denkvermögen der Frau und ihren Capricen. Schöpferkraft sprach er ihnen rundweg ab, und darin war er gleicher Meinung mit den meisten männlichen Zeitgenossen. Frauenliteratur sei »Nachdruck des Gelesenen«, sei »eine Art von ästhetischer Kochkunst«. Rein unterhaltende Lektüre zu schreiben, Kinderbücher vielleicht, oder Episteln über Erziehungsfragen, traute er Frauen gerade noch zu, aber ›ernstere‹ Themen könnten sie schriftstellerisch nicht bewältigen. Selbst die von ihm grundsätzlich hochgeschätzte Bettine von Arnim kanzelt er ab: »Wo sie in ernsten, und namentlich in religiösen oder politischen Dingen den Männern ins Handwerk pfuscht ... (ist sie) durchaus ungenügend, bleibt unklar und phantastisch ... das Anormale und Pikante ihrer Poesien besteht eben darin, daß sie gegen die natürliche weibliche Bestimmung und Beschränkung beständig rebelliert.« Andere Dichterinnen, die sehr originär und eigenwillig schrieben wie die Münsteranerin Annette von Droste-Hülshoff, lobte er allerdings als »hochbegabt«.

Eine Schriftstellerin nahm er besonders aufs Korn, die Mecklenburgerin Ida Hahn-Hahn, dies vermutlich auch, weil sie als Gräfin ihren eigenen Stand auf das Heftigste kritisierte. Verheiratet mit einem Cousin, Mutter eines geistig behinderten Kindes, geschieden nach wenigen Ehejahren, begann sie Mitte der 30er Jahre, Romane zu verfassen, die in der Welt spielten, die sie kannte und durchschaute und in denen sie zunächst ihr eigenes Schicksal aufarbeitete. »Schickt die Mädchen auf die

Universität und die Knaben in die Nähschule und Küche: nach drei Generationen werdet ihr wissen … was es heißt, die Unterdrückten zu sein«, schleuderte sie der Männerwelt entgegen. Gegen Ida Hahn-Hahn und andere Vertreterinnen der Frauenrechte eröffnete Eichendorff das Feuer: »Die Musen sitzen in schlottrigen Blusen, fraternisieren mit dem alten siegestoll gewordenen Liberalismus und sind – bei dem letzten Stadium der Revolution, dem literarischen Terrorismus angelangt.«

Seine Haltung zur Frauenfrage zeigt sich am besten in seiner Beziehung zur ältesten Tochter Therese. Sie erhielt wie ihre Brüder eine gute Ausbildung, wenngleich bei ihr mehr Wert auf die weiblichen Fächer wie Hauswirtschaft, Kunst und Musik gelegt wurde. Dass aber Thereses Erziehung zielgerichtet auf eine Berufsausbildung erfolgte, davon durfte keine Rede sein. Das Ziel war selbstversändlich die Vorbereitung auf die Rolle einer Ehefrau. Bald stellte sich der erste Bewerber ein, ein junger Leutnant, in den sich Therese verliebt hatte. Im Sommer 1836 wurde ihre Verlobung bekannt gegeben. Der Dichter hatte seinen Vorgesetzten bereits um zweimonatigen Urlaub gebeten, um die Hochzeit in Ratibor vorbereiten zu können; bei dieser Feier hoffte er auch seine Geschwister wiederzusehen. Doch dann stellte sich heraus, dass der Bräutigam lungenkrank war. In diese trostlose Zukunft wollte Eichendorff seine Tochter nicht gehen lassen. Mit einem kranken Mann blieb die finanzielle Versorgung ungesichert, und als Witwe hätte Therese weitere pekuniäre Einbußen und verminderte Chancen auf eine zweite Heirat erlitten. Der Vater drängte auf Lösung der Verlobung. Therese gehorchte. Dem abgelegten Bräutigam gelang es etwas später, seine Krankheit zu kurieren, und er erlebte noch einige Jahrzehnte. Therese aber wurde ein Jahr nach der traurigen Verlobung mit dem Leutnant Louis Gustav von Besserer-Dahlfingen verheiratet, einem gebürtigen Königsberger. Wieder ein Jahr später erblickte Eichendorffs erstes Enkelkind das Licht der Welt.

Eichendorffs ältester Sohn studierte zu dieser Zeit bereits in Berlin Jura. Für ihn war die Beamtenlaufbahn bestimmt worden. Den leichtlebigen Rudolf steckten Eichendorffs nach bestandenem Abitur ins Militär. Der junge Mann wurde 1834 Offiziersanwärter, was nicht leicht durchzusetzen war, denn man ließ ihn mit Blick auf seine durchaus hinderliche katholische Religionszugehörigkeit wissen, »daß ganz ähnl. Bitten … von SM in diesen Tagen abgeschlagen worden waren«.

Kölner Wirren

Thereses Gatte war Protestant – und schon sind wir mit dieser simplen Feststellung bei einem großen Dilemma. Mitte der 30er Jahre des 19. Jahrhunderts erhitzte und entzweite der so genannte ›Mischehenstreit‹ die Gemüter von Katholiken wie Protestanten. Den vordergründigen Anlass zu diesem Konflikt bot die Frage, in welcher Religion die Kinder aus einer »Mischehe« erzogen werden sollten. Die naheliegendste Antwort wäre gewesen, natürlich in der Religion des Elternteils, der den Hauptpart der Erziehung trug, also der Mutter; aus heutiger Sicht könnte man die Konfessionszugehörigkeit natürlich auch der (frühzeitigen) Entscheidung des Kindes überlassen. Derartige Überlegungen lehnten beide christlichen Religionsgemeinschaften selbstverständlich kategorisch ab; der preußische Staat forderte gemäß der Betonung der väterlichen Gewalt die Erziehung in der Konfession des Vaters. Der tiefere Grund des Streits lag im Säkularisierungsprogramm der preußischen Regierung, die eine forcierte Trennung von Staat und Kirche durchsetzen wollte, wogegen sich die Kirchen natürlich aufs Heftigste wehrten. Vor allem die katholische Kirche empfand das Vorgehen des preußischen Staates als flagrante Verletzung ihrer Rechte. Mit ungeheurer Mühe war es Kardinal Ercole Consalvo erst Anfang der 20er Jahre gelungen, den Kirchenstaat in seiner alten Größe wiederherzustellen; großer Aufwand war in die Erneuerung der katholischen Kirche gesteckt worden, denn die Kurie sah durchaus die Notwendigkeit, bestimmten aufklärerischen und romantischen Ideen und Tendenzen endlich die Tür zu öffnen, wenn auch wohl dosiert. Rom reagierte mit seinem Programm einer »lebendigen Kirche« gezwungenermaßen auf den Pietismus und die evangelische Erweckungsbewegung, die unheimlichen Zulauf erhielten. Die evangelische Kirche konnte in den ersten drei Jahrzehnten des 19. Jahrhunderts viele Konversionen für sich verbuchen. Mit Klosterneugründungen, Kirchenbauten, mit volksnahen Vereinsbewegungen, neu belebten Wallfahrten und wohltätigen Einrichtungen sowie mit einer systematischen Nutzung der zeitgenössischen Medien bemühte sich die katholische Kirche, ihre Schäflein zu halten und neue zu gewinnen. Im Konflikt mit dem preußischen Staat musste sie daher Flagge zeigen. Den Kampf hatten die auf preußischem Staatsgebiet amtierenden Erzbischöfe und Bischöfe auszutragen. Als die Regierung anordnete, Priester hätten eine Mischehe auch zu segnen, wenn der nichtkatholische Partner sich weigerte, künftige Kinder katholisch zu erziehen, stellten sich die Bischöfe vehement dagegen, allen voran der Erzbischof von Köln, Clemens August Droste zu

Vischering. Der Konflikt spitzte sich dermaßen zu, dass die preußische Regierung den Erzbischof 1837 inhaftieren ließ. Die Wellen der Empörung schlugen hoch. Joseph Görres beispielsweise war aufgebracht und spitzte seine Feder gegen die preußische Regierung und für die katholische Sache. In seinem Münchener Haus in der Schönfeldstraße, in dem die Dichter Clemens Brentano und Franz Graf Pocci regelmäßig verkehrten, wurde das Ereignis erregt diskutiert, und der »Athanasius« reifte heran, eine große Streitschrift gegen den bürokratischen preußischen Staat und seinen Allmachtsgedanken. Kirche und Staat halte er nicht für trennbar, wie es Preußen wolle, schrieb Görres und forderte die tatsächliche Umsetzung der bislang nur auf dem Papier existierenden Religionsfreiheit: »bürgerliche Gleichheit der Konfessionen in ihrem ganzen Umfang«.

Eine völlig anderer Reaktion kam vom Fürsterzbischof von Breslau – Graf Sedlnitzky stellte sich auf die Seite des Staates und zog mehr als zwanzig Jahre später die letzte Konsequenz, indem er zum Protestantismus übertrat. Eichendorff war mit Sedlnitzky befreundet, von Görres, den er in Heidelberg als Professor erlebt hatte, war er fasziniert, fand seinen Esprit wie »ein nächtliches Gewitter, hier verhüllte Abgründe, dort neue ungeahnte Landschaften plötzlich aufdeckend und überall gewaltig«. Als Beamter hatte Eichendorff die Sache des Staates zu vertreten, als Katholik neigte er eher zur Haltung des Kölner Erzbischofs. Er befand sich wie immer in der Mitte oder besser zwischen den Stühlen. Vorsichtigerweise ließ er seine wahre Ansicht nirgends verlauten. »Das sind die mächtigen Stürme,/ Die wecken, was da ruht,/ Es sinken Land und Türme/ Allmählich in die Flut« (»Der Schiffer«, Z. 17–20), dichtete er 1836. Konkreter wagte er 1839 zu werden, als er das Gedicht »Wacht auf!« verfasste. 1839 wurde Droste zu Vischering aus der Haft entlassen, aber in einer neuen Demütigung seitens der Regierung unter Hausarrest gestellt. Viele geistliche Gedichte Eichendorffs stammen aus dem Jahr 1839, und in einigen von ihnen geht es um die Mahnung, dass Gott größer denke als die Menschen und seine Mühlen langsam, aber unaufhaltsam mahlten. Aufmerksam und kritisch sollte bis dahin verfolgt werden, was die Menschen mit ihrer irdischen Macht täten: »Erwache Steuermann/ Hoch gehen die Wogen;/ Ihr Hirten auf, die Herden nach euch fragen;/ Ihr Wächter sollt an Schloß und Hütte schlagen,/ Wacht auf, wacht auf, bevor der Klang verflogen!« »Ein Lied auf die neuen katholischen Geschichten«, notierte der Dichter zu dem Mehrstropher »Wacht auf«. Schon die Vielzahl der geistlichen Gedichte des Jahres 1839 und die darin getroffenen Bekenntnisse wie »Mein Schiff versenk ich hinter mir auf immer,/ Hier bin ich, Mutter, gib mir deinen Segen!« (»Die heilige Mutter«, Z. 14–16) machen Eichendorffs Position gegen den Machtanspruch des Staates sichtbar.

Auch preußische Beamte schmökerten im »Deutschen Musenalmanach«, in dem die Gedichte Eichendorffs nach wie vor erschienen. Die Tendenz vermehrt geistlicher Themen sprang natürlich ins Auge. Die 1837 herausgegebene Gedichtausgabe war ebenfalls bekannt und wurde von seinen Vorgesetzten entsprechend gewertet. So wurden die Glaubenstreue des Dichters und der Zweifel an seiner Loyalität einmal mehr zum Karrierehemmnis, denn als Eichendorff sich 1837 erneut auf einen höheren Beamtenposten bewarb, wurde er ein weiteres Mal abgeschmettert. Von einer Bewerbung ins Zensuramt – ausgerechnet! – hatte ihm bereits Theodor von Schön abgeraten: »Als Zensor der Welt haben Sie Ihr Amt zwar herrlich geführt, aber die Zensorei nach Berlinischen Gedanken ist ein anderes Ding und dabei fürchte ich, könnten Sie bisweilen Bauchgrimmen bekommen.« Eichendorff bewarb sich schließlich für die Intendantur der Königlichen Museen und wandte sich dieserhalb an den Kronprinzen: »Meine Beschäftigung mit der Dichtkunst (hat) mich schon frühe auch zu den bildenden Künsten geführt, die ja doch eigentlich nur ein anderer Dialekt der Poesie sind, ich habe die Kunst in ihrem gantzen Umfange vielfach zum Gegenstand ernster Studien gemacht.« Man fand ihn dennoch wohl nicht kompetent – oder nicht loyal – genug, jedenfalls wurde seine Bewerbung auch diesmal abgelehnt. Eichendorff reagiert mit Rückzug, wie immer. Er fühlte sich trostlos und glaubte sich in »heilloser Ungewißheit«. Er war und blieb ein »subalterner Hilfsarbeiter«.

Immerhin wuchs sein Ruf als Dichter unaufhörlich. Sogar hochadlige Autographenjäger fragten bei ihm um Proben seiner Handschrift nach: Am 1. Oktober 1838 schrieb er eine entsprechende Antwort an den Erbprinzen von Sachsen-Coburg und Gotha: »Euer Durchlaucht haben, wie mir mein Sohn aus Bonn schreibt, meine Poesien einer wohlwollenden Aufmerksamkeit gewürdigt und den Wunsch geäußert, Ihrer Handschriftensammlung auch eine von meiner Hand beizufügen. Es gibt nichts Tröstlicheres für den Dichter, als wenn sein Lied bey der Jugend frischen Klang gibt, um so mehr bei den edelsten, die von Geburt und Geist berufen sind, dereinst die Zukunft zu lenken«.

In diesem Herbst 1838 besuchte Louise von Eichendorff ihre in Danzig lebenden Kinder. »Ich wollte, ich könnte mit«, seufzte Eichendorff in einem Brief an seinen nun in Bonn studierenden Sohn Hermann: »das werden zwei öde Monate für mich werden, so allein hier mit einer Unzahl von Acten!«.

Louise ging es glücklicherweise wieder so gut, dass sie reisen konnte, denn im Frühjahr und Sommer hatten sie noch Rheuma-Attacken gequält. Man war übereingekommen, eine Kur im Schwefelbad Baden bei Wien zu genießen. Eichendorff hatte deshalb um Urlaub gebeten, auch, um einige finanzielle Dinge auf dem Familiengut zur regeln. Möglich, dass das Ehepaar entweder in Sedlnitz oder Baden mit Eichendorffs Schwester zusammentraf. Sie wohnte seit 1830 bei ihrem Bruder Wilhelm in Trient. Wenigstens während der Wintermonate. Von Frühjahr bis Spätherbst pendelte sie zwischen Wien, Baden, Schillersdorf und Sedlnitz hin und her. Eine unstete, einsame Frau, die das Gefühl der Heimatlosigkeit plagte.

Auf der Reise nach Wien machte das Ehepaar Eichendorff Station in München, um Görres und Brentano aufzusuchen. Görres war nach wie vor mit der Herausgabe seiner pro-katholischen Zeitschrift »Athenäum« vollauf beschäftigt.

Im darauffolgenden Sommer hieß das Ehepaar die Tochter mit ihrer kleinen Familie als Besucher willkommen. Als sie im Herbst wieder Abschied nehmen musste, widmete ihr der Vater einen Dreistropher, der beginnt: »Der Herbstwind schüttelt die Linde, / Wie geht die Welt so geschwinde! / Halte dein Kindlein warm. / Der Sommer ist hingefahren, / Da wir zusammen waren - / Ach, die sich lieben, wie arm! / / Wie arm, die sich lieben und scheiden! / Das haben erfahren wir beiden, / Mir graut vor dem stillen Haus.«

Herbstbilder finden nun vermehrt Eingang in seine Gedichte. Leere, Öde, Fahles, Dumpfes, zwar noch keine »Kirchof-Gedancken«, aber eine zunehmende Bitterkeit spricht aus seinen Texten.

Naturlyrik von höchster Leuchtkraft entstand Ende der 30er Jahre, darunter die »Mondnacht«, die Robert Schumann einzigartig vertont hat.

MONDNACHT

Es war, als hätt der Himmel
Die Erde still geküßt,
Daß sie im Blütenschimmer
Von ihm nun träumen müßt.

Die Luft ging durch die Felder,
Die Ähren wogten sacht,
Es rauschten leis die Wälder,
So sternklar war die Nacht.

Und meine Seele spannte
Weit ihre Flügel aus,
Flog durch die stillen Lande,
Als flöge sie nach Haus.

Sogar der überkritische Karl Gutzkow räumte ein: »Es gibt einige Situationen der Natur, welche Niemand so warm empfunden hat als dieser Preußische Regierungsrath.« Die freie Natur wird Eichendorff immer mehr zur Utopia, wo Freiheit noch existieren mag, während sich sonst überall die treulose Wirtschaft der Pfeffersäcke und Krämerseelen regiert, wie sein Gedicht »Der Wegelagerer« aus dem Jahr 1839.

DER WEGELAGERER

Es ist ein Land, wo die Philister thronen,
Die Krämer fahren und das Grün verstauben,
Die Liebe selber altklug feilscht mit Hauben –
Herr Gott, wie lang willst du die Brut verschonen!

Es ist ein Wald, der rauscht mit grünen Kronen,
Wo frei die Adler horsten, und die Tauben
Unschuldig girren in den grünen Lauben,
Die noch kein Fuß betrat – dort will ich wohnen!

Dort will ich nächtlich auf die Krämer lauern
Und kühn zerhaun der armen Schönheit Bande,
Die sie als niedre Magd zu Markte führen.

Hoch soll sie stehn auf grünen Felsenmauern,
Daß mahnend über alle stillen Lande
Die Lüfte nachts ihr Zauberlied verführen.

Es gab einige Anzeichen, dass sich in Preußen, dem Philisterland, über kurz oder lang manches ändern würde. Der König erkrankte schwer, und der Thronfolger traf Anstalten, möglichst rasch die Nachfolge antreten zu können. Varnhagen von Ense notierte im März 1840 in sein Tagebuch: »Der König ist kränklich. Alles, was in Berlin von Aberglauben und Übelwollen ist, wirft sich auf die Jahreszahl 1840 und die damit verbundenen Erwartungen eines Thronwechsels in Preußen.«

Zehntes Kapitel

Ein alternder Dichter

Ich rufe vom Ufer
Verlorenes Glück,
Die Ruder nur schallen
Zum Strande zurück.

Vom Strande, lieb Mutter,
Wo der Wellenschlag geht,
Da fahren die Schiffe,
Mein Liebster drauf steht.
Je mehr ich sie rufe,
Je schneller ihr Lauf,
Wenn ein Hauch sie entführet,
Wer hielte sie auf?

aus: Vom Strande

Fröhlicher Sonnenaufgang?

Am 24. Juni 1840 schrieb Eichendorff kurz nach dem Thronwechsel: »Die Zeit ist wahrlich auf einmal ins Stürzen gekommen, was ist seit einigen Wochen nicht alles geschehen, aber Niemand weiß noch etwas Bestimmtes. Alles ist ungewiß u. in Frage; es ist wie eine tiefe Morgendämmerung, noch nirgends eine Landschaft, Fernsicht oder Richtung zu unterscheiden. Gott gebe einen fröhlichen Sonnen-Aufgang!« Doch Friedrich Wilhelm IV. hatte sich als Kronprinz liberaler gezeigt, als er als König war (das hat geschichtliche Tradition bei Thronanwärtern). Es gab zwar keine Demagogenverfolgung mehr; so wurde Jahn, der erst im Gefängnis gesessen hatte und dann unter Aufsicht gestellt worden war, ent-

Eichendorff 1840

lassen. Mit entschlossener Hand regelte der Kronprinz auch den Misch-ehenstreit zur Zufriedenheit aller streitenden Parteien. Doch die in ihn gesetzten Hoffnungen, unter seiner Regierung zu einer konstitutionellen Monarchie zu gelangen, erfüllten sich nicht. Zugeständnisse an die Demokratie gab es nicht!

Für Eichendorff persönlich wirkte sich der Regierungswechsel negativ aus. Der alte König war in seinen letzten Lebensmonaten daran gegangen, Eichendorffs Stellung zu klären, endlich dafür zu sorgen, dass er (nach 10 Berliner Jahren!) nicht mehr als nur von Königsberg beurlaubt galt und ein Stellvertreter für ihn bezahlt wurde, sondern er einen adäquaten Posten in Berlin erhielt. Friedrich Wilhelm IV. ging in diesem Fall pragmatischer vor. Er ließ Eichendorff vor die Wahl stellen, ob er nach Königsberg zurückkehren wolle und zwar zu den alten Bedingungen, oder sich mit einem zugeteilten Posten in Berlin und 1800 Talern Gehalt zufrieden gebe. Nach Königsberg zurück! Das verweigerten der Dichter und seine Frau kategorisch. Sie blieben. Mit einigen Diäten kamen Eichendorffs auch so auf Bezüge von über 2000 Talern. Sein neuer Vorgesetzter war Johann Albrecht von Eichborn, der sich sehr um den Dichter bemühte und ihm 1841 die ersehnte Festanstellung in Berlin als Geheimer Regierungsrat erwirkte, allerdings mit einem Gehalt von summa summarum 2000 Talern; eine Gehaltskürzung von 15%! In Konflikt geriet der Dichter dann mit Johann Heinrich Schmedding, der seinen eigenen Posten durch Eichendorff gefährdet sah. Schmedding betriebe großes Schauspiel, sagte Eichendorff, es läge ihm nur daran, mechanisch die Akten durchzuarbeiten, ganz nach Punkt und Komma der Amtsanweisungen.

Eichendorff hatte wieder vermehrt Anflüge seiner »schwarzen Bangigkeit«. Am liebsten würde er das Beamten- mit dem Rentenerdasein tauschen, aber noch waren seine Kinder von ihm abhängig; Hermann hatte noch keine eigenen Einkünfte, denn er hatte die lange Vorbereitungszeit zum Beamten noch nicht durchlaufen, Rudolf und auch der Schwiegersohn von Besserer-Dahlfingen verfügten nur über kleine Gehälter. Seiner Tochter sprang das Ehepaar Eichendorff immer wieder finanziell zur Seite.

Zeitreise ins Siglo d'Oro

Den alltäglichen Plagen versuchte der Dichter zu entgehen, indem er sich mit der literarischen Vergangenheit beschäftigte. Viele Früchte dieser Beschäftigung flossen in die Schriften zur Literatur ein, die er in seinem letzten Lebensjahrzehnt in Angriff nahm. In seine »Geschichte der Poetischen Literatur Deutschlands« sind Lektürebetrachtungen eingewoben. Unter den deutschen Dichtern nahm ihn Friedrich Spee von Langenfeld (1591–1635) gefangen. Dieser aus dem Städtchen Kaiserswerth bei Düsseldorf stammende Jesuitenpater wird noch heute als unerschrockener Kämpfer gegen den Hexenwahn in den entsetzlichen Zeiten des Dreißigjährigen Krieges hoch verehrt, doch er war auch ein talentvoller Dichter, seine geistlichen und weltlichen Lieder zählen zu den schönsten Zeugnissen früher Barockdichtung. Eichendorff vermerkt: »Kein Dichter hat wohl so innig wie Spee im ›Güldenen Tugendbuch‹ und in seiner ›Trutz-Nachtigal‹ die verborgenen Stimmen der Natur belauscht und verstanden: wie die Ströme und Wälder und Bächlein emsig zu Gottes Lobe rauschen, und die Vögel von Ihm singen, und die geheimnißvolle Sommernacht von Ihm träumt; als ob der Finger Gottes leise über die unsichtbaren Saiten der Schöpfung glitten.« Am meisten begeisterten Eichendorff jedoch die großen Spanier des *Siglo d'Oro*, vor allem die Werke des Daramatikers Pedro Calderón de la Barca (1600–1681), der ihn durch seinen »religiösen Grundcharakter« und »echten Liberalismus« fesselte, wie er in seiner Abhandlung über »Das christliche Drama« schrieb. Anhand dieser Ausführungen zu Calderón wird der Freiheitsbegriff Eichendorffs deutlich. Ihm bedeutete Freiheit innere Freiheit. Wer sich Knecht denkt, ist ein Knecht. Dieser Freiheitsbegriff speist sich aus christlichem Gedankengut, ist eine Umformulierung der Bergpredigt: »Wer dich auf die rechte Wange schlägt, dem halte auch die andere hin, und dem, der dich vor Gericht bringen und deinen Rock nehmen will, dem laß auch noch den Mantel. Und wer dich nötigt, eine Meile weit, mit dem geh zwei« (Mt. 5,39–41). Zwang und Gewalt in Freiwilligkeit zu verkehren, das nimmt dem Bedrücker den Wind aus den Segeln. Es ist der Überlegung wert, ob Eichendorff seine ganze Amtszeit unter diesem Gesichtspunkt gesehen hat.

Doch zurück zu Calderón, der sich immer wieder mit der Nichtigkeit alles Irdischen und der Willensfreiheit des vernunftbeabten Menschen auseinandersetzte, und zu Miguel Cervantes (1547–1616), aus dessen Werk und bewegtem Leben (der Dichter des »Don Quijote« verbrachte lange Jahre in muslimischer Sklaverei) Eichendorff herauslas, dass man auch in Sklavenketten Herr sein könne. So sehr er die spanischen Barockdichter schätzte, so wenig hielt er von den deutschen Dramatikern seiner Zeit. Kotzebue fand er »ohne alles poetischen Talents«, Arnim schien ihm zwiegespalten zwischen Katholizismus und Protestantismus, was »seine schönsten Darstellungen verwirrt«, Werner verzapfe »Unsinn«, wenn auch »prächtigen«. Friedrich Schlegels Tiefsinn und Ernst hebt er hervor, denn Schlegel habe frühzeitig »aus den Irrwegen einer schöpferischen Phantasie« zur »christlich religiösen Durchdringung« zurückgefunden. Seine Gegenwart, sich selbst eingeschlossen, hielt Eichendorff für unfähig, wertvolle Dramen zu schreiben, weil sie in Oberflächlichkeit und Gewinnsucht abgeirrt sei. Er kanzelte ab: »Solange daher unserer Zeit nicht von großen Gedanken, die jetzt nur erst blitzartig hin und her fahren, wieder andauernd durchleuchtet, und die grobe Abgötterei mit dem Materialismus gebrochen wird, solange wir in Religion und Politik nur noch experimentieren, so lange wird auch unser Drama ein bloßes Experiment bleiben«.

Wieder einmal flüchtete sich Eichendorff in Übersetzungsarbeiten aus der ihm lieb gewordenen spanischen Sprache. Noch heute wird seine Nachdichtung des Calderón-Dramas »Das große Welttheater« gespielt. Eichendorff litt auch bei seinen Übersetzungen wie immer unter enormem Zeitmangel. An einen Bekannten schrieb er im Juni 1842: »Mein Calderon schreitet unter der Last der Akten nur langsam vor. Wohl tut es manchmal Not in dieser Zeit, sich in eine schönere Vergangenheit zu versenken und für den Flügelschlag einer größeren Zukunft einzuppuppen.« Jahre zuvor hatte er in einem Brief an Theodor von Schön bereits darauf hingewiesen, welche Bedeutung er dem Spanischen als seinem Refugium zumaß: »Ich flüchte mich häufig ins Spanische, wo mir dann Cervantes und Calderon über manche Sandscholle hinweghelfen.«

Das Gedicht »Vom Strande« (Verfasser des Originals war der Barockdichter Francisco de Broja, Príncipe de Esquilade, 1580–1658) gehört in die Reihe der bittersten Eichendorff-Gedichte – Trostlosigkeit und Schmerz beherrschen das lyrische Ich. »Und Klagen und Schweigen/ Zersprengt mir das Herz »Meine Schmerzen im Herzen/ beständig nur sind« (V. 19–20, 39–40). Dreimal wird ein Bild absoluten Verloren-Seins beschworen: »Ich rufe vom Ufer/ Verlorenes Glück/ Die Ruder nur schallen/ Zum Strande zurück«. In anderen Nachdichtungen spanischer Gedichte lässt Eichendorff der Klage über die Gegenwart freien Lauf, so in der Romanze »Weh Valencia!«, in der ein »alter Maure« um die verlorene Größe der von den Heerscharen des Cid bedrängten maurischen Königsstadt Valencia trauert. Ging es Eichendorff dabei nur um die mittelalterliche Reconquista oder dachte er auch an das vom furchtbaren Karlistenkrieg zerfleischte Spanien seiner Zeit?

Eingeschlossen war Valencia,
Konnte kaum sich länger wahren
Weil sich die Almoraviden
Zögernd nicht zum Beistand wandten.
Da dies sah ein alter Maure:
Auf des höchsten Turmes Warte
Stieg er schweigend da, noch einmal
Zu beschauen Stadt und Lande.
Und wie sie herauf so leuchten,
Brach das Herz ihm bei dem Glanze;
Gramvoll mit prophet'schem Munde
Also von dem Turme sprach er:
»O Valencia, o Valencia,
Würd'ge Herrscherin der Lande,
Deine heitre Pracht muß sinken,
So sich Gott nicht dein erbarmet!
Die vier Felsen, drauf du thronest,
Würden, wenn sie könnten, klagen,
Deine festen Mauern seh ich
Von dem wilden Anlauf wanken,
Deine Türme, die so trostreich
Über Land und Völker ragen,
Werden unaufhaltsam stürzen,
Deine Zinnen, gleich Kristallen,
Ihren Wunderglanz verlöschen,
O Valencia, o Valencia,
Helf dir Gott in jenen Tagen!
Oft schon hab ich es verkündet
Was ich weinend jetzt beklage.

Als zerfallen und verödet sah Eichendorff seine Welt, alle Paradiese verloren.

Gold und Macht

In die erste intensive Beschäftigungsphase mit spanischer Literatur, also um 1835/36, fiel die Entstehung der Novelle »Eine Meerfahrt«. Eichendorffs Sohn datierte sie zwar ins Jahr 1839, aber Ansgar Hillach u. a.

haben zu Recht darauf hingewiesen, dass einige in der Novelle eingelassene Gedichte in die Lyriksammlung von 1837 aufgenommen worden sind, also früher entstanden sein müssen. »Eine Meerfahrt« wurde erst in der Ausgabe Sämtlicher Werke von 1864 veröffentlicht. Eine Erzählung über Abenteuerlust, dem Zusammenprall zweier Kulturen, von verfehlten Leben, Resignation, aber auch Zukunftshoffnung und Liebe. Die Novelle ist in ihrer Sprache ebenso drastisch wie »Die Entführung«, bestückt mit zahlreichen gewaltsamen Szenen, die keiner dem Dichter zutraut, der nur oberflächlich mit dem Lyriker Eichendorff bekannt ist –, und die trotzdem positiv endet mit einer Fahrt ins aufdämmernde Morgenrot: »Und als die Sonne aufging, flog das Schiff schon übers blaue Meer, der frische Morgenwind schwellte die Segel. Alma saß vergnügt mit ihrem Reisebündel und schaute in die glänzende Ferne, die Schiffer sangen wieder das Lied von der Fortuna. Auf dem allmählich versinkenden Felsen der Insel aber stand Diego und segnete noch einmal die fröhlichen Gesellen, denen auch wir eine glückliche Fahrt nachrufen.«

Mit der Meerfahrt ist eine Lebensreise gemeint, darin ist sich die Forschung einig und auf die christliche Dimension hat Manfred Misch in seinem Auroraaufsatz von 1991 hingewiesen. Offenbar waren Calerdóns »autos sacramentales« dem schlesischen Dichter eine entsprechende Motivquelle. Die Ziele der Meerfahrer sind allerdings wenig wahrhaft christlich; der eine will bekehren, die fremde Religion missachtend, und scheitert –, die anderen begehren nur das Gold, gehen auch nicht leer aus, werden aber in ihrer ganzen innerlichen Leere entlarvt: »›Ein blauer Berg taucht auf‹, rief Antonio hinab ›nein, jetzt unterscheide ich Gipfel, o, wie schön das ist/ und helle Streifen dazwischen in der Abendsonne, unten dunkelt's schon grün, die Gipfel brennen wie Gold!‹ ›Gold‹, rief der Hauptmann und hatte sein altes Perpektiv genommen, er zielte und zog es immer länger und länger, er schwor, es sei das reiche Indien, das unbekannte große Südland, das damals alle Abenteurer suchten.«

Eichendorff waren sowohl die religiösen Eiferer, die verbissen intoleranten Frömmler als auch die modernen Materialisten und rohen Machtmenschen und kolonialen Eroberer (Alvarez: »Meld' dem Land, daß sein Herr kommt!«) ein Dorn im Auge; das Personal in »Eine Meerfahrt« lässt sich bis auf das Liebespaar entweder der einen oder der anderen Kategorie zuordnen. Damit hält Eichendorff seiner Zeit wieder einmal den Spiegel vor. Immerhin stellt Eichendorff auch Figuren vor, die aus ihren Fehlern Lehre gezogen haben, wie Diego, und jemanden, der sich durch alle Anfechtungen materieller, religiöser und sexueller Art hindurchlavieren kann, der junge Student Antonio.

Der Text wurde als Parteinahme Eichendorffs für den Ultramontanismus gedeutet, aufgrund angeblich antiprotestantischer Motivik und der mit der Bestätigung des Jesuitenordens durch den Papst in Verbindung gebrachten Jahreszahl 1540. Eichendorff bewertete das Bekehrerverhalten seiner Konquistadoren jedoch negativ, was den Umkehrschluss zuließe, der für seine oft rücksichtslose Missionsarbeit bekannte Orden und die mit ihm verquickte Gegenreformation wie auch der Absolutheitsanspruch des Papstes seien von Joseph von Eichendorff abgelehnt worden. Doch markiert das Jahr 1540 auch einen Höhepunkt der spanischen Gewaltherrschaft in Südamerika: Eine ganze Kultur wurde von Hauptmann Quesada vernichtet; die wenige Jahre später auf Initiative des Dominikanermissionars Las Casas erlassenen an sich sehr fortschrittlichen Schutzgesetze zugunsten der Indios dagegen von den örtlichen Behörden und Großgrundbesitzern so stark torpediert, dass sie eine nur begrenzte Wirkung entfalteten. Der Dichter ist keiner Partei zuzuordnen, er bemühte sich, seine Kritik gerecht zu verteilen; Maßstab war ihm einzig das eigene Gewissen. Er behielt sich Autonomie vor.

Zur gerechten Verteilung von Kritik gehörte für Eichendorff auch, dass in »Eine Meerfahrt« der Rebell Sanchez als betrunkenes Großmaul geschildert wird, seine Revolution ist nichts anderes als Meuterei und scheitert kläglich. Mitte der 30er Jahre war das prophetisch gedacht, denn die liberale Bewegung glaubte sich im Aufwind.

Kölner Dom und Marienburg –
Eichendorff und die Monumente

Ein zweites Anliegen, in das der Dichter viel freie Zeit investierte, war sein Engagement für die Vollendung des Kölner Doms. Eichendorff war eines der Gründungsmitglieder des Berliner Vereins zur Förderung des Dombaus. Dabei gingen seine Ziele, die er an den Dombau band, etwas mit denen der preußischen Regierung auseinander. Preußen und andere deutsche Regierungen sahen im Weiterbau des Kölner Doms, der seit 1559 unvollendet dastand, ein Symbol des Bewahrens alter Ordnungen. Aus den Reihen der Demokraten wandten sich dementsprechend viele gegen den Weiterbau; berühmtestes literarisches Zeugnis ist die Invektive Heines in »Deutschlad. Ein Wintermärchen« (Caput IV), in der er der nationalen Großbaustelle ein klägliches Ende prophezeite. Nationalliberale sahen im Kölner Dom dagegen ein Denkmal der großdeutschen Einheit; Ernst Moritz Arndt beispielsweise, der schon seit den Befreiungskriegen für das Gotteshaus als Nationaldenkmal eintrat. Als Ausdruck christlicher

Grundhaltung und Eintracht aller deutschen Länder (ohne auf Einigung abzuzielen) sah Eichendorff den Dom. Hoffnungsfroh stimmte ihn sicher die Rede, die Friedrich Wilhelm IV. anlässlich der Grundsteinlegung am 4. September 1841 hielt und in der es heißt: »Es ist das Werk des Brudersinns aller Deutschen, aller Bekenntnisse.« Leider folgten den hehren Worten keine Taten, Preußen blieb dasselbe Preußen wie unter Friedrich Wilhelm III. Das Fest anlässlich der Vollendung des Baus im Oktober 1880 war übrigens eine pure Machtdemonstration preußischer Größe, ein Staatsfest rund um einen Sakralbau, zudem feierte es einen Dom ohne Erzbischof, denn Erzbischof Melchers war auf dem Höhepunkt des Kulturkampfes inhaftiert worden und später aus Preußen geflohen.

Um Geld für die Dombaukasse zu organisieren, plante Eichendorff ein Album, das neben eigenen Gedichten solche aus der Feder Tiecks, Uhlands, Schwabs und anderer enthalten sollte, das aber letztlich nicht realisiert wurde. Ein anderes Dombuch gewann mehr Freunde, nämlich Levin Schückings »Der Dom zu Köln und seine Vollendung«, in das ein Gedicht der befreundeten Münsteranerin Annette von Droste-Hülshoff eingelassen war, »Meister Gerard von Köln«, das in ihrer originären, sich von Eichendorffs Lyrik weit entfernenden Sprache beeindruckt: »Wenn in den linden Vollmondnächten/ Die Nebel lagern überm Rhein,/ und graue Silberfäden flechten/ ein Florgewand dem Heil'genschrein«.

Ein weiteres mittelalterliches Denkmal, um dessen Restaurierung sich Eichendorff bemühte, war die Marienburg in Westpreußen. Theodor von Schön hatte sich den Dichter als Helfer zu einem Riesenprojekt ins Boot geholt. Seit langem trug sich der rührige preußische Beamte mit der Idee, die Marienburg, den einstigen Hauptsitz des Deutschen Ordens, zu restaurieren. 1809 hatte Napoleon den Deutschen Orden aufgehoben, schon lange vorher war die Burg an der Weichsel dem Verfall preisgegeben.

Die Kreuzritter mit den weißen Reitermänteln verdankten ihren Orden einer Spitalgründung in Jerusalem. »Do haben etzliche christglaubige manne von Bremen und Lubecke mit barmhertzigkeit bewegt eyn spitall under eynen sigell eyns schiffs gebawet.« 1190 wurde der Orden bestätigt und beteiligte sich in der nachfolgenden Jahrzehnten von Akkon aus an den Kreuzzügen im Königreich Jerusalem, dessen Zukunft aber angesichts des Vordringens der muslimischen Heerscharen immer prekärer wurde. Daher verlegten die Deutschherren ihr militärisches und missionarisches Betätigungsfeld ins östliche Europa. 1226 zog der von Kaiser Friedrich II. privilegierte Ritterorden auf Ersuchen des Piasten-Herzogs

Konrad von Masowien gegen die noch »heidnischen« Preußen ins Feld. Mit der Gewinnung des Kulmer Landes 1230 begannen die äußerst kriegerischen Deutschherren, ihren straff organisierten Ordensstaat zu errichten. 1309 wurde der mächtige Hochmeistersitz, die Marienburg, erbaut, nach Hartmut Boockmann eine der größten Burganlagen ihrer Zeit. Nach den Niederlagen des Ordens gegen das Königreich Polen-Litauen im 15. Jahrhundert ging die große Zeit der Marienburg jedoch zu Ende. Um 1800 waren weite Teile des Baus zerstört. Der Dichter und Patriot Max von Schenkendorf prangerte 1803 an, dass man die Burg verfallen lasse. Auch Theodor von Schön sah in den Ordensrittern die »Gründungsväter« der preußische Kultur und war entsetzt über den Anblick der Ruine. »Als ich im Jahre 1816 als Ober-Präsident nach Westpreußen kam, fand ich das Schloß Marienburg in einem Zustand der tiefsten Erniedrigung. Nicht allein, daß jede Behörde darin nach Gefallen schaltete und waltete, so waren die offenen Räume des Schlosses auch Vorrathskammern für Baubedürfnisse der ganzen Umgegend, so daß jedermann, der Steine brauchte, sie im Schlosse losbrach und zu seinem Nutzen verwandte« (1856 an Friedrich Wilhelm IV.). Schön gewann den König für seine Restaurierungsidee, stellte einen Finanzierungsplan auf und engagierte namhafte Künstler für Werbung und Ausstattung; Schinkel entwarf Figurenschmuck. Ein Freund des Dichters, Theodor Kniewl, trug bei einer Feier im Großen Remter der Burg im Juni 1822 in mittelalterlicher Sängertracht ein Gedicht von Eichendorff vor, »Der Liedsprecher«, ein Fürstenlob, in dem Eichendorff aber zugleich formulierte, was seiner Ansicht nach der Symbolgehalt der Marienburg sein sollte: »Die Burgen sahn wir fallen,/ Die Adler zogen aus,/ Wehklagend durch die Hallen/ Gehn Winde ein und aus./ Doch droben auf der Zinne/ Steht noch der Heldengeist,/ Der – was die Zeit beginne –/ Still nach dem Kreuze weist.«

Das Resultat des Wiederaufbaus konnte sich sehen lassen, wie Eichendorff schrieb: »Tief aus dem Boden, von den übermächtigen Kellern, die wie der gebändigte Erdgeist sich unwillig gegen das Ganze tragen, erhebt sich der kühne Bau, Pfeiler auf Pfeiler, durch vier Geschosse, wie ein Münster, immer höher, leichter, schlanker, luftiger bis an die lichten Sterngewölbe des obern Prachtgeschosses hinan.« Von seinem Aufsatz »Die Wiederherstellung des Schlosses der deutschen Ordensritter zu Marienburg« wurden Prachtexemplare gefertigt und dem König überreicht.

Bereits 1830 waren die Marienburg und der berühmteste hier residierende Hochmeister, Heinrich von Plauen (1370–1429), dramatisches Sujet für Eichendorff. Der Schlesier schrieb das Trauerspiel »Der letzte Held von Marienburg«. Nicht wie erwartet ein Hochgesang auf Preußen,

Der Triumph der Religion in den Künsten. Gemälde des Nazareners Friedrich Overbeck (um 1840).

sondern voll Kritik an dessen kriegerisch-aggressiver Haltung und seinem nationalen Hochmut. Hochmeister Heinrich von Plauen, ein reformfreudiger Ordensritter, der nach der vernichtenden Niederlage von Tannenberg (1410) den geschwächten Ordensstaat mit Entschlossenheit und Härte reorganisierte, wird als gefährdete Figur begriffen, gefangen von Ruhmsucht, ein hochmütiger Tatmensch: »Es fällt das Heil/ Vom Himmel nicht, es will erobert sein,/ Und wer da nach dem Höchsten zielt, darf nimmer/ Gemeine Übel scheu'n« (III,2). Nicht minder machtgierig, zudem intrigant, die preußischen Landjunker. Heinrich von Plauen jedoch erhebt sich fast zur Diktatur: »Mein Recht ist höher hier als ihres/ Und überwältigt kleiner Formen Maß« (III,2). Sind seine Ziele auch vielleicht achtenswert, so ist sein Weg falsch.

171

Mit der Arbeit für die Wiederherstellung der Marienburg konnte Eichendorff seinen üblichen Amtspflichten ausweichen, für seine Mithilfe wurde er nämlich freigestellt. Er war froh, Berlin hinter sich lassen zu können und einige Zeit wieder in Danzig, wo sein jüngerer Sohn stationiert war, verbringen zu dürfen, Querelen mit dem erzkonservativen Kultusminister Johann Eichborn trieben ihn aber aus Amt und Stadt. Eichendorff stand weltanschaulich zwischen dem Reformbeamtentum und dem Konservatismus Eichborns.

Im August 1843 stellte er einen Pensionierungsantrag. Mit fünfundfünzig Jahren stand ihm das wohl zu. Eine Ruhezeit hatte Eichendorff bitter nötig; er war im Winter 1842/43 schwer erkrankt, eine Lungenentzündung, an der er lange laborierte. Nachdem Schön im Juni 1843 mit seinem Dichter die Marienburg besichtigt hatte, schrieb er an seine Frau: »Eichendorff sieht noch elend aus und ist in sich unruhig, da Theresel gestern morgen sehr schwer von einem toten Kinde entbunden ist.« Der Verlust des Enkelkindes schmerzte. Hermann versah in dieser Zeit Referendardienst in Frankfurt a. M. Eichendorff unterstützte ihn noch immer finanziell, andernfalls käme Hermann mit seiner Ausbildung zum Beamten nicht weiter. Bei den 1500 Talern, die ihm als Altersgeld blieben, keine leichte Aufgabe für Eichendorff. Das waren die Gelder aus Sedlnitz mitunter eine willkommene Beigabe.

Der Heilige Rock

Das Jahr 1844 brachte noch manche Aufregung für den Dichter. In Trier wurde der Heilige Rock ausgestellt (ausgerechnet in der Geburtsstadt von Karl Marx!). Dieses angeblich ungenähte Gewand des Heilands wurde in regelmäßigen Abständen öffentlich gezeigt. Der Überlieferung nach hatte ihn einst die Mutter des römischen Kaisers Konstantin, die heilige Helena, nach Trier gebracht; höchstwahrscheinlich ist die hoch verehrte Reliquie ein Gewebe aus konstantinischer Zeit. Durch die soeben populär gewordene Jesus-Begeisterung, wohl evoziert durch die Erweckungsbewegung und forciert durch David Friedrich Strauss' Furore machendes Buch »Leben Jesu« von 1835, erregte die »Heiltumsweisung« samt den mit ihr verbundenen Massenwallfahrten größtes Aufsehen; ungefähr eine Million Gläubige machten sich auf den Weg nach Trier. Das alles löste heftige Diskussionen aus: War ein derartiger Reliquienkult noch zeitgemäß oder ein abergläubisches Spektakel? Im Grunde eine ähnliche Streitfrage wie zur Zeit vor den Kölner Wirren, als der Bonner Theologieprofessor Georg Hermes den Grundsatz aussprach, die Vernunft stehe über dem Glauben, dafür vom Papst verurteilt und von Erzbischof Droste zu Vischering angefeindet wurde. 1844 kam es nicht nur zur Abfassung antiklerikaler Satiren wie des burlesken Spottliedes »Freifrau von Droste-Vischering, Vi-, Va-, Vischering,/ Zum heilgen Rock nach Trier ging« oder des »Pfaffenspiegels« von Otto von Corvin; in der katholischen Geistlichkeit selbst wurde deutliche Kritik laut. Es war es ein schlesischer Priester, der die Rock-Ausstellung als »Fabel und Märchen« abtat und den Bischof von Trier aufforderte, »das unchristliche Schauspiel aufzuheben«. In der »Vossischen Zeitung« wurde Johannes Ronges mutiges und offenes Wort bejubelt: »Der geistige Bann ist gelöst und die Vernunft des 19. Jahrhunderts gewertet vor dem Richterstuhl der Geschichte.« Ronges Worte wurden als Befreiungsschlag empfunden, denn neben der drückenden Herrschaft der Fürsten war es die kirchliche Bevormundung, welche die Liberalen abzuschütteln suchten. Ronge hatte sich schon in einem Aufsatz von 1842 von Rom losgesagt und war daraufhin von seinem Priesteramt entbunden worden. Eine deutsche Kirche, der »Deutschkatholizismus«, war sein Ziel, der auf demokratischer Basis stehen sollte, getragen von einem ausgeprägten Humanitätsgedanken. Für seine demokratische Weltanschauung wurde Ronge in Preußen verfemt. Seine Kontakte zum demokratischen Aktivisten Robert Blum waren sowohl der preußischen als auch der österreichischen Regierung unbehaglich.

Joseph von Eichendorff gingen diese demokratischen Auffassungen zu weit; er nahm Stellung in einer »Streitschrift gegen den Deutschkatholizismus«, die er aber nie vollendete und die erst postum veröffentlicht wurde. Eine höchst polemische Schrift, in der er vor Tiefschlägen nicht zurückschreckt, z. B. als Ziel Ronges anprangert, er wolle berühmt werden und die gesamte Bewegung eine Klinger-Ifflandsche Komödie nennt.

Neben Eichendorff wandte sich Joseph Görres gegen den Deutschkatholizismus; er geißelte die »zerfetzenden, exlodierenden Kräfte der Zeit« als giftversprühenden »Radikalismus«. Er ahnte vielleicht, wohin sich das Jahrzehnt noch neigen würde.

Eichendorffs Lebensweg verlagerte sich vorläufig wieder auf österreichischen Boden. Im März 1845 starb sein Onkel Rudolf, und das machte eine Reise zum Sedlnitzer Gut nötig. Hier traf er auf seinen Bruder Wilhelm. Ihr letztes Wiedersehen. Hätten sie das gewusst, hätten sie ihre Zeit bewusster miteinander geteilt, so aber kreisten ihre Gespräche vornehmlich um Nachlass- und Verwaltungsfragen.

Wiedersehen mit Wien

Im darauffolgenden Jahr reiste Louise mit ihrem Mann nach Wien. Er war nun einmal für sein ganzes Leben »eingewienert«, wie Philipp Veit richtig bemerkt hatte. Veit war übrigens von 1830–43 erfolgreich als Direktor des Städelschen Museums in Frankfurt tätig. Weltanschaulich hatten sich die beiden Jugendfreunde auseinandergelebt; Veit malte 1848 für die Paulskirche eine »Germania« mit Fahne, Schwert und Eichenlaub vor herrlichem Sonnenaufgang (Germanisches Nationalmuseum, Nürnberg). Diese Art Patriotismus mochte Eichendorff nicht teilen.

Eichendorffs kurten in Baden bei Wien, jenem bezaubernden Biedermeierstädtchen am Rande des Wienerwalds, in dem schon das Ehepaar Mozart, Beethoven, Schubert und Grillparzer das gesunde Klima und die Schwefelquellen genutzt hatten. In Baden wohnte seit 1840 Eichendorffs Schwester Louise. Sie hatte sich dort ein kleines Landhaus gekauft, weil sie ihr wurzelloses Leben zwischen Sedlnitz, Schillersdorf und Trient, überall das fünfte Rad am Wagen, nicht mehr aushielt. Sie war eine Tiernärrin und nahm verletzte und streunende Haustiere bei sich auf, pflegte und fütterte sie; spaßhaft nannte sie ihr Haus »Katzenburg«. Wintertags mussten sich die Vierbeiner ihren Platz mit armen Zweibeinern teilen, denn während der kalten Jahreszeit gewährte Louise bedürftigen Obdach. Ihr Tun galt als exzentrisch, war aber doch Ausdruck eines hohen EQ und des sie beherrschenden Verlassenheitsgefühls. Sie wollte gebraucht sein. »Oft von tiefem Weh getrieben, wate ich mit meinen hohen juchtenen Stiefeln, eine große Tasche voll Nahrungsmittel für hungernde Kinder, Tiere und Vögel am Arm, im tiefen Schnee durch Hellenental bis zum Steinbruch oder Cholerakapelle.« Die Familie sah ihre Mitleidigkeit nicht gern, weil sie Unsummen kostete. Allzu viel Geld stand Louise nicht zur Verfügung, trotz des Legats der reichen Tante.

Bei Louise verbrachten die Eichendorffs zwei volle Monate, sehr zur Freude der einsamen Frau, die ihren Bruder immer noch als Lützower Jäger bewunderte. Etwas Jugendliches hatte sich der Achtundfünfzigjährige noch erhalten. Geibel beschrieb ihn 1836 wie folgt: »Er war von schlanker Gestalt, sein Gesicht hatte einen frischen und wohlwollenden Ausdruck, und wenn gleich sein Haar schon bedeutend ins Grau spielte, so lag doch in seinem ganzen Wesen etwas außerordentlich Jugendliches und Rasches, das durch den fröhlichen Blick des lebendigen Auges und durch den kurzen grünen Jagdrock, den er trug, noch erhöht wurde.«

In Wien wohnten Eichendorffs von Oktober 1846 bis Mai 1847, ein wunderbares halbes Jahr, das für den Dichter viel Erfreuliches bereit hielt, angefangen vom Erscheinen seiner Übersetzung der »Geistlichen Schauspiele von Don Pedro Calderon de la Barca«, über Feierstunden ihm zu Ehren bis hin zu Begegnungen mit Berühmtheiten wie den Schriftstellern Franz Grillparzer und Adalbert Stifter, der Sängerin Jenny Lind und dem Musikerehepaar Clara und Robert Schumann.

Im Hause des katholischen Publizisten Karl Ernst Jarcke am Kohlmarkt trafen sich jeden Sonntagabend die Dichter Anastasius Grün, Adalbert Stifter, Eduard von Bauernfeld, Franz Grillparzer, Ernst von Feuchtersleben, Joseph von Zedlnitz und Ignaz Castelli. Jarcke war Mitbegründer der »Historisch-politischen Blätter«, für die Eichendorff Aufsätze beisteuerte. Der schlesische Dichter schrieb am 9. Februar 1847 in wohligster Laune an seinen Sohn Hermann:»Was mich mehr freut als dieses ganze Halloh ist die treue Freundschaft Jarckes, wo ich jeden Sonntagabend zubringe, und in dessen Kreise mein Aufsatz über die Romantik in den Hist- Polit. Blättern wahrhaft furore gemacht hat.«

Interessanterweise fühlte sich Eichendorff unter Dichtern wohl, deren Kunst er großenteils ablehnte, etwa die politische Dichtung des Jungdeutschen Anastasius Grün (Alexander von Auersperg), den er zusammen mit dem befreundeten Nikolaus Lenau in die Schublade »antichristliche Poesie« steckte. Seine Einschätzung des »Jungen Deutschland« teilte er mit Stifter, der einmal schrieb:»Das junge Deutschland habe ich am meisten gefürchtet, indem ich mit einer Schattierung desselben, die Tagesfragen und Tagesempfindungen in die Schöne Literatur zu mengen, ganz und gar nicht einverstanden bin«.

Mit Stifter und Grillparzer verband Eichendorff eine tiefere Übereinstimmung. Die unter dem Pseudonym Ernst Ritter veröffentlichende Autorin Emilie von Binzer bezeugt ein »Gipfeltreffen« der vier befreundeten Schriftsteller Eichendorff, Grillparzer, Stifter und Zedlitz:»Das Mittagsmahl mit den vier Dichtern war reizend. Meine Töchter sangen Eichendorffs Lied ›In einem kühlen Grunde‹, das er bei einer Mühle bei Neisse gemacht hat, Grillparzer erfreute mich, indem er meine eben erschienene Erzählungen lobte, und Stifter war in seiner liebenswürdigsten Laune« (Becker).

Eichendorff in Tönen – bei Zeitgenossen und Nachwelt

Wenn Emilie von Binzer schrieb:»Meine Töchter sangen Eichendorffs Lied ›In einem kühlen Grunde‹«, so hatte sie bereits die wohl populärste »Verbreitungsschiene« Eichendorffscher Dichtung benannt. Komponisten hatten Eichendorffs Lyrik vor allen anderen für sich entdeckt, was wohl an den zur Vertonung bestens geeigneten Versmaßen, der Symmetrie seiner Sätze, der geschickten Klangfolge der Vokale und nicht zuletzt dem stimmungsvollen, pittoresken Motiven liegt. Anhand des Themas Eichendorff und der Farben wurde bereits gesagt, dass er nicht mehr als zwei, drei Farbtöne benötigte, um Stimmungen einzufangen. Jedes seiner Gedichte hat eine Grundatmosphäre, und das begünstigt ihre leichte Vertonbarkeit; der Komponist muss nicht wie bei vielen Mörike-, Geibel-, Goethe- oder Heinegedichten von Stimmung zu Stimmung springen, sondern kann ein rundes, vollkommenes Tongeflecht entfalten, wie es meisterlich Schumanns »Mondnacht« präsentiert. Zu den frühesten Eichendorff-Vertonungen zählt Friedrich Glücks »Untreue« (»In einem kühlen Grunde«) von 1814. Ihr schlossen sich Eichendorff-Lieder und Gesänge aus der Feder von Joseph Dessauer, Fanny Hensel, Felix Mendelssohn, Ferdinand Hiller, Robert Franz, Johannes Brahms, Wilhelm Kienzl, Hugo Wolf, Erich Wolfgang Korngold, Hans Pfitzner, Othmar Schoeck und vielen anderen an. Ich kam bei einer früheren Untersuchung Eichendorffscher Vertonungen (erbsenzählenderweise) auf die stolze, aber immer noch unvollständige Zahl von 4887 Stück. 5000 Mal Eichendorff in Tönen! Zu den aus dem Chor- und Liedermeer herausragenden Kompositionen gehören Richard Strauss' Kantate »Die Tagszeiten« nach fünf Eichendorff-Sprüchen, Max Regers »Eichendorff-Suite« op. 125 (den drei Sätzen des Orchesterwerks ist jeweils ein Gedicht vorangestellt), Hans Pfitzners Kantate »Von deutscher Seele«, basierend auf meist düsteren und abgründigen Versen des schlesischen Dichters (so dem Vierzeiler »Der Tod als Postillon«), das Melodram »Die Brautfahrt« von Wilhelm Kienzl, dem Komponisten des »Evangelimanns«, Othmar Schoecks op. 49 für Chor, Orchester und Baritonsolo sowie seine im Zweiten Weltkrieg komponierte Revolutions- und Schreckensoper »Das Schloß Dürande«, die Oper »Die Freier« von Alfred Schattmann und Bühnenmusiken zu dieser Eichendorff-Komödie von Christian Lahusen und Cesar Bresgen. Bresgens nach wie vor bei Jugendchören beliebte Vertonung des Eichendorff-Wanderliedes »Mich brennt's in meinen Reiseschuhn« verweist allerdings auf eine »völkische« Rezeption Eichendorffs durch die Nationalsozialisten. Mit der Wiederentdeckung der »Comedian Harmonists« wurde auch ihre klangvolle Vokalinterpretation von »In einem kühlen Grunde« erneut bekannt; glaubt man dem bekannten Film von Joseph Vilsmaier, so hat die teilweise aus jüdischen Solisten bestehende Gesangsgruppe dieses Lied in ihr Repertoire aufgenommen, um bei den Nazis das Stigma des »Entarteten« loszuwerden und als Ensemble zu überleben (was nicht gelang). Der Musikkenner möge mir im Übrigen nachsehen, dass ich nicht alle herausragenden Komponisten, die Eichendorff in Musik setzten, nennen kann, es ergäbe einen biblischen Sermon.

Seltsamerweise pflegte Eichendorff zu Musikern nur spärlichen Kontakt. Auch die Begegnung mit den Schumanns ging über konventionelle Formeln und ein charmantes Bonmot nicht hinaus, wie die Pianistin in ihrem Tagebuch festhielt: »Er sagte mir, Robert habe seinen Liedern erst Leben gegeben, ich erwiderte aber, daß seine Gedichte erst der Komposition das Leben gegeben.« Eichendorffs musikalischer Geschmack bewegte sich eng in konservativen Bahnen; die Gegenwartsmusik nahm er wenig zur Kenntnis, was mutmaßlich den Kontakt zu zeitgenössischen Musikern einschränkte.

Was Robert Schumann an Eichendorffs Gedichten inflammierte, können wir bündig benennen; der melancholische Unterton, die nur noch entfernt anklingende Romantik. Wie brüchig Eichendorffs Verse und Schumanns Vertonungen waren, wurde indes kaum von den nachfolgenden Komponisten erkannt, die in Eichendorff einen Dichter der Romantik und des Sentiments sahen, seine Verse volkstümlich, naiv, naturgeschwängert ausmalten und mit den herkömmlichen musikalischen Topoi für »Sehnsucht« ausputzten, dem Glissando aufwärts, den Arpeggien und Vorhalten, dem unweigerlichen »morendo« am Ende. Vor allem durch die reduzierte musikalische Rezeption nahm die Nachwelt Eichendorffs Gesamtwerk nur noch ausschnittweise wahr und beschränkte sich auf einen kleinen Strauß von Gedichten sowie den »Taugenichts«. Die beiden Weltkriege taten der Rezeption Eichendorffscher Werke Abbruch, denn der Dichter bot nichts Martialisches, nichts, das sich besonders instrumentalisieren ließe, vor allem fand sich kein Feldgeschrei. Obwohl er aktiv an den Befreiungskriegen teilgenommen hatte, enthielt sich der Dichter anders als Körner oder Arndt jeglicher nationalen Parolen. Was ihn übrigens einigermaßen vor brauner Vereinnahmung schützte; den katholischen Dichter konnten sich die Hitler/Goebbels nicht vor den Staatswagen spannen, allenfalls musste Eichendorff als vermeintlicher Künder deutscher Gemütstiefe und deutschen Schlesiertums herhalten. Man findet Eichendorffs Gedichte selten in Lesebüchern für Jungenschulen, weder zu Kaisers- noch Diktatorenzeiten, wohl aber in Mädchenlesebüchern (wie übrigens auch die ähnlich fein gewobene Lyrik Eduard Mörikes). Andererseits fehlte ihm schon zu Lebzeiten die staatliche Anerkennung; außer der hochrangigen Auszeichnung mit dem Bayerischen Maximilanorden erhielt Eichendorff keine einzige öffentliche Würdigung.

Nach der kurzen Exkursion in die Welt der Nachgeborenen zurück zu Eichendorff an den Gestaden der Donau. Der Wienaufenthalt bedeutete dem Dichter ein wahres Labsal. Er erhielt die ihm zustehende Anerkennung – endlich! –, und er konnte in Kunst und Kultur schwelgen. Euphorisch erstattete er Theodor von Schön im Juli 1847 Bericht: »Wien hat uns den Winter über durch Kunst und gewaltiges Leben und Treiben, wozu auch Jenny Lind ihr bescheiden Teil beigetragen, manchen seltene Genuß gewährt. Außerdem bin ich als Poet in den dasigen literarischen Kreisen zu meiner größten Überraschung mit einer fast stürmischen Liebe und Ehre wahrhaft überschüttet worden, was mir in meinen jungen Jahren gar wohl gefallen hätte, jetzt aber manchmal sehr unbequem wurde.« An Hermann schrieb er stolz: »Die Leute wollen mich hier durchaus zum berühmten Mann machen. In der literarischen Concordia wurde ich bei Eintritt mit einem Sturm von Händeklatschen empfangen, daß die Fenster zitterten, zwei Literaten sprachen Gedichte an mich, den ganzen Abend wurde von einem Opernsänger Lieder von mir gesungen, von Dessauer unglaublich schön komponiert.«

Als er nach Danzig zurückkam, sollte sich noch mehr zum Glücklichen fügen. Rudolf trug sich mit Heiratsabsichten und wollte sich mit seiner Frau in der Weichselstadt niederlassen, wo bereits Therese mit ihrer Familie in der Nähe der Eltern wohnte. Das Familienglück war vollkommen, als auch der älteste Sohn Hermann ankündigte, nach Danzig gehen zu wollen.

Doch dann überschlugen sich wieder die Ereignisse. Im Sommer starb Thereses jüngstes Kind und Blitze zuckten am politischen Himmel.

Elftes Kapitel

Im Jahr des Zorns

Die wilden Wasser, sagt man, hat entbunden
Ein Lehrling einst, vorwitzig und vermessen,
Doch hinterdrein den Zauberspruch vergessen,
Der streng die Elemente hielt gebunden.

Ein tödlich Pulver, sagt man, zu erkunden,
Hat einst ein Mönch sich überklug vermessen,
Und als im tiefen Grübeln er gesessen,
Im Zauberdampf den eignen Tod gefunden.

So habt den Zeitgeist ihr gebraut, gemodelt,
Und wie so lustig dann der Brei gebrodelt,
Ihm eure Zaubersprüche zugejodelt.

Und da's nun gärt und schwillt und quillt was Wunder,
Wenn platzend dieser Hexentopf jetzunder
Euch in die Lüfte sprengt mit allem Plunder!
aus: Die Altliberalen

»Das Pöbelregiment ist dumm, das Säbelregiment noch dümmer!«

Danzig hatte nun seinen Reiz für die Eichendorffs verloren. Schwiegersohn von Besserer-Dahlfingen ließ sich nach Berlin versetzen, und die
Eltern seiner Frau Therese zogen mit. Wenige Monate wohnten sie sepa-
rat, dann mieteten sie sich bei ihrer Tochter ein, deren verhältnismäßig
bescheidenen Haushalt sie dadurch mitfinanzieren konnten.

In Berlin brachen aber schon im Winter 1847/48 Unruhen aus, die

Das Hermannsdenkmal, vaterländisches Bauprojekt am Vorabend der Revolution

179

durch die Nachrichten über Revolten in Frankreich, Oberitalien und der Schweiz gespeist wurden. Seit der Thronbesteigung Friedrich Wilhelms IV. kriselte es in Preußen: Die verarmten schlesischen Weber revoltierten im Juni 1844 und wurden vom Militär zusammengeschossen; am 26. Juli 1844 verübte ein Beamter namens Heinrich Tschech ein Attentat auf den König, das der Berliner Volkswitz dann in einem respektlosen Gassenhauer karikierte (»Hatte je ein Mensch so'n Pech/ Wie der Bürgermeister Tschech,/Daß er diesen dicken Mann/ Auf zwei Schritt nicht treffen kann?/…Schoß sogar der Landesmutter/Durch den Rock ins Unterfutter!«), dessen Verse von Anhänglichkeit und Treue zur Monarchie so gar nichts spüren lassen. In den beiden darauffolgenden Jahren wurden Demokraten verstärkt überwacht und inhaftiert, auch auf bloße Verdachtsmomente hin. Selbst Persönlichkeiten, die zuvor die Gunst des Hofes genossen hatten, wurden wegen bloßer Sympathiebekundungen eingeschüchtert; dabei wurde nicht einmal eine politische Anklage gegen sie erhoben, sondern sie wurden mit Bagatellklagen überhäuft, um sie zu zermürben. Bettine von Arnim etwa, die sich lautstark für eingesperrte Demokraten einsetzte, wurde ein Prozess wegen Beleidigung gemacht, immerhin mit dem Erfolg, dass sie sich fast zwei Jahre mit öffentlichen Stellungnahmen zurückhielt. In Wien brach der Aufstand Mitte März los. Wenige Tage später begann auch in Berlin der Barrikadenbau. »In zwanzig Minuten war die Stadt mit Barrikaden verschanzt, jedes Haus eine Festung – die Waffenläden gestürmt«, schilderte Bettine von Arnim die beginnenden Straßenkämpfe. »Unzählige Opfer sind gefallen. Unterdessen hat der König jede Bitte der Geistlichkeit wie des Stadtrats, das Blutbad doch aufhören zu lassen, hartnäckig abgewiesen, die Schlacht dauerte von Mittag zwei Uhr bis zum andern Tag 10 Uhr.« Am 19. März wurde der König gezwungen, den Märzgefallenen seine Reverenz zu erweisen. »Der König wird jeden Augenblick auf den Balkon gerufen, um die Leichen zu sehen, die man ihm bringt.« Um die aufgebrachten Massen zu beschwichtigen, entließ er sein Kabinett und berief bekanntermaßen liberalere Minister. Die sich ständig neu erhebenden Menschen – im April brachen Aufstände in Baden und in der Pfalz los – nötigten auch die anderen deutschen Regierungen, freisinnige »Märzminister« zu ernennen und der Einberufung einer Nationalversammlung nichts mehr in den Weg zu legen. Das erste gewählte deutsche Parlament trat in der Frankfurter Paulskirche zusammen. Zu den berühmtesten Abgeordneten, die dort über die Zukunft Deutschlands debattierten, gehörten der schwäbische Dichter Ludwig Uhland sowie der Schriftsteller und Nationalist Ernst Moritz Arndt.

Eichendorff wohnte in einer der heiß umkämpften Barrikadenstraßen. Die Gewalt der Aufständischen empörte ihn, aber er verurteilte noch mehr die brutale Reaktion Friedrich Wilhelms, der unzählige Demonstranten über den Haufen schießen ließ. Eichendorff kommentierte:»Das Pöbelregiment ist dumm, das Säbelregiment noch dümmer!« Für ihn waren die Deutschen kein Volk aufrechter Menschen mehr, sondern eine Hundemeute, die aufeinander hetzt und doch nur tut, was ein Herr befiehlt. Es entstand ein ganzer Zyklus tagesaktueller Gedichte, den Eichendorffs Sohn Hermann jedoch unterdrückte, um das Renommee seines Vaters beim preußischen Staat nicht zu untergraben. In einem dieser Gedichte auf das Jahr 1848 heißt es:

»Zwei Arten von Getieren,/ Nach einem Schliff geschliffen;/ Aufwerfen, apportieren,/ So wie der Herr gepfiffen.// Wo zwei zusammenlaufen,/ Zaust einer dem andern die Ohren,/ Und all' zusammen raufen/ Den Bruder, der verloren.// Die einen nennt man Hunde,/ Die andern heißen Deutsche,/ 'S ist einerlei im Grunde,/ Und beiden gebührt die Peitsche.«

Die Revolution spaltete die Künstler ihrer Zeit – wie alle Deutschen – in drei große Lager. Die einen standen auf den Barrikaden und kämpften für ihre liberalen und demokratischen Ziele wie Richard Wagner und Albert Lortzing, der in seiner 1848 gedichteten und komponierten Oper »Regine« einen Arbeiterchor anstimmen lässt:»Zu Ende sei/ Die Knechtschaft und die Tyrannei,/ Wir werden Recht uns bald verschaffen!/ Wenn nicht mit Worten, dann mit Waffen!« Die zweite Gruppe stand der Revolution ablehnend gegenüber, während sich die größte Gruppe im *juste milieu* ansiedelte, keine klare Position bezog, ihre Sympathien mal dieser, mal jener Seite zuwarf und ansonsten eher geneigt war, den Revolutionsschauplätzen zu entfliehen. Robert Schumann dachte nicht daran, bewaffnet auf die Barrikaden zu steigen, trotz seiner pro-revolutionären Grundhaltung; er floh aus Dresden ins ruhige Maxen. Auch Eichendorff hielt es nach den ersten Kampfaktionen nicht länger in Berlin. Er suchte Ruhe in Dresden, dessen barocke Schönheit ihm behagte.

Dresdner Mai

Aber ausgerechnet Dresden! 1849 ging es hier turbulenter zu als in Berlin, was der Dichter nicht hatte ahnen können. Jetzt galt es nicht mehr wie im Frühjahr 1848, eine liberale oder demokratische Gesellschaftsordnung zu erkämpfen, jetzt ging es um das nackte Überleben der »Paulskirchen« und dessen, wofür sie stand. Mit der Nachricht von der standrechtlichen

Erschießung des Demokraten Robert Blum, der in Wien im November 1848 unter Missachtung seines parlamentarischen Status kurzerhand füsiliert worden war, kippte die Situation in Dresden. »Was rasseln denn die Trompeten/ Durch Wien so dumpf und schwer?/ Was kommt denn durch die Tore/ Im Trauerzug einher? / Sie führen ihn zum Tode/ Beim ersten Morgenrot,/ Den treuen Robert Blum«, dichtete Ludwig Pfau und gab der ungeheuren Empörung, die sich in ganz Deutschland ausbreitete, beredten Ausdruck. »Blums Erschießung hat hier eine große Aufregung verursacht«, meldete Eichendorff seinem Ältesten am 22. November: »Neulich war hier deshalb in der Fraunkirche eine Totenfeier. In der Nacht zum 4. Mai wurden die Straßen verbarrikadiert. Auf den Barrikaden standen Sensenmänner und Republikaner, die die Barrikaden immer größer bauen ließen, überall herrschte die größte Gesetzlosigkeit, die Schleusen und das Straßenpflaster sowie die Steine auf den Straßen wurden aufgerissen und zu den Barrikaden verwendet«, notierte Clara Schumann in ihrem Tagebuch: »Auf unserer Promenade durch die Stadt wurde uns auch der schreckliche Anblick von 14 Toten.«

Zum Kampflärm traten für Eichendorffs andere Ängste: Rudolf wurde mit seinem Regiment nach Liegnitz stationiert und war ausersehen, auf Berlin zu marschieren. Hermann befand sich in Potsdam, beruhigte die Seinen aber mit der Mitteilung, ihm sei melancholisch vor Langeweile. Außerdem wurde Louise krank. Der plötzliche Kälteeinbruch im Herbst 48 forderte seinen Tribut. Die Eichendorffs flohen wieder. Zunächst nach Meißen, wo sie jedoch »den Kanonendonner deutlich hören konnten und bei Tag und Nacht die Feuer in Dresden aufgehen sahen. Indes wurde auch dieser stille Platz durch die beständigen Zuzüge bewaffneter Freischärler bald unsicher.« Dann flüchteten sie nach Köthen. Erst als sich Ende Mai die Nachricht bestätigte, dass preußische Truppen die Revolte niedergeschlagen hatten, kehrte die Familie nach Dresden zurück. Jetzt herrschte endlich wieder ein »beschauliches« Familienleben: »Unser Stilleben spinnt sich von Tag zu Tag ruhig fort«, schrieb Eichendorff an den jungen Dichter Lebrecht Dreves, dessen Werke er herausgab: »während die Kinder in dem kleinen Gärtchen vor dem Hause sich herumtummeln und nicht wenig lärmen.« Nachdem sich auch in Berlin die Wogen geglättet hatten und vor allem die Choleraepidemie, die im verregneten Sommer 1849 grassiert hatte, weitergezogen war, kehrten sie in ihre alte Berliner Wohnung zurück.

Dichter im Wirrwarr der Welt

Natürlich reagierte Joseph von Eichendorff literarisch auf die Ereignisse der Jahre 1848/49. Zwischen 1847 und 1849 entstanden eine Reihe Zeitlieder, die in den meisten Werkausgaben jedoch unterdrückt wurden. Einige dieser Verse gehören tatsächlich nicht zum Besten, was der Dichter geschrieben hat, wie etwa die Zeilen: »Weh, du schönes Land der Eichen!/ Bruderzwist schon, den todbleichen,/ Seh ich mit der Mordaxt schleichen« aus »Der Freiheit Klage« von 1849. Mehr als deutlich zeigen sie jedoch Eichendorffs Position im »furchtbaren Wirrwarr der Welt« (Clara Schumann). Eichendorff erkennt die reinigende Kraft des verstörenden Neuen durchaus und weiß um die Unmoral und das Unrecht der restaurativen Systeme. »Es ist den frischen hellen Quellen eigen,/ Was alt und faul beherzt zu unterwühlen.« (»Wer rettet…«, V. 17). Andererseits war ihm die Revolution wie eine Naturkatastrophe, unaufhaltsam, unkontrollierbar, verheerend. »Die alten Türme sah man längst schon wanken,/ Was unsre Väter fromm gebaut, errungen,/ Thron, Burg, Altar, es hat sie all verschlungen/ Ein wilder Strom entfesselter Gedanken.« (»Das Schiff der Kirche«, V1–4), oder: »Denn Deutschland wurzelt tief in Ungewittern/ …Die Blitze werden zielen nach den Kronen … All' Türme brechend, wo die Stolzen wohnen…« (»Kein Pardon«, V. 5, 10, 12). Dem Treiben der Welt stellt er die Allmacht Gottes entgegen. Die Stürme werden wüten, »bis all' erkannt demütig in dem Grauen,/ Den einen König über allen Thronen.« (ebd. V. 13–14). Dies bedeutet immerhin, dass er (anders als die meisten Liberale) den extremen, chaotischen Verlauf von Revolutionen erkennt, und vor allem, dass er die weltlichen Kronen nicht akzeptiert und vor dem »einen Herrn« alle anderen gleich sind. In seinen literarischen Kreisen galt Eichendorff daher längst als Aufständischer. Ein »Sonderbündler« wurde er in Anspielung auf die Schweizer Freiheitsbewegung, den Bürgerkrieg zwischen protestantischen Eidgenossen und katholischen Sonderbündlern, genannt. Ein radikaler Dichter schrieb 1839 an den demokratischen Komponisten Moritz Hartmann: »Ich hab von jeher geglaubt, daß Du etwas Verwandtes mit Eichendorff hast. Und ich kann Dir gar nicht sagen, wie sehr ich Eichendorff liebe! Das ist auch ein Verkannter in der Literatur.« Das monarchische System ist ihm ein »falsches Regiment«, aber die Revolution genauso eine Vermessenheit.

Libertas in Ketten

Eichendorff verfasste ein satirisches Märchen, »Libertas und ihre Freier«. Zuerst als Drama konzipiert, verwandelte er »Libertas« in einen Prosatext. Das deutet schon darauf hin, wieviel Arbeit hinter der Satire steckte, wieviel Kraft ihre Konzeption ihn kostete, denn er fand: »Die Dichter sind am schlimmsten daran. Wir alle stehn den Dingen noch allzunah, um sie poetisch aufzufassen und ruhig gestalten zu können.« (1849).

Figuren und Bilder des Märchens sind einfach aufzulösen. An die Figur Pinkus band Eichendorff mehrere Bedeutungen. Pinkus, ein armer Lumpenbruder, der Nicolais Werke kauft, mit den angelesenen aufklärerischen Sermonen den Hof einschläfert und so zu einem Thron kommt, ist die Karikatur des aufgeklärten Herrschers, dessen Aufklärung aber da endet, wo es um Machtverlust geht und der sich doch als rückständiger und »zopfiger« erweist, als die Absolutisten vor ihm. Eine Quart mit der spitzen Feder in Richtung des preußischen Königs. Pinkus vertritt zugleich den neuen Machthaber, den Unternehmer und Fabrikbesitzer, der ebenso tyrannisch zu Werke geht wie alle Regenten zuvor. Pinkus sperrt Libertas, die personifizierte Freiheit, ein, was den Dr. Magog auf den Plan ruft, den Bildungsbürger und geistigen Vater der Revolution. Magog ist natürlich keine positive Gegenfigur zu Pinkus, wie schon der Name sagt, der einerseits die in der Apokalypse genannten satanischen Völkerschaften der »Gog und Magog« assoziiert, andererseits auf den Demagogen anspielt. Dr. Magog wiegelt das Volk, verkörpert in der Familie des viehischen Riesen Rüpel, auf. Mit Rüpel spielt Eichendorff auf die soziale Komponente der 1848er Revolution an, die durchaus neu war und den Aufstand diesmal so gefährlich machte. Dem Revolutionsjahr waren Hungerjahre vorausgegangen, Jahre der Missernten und Preistreiberei. In Schlesien waren innerhalb eines Jahres fast 20 000 Menschen durch Hunger umgekommen, bereits 1844 hatten sich die schlesischen Weber gegen ihr Elend aufgelehnt. Nach Niederschlagung der Märzrevolution hatten vor allem sie zu leiden. »Dies Schlesien, was den Notschrei des Hungers ausstieß, wird dafür gezüchtigt, sein Elend als Empörung ihm ausgelegt!« rief Bettine von Arnim entrüstet aus.

Rüpel und Magog ziehen los, die gefangene Libertas zu befreien. Als es zur Konfrontation mit Pinkus kommt, lässt Magog den Riesen im Stich, exakt wie das Bürgertum sich im Lauf der Revolution von den niedrigen Ständen lossagte. Magog verliebt sich in eine Amazone, die er für Libertas hält. In der zigarrerauchenden Frau verspottete Eichendorff die schriftstellernde Emanze; sie ist keine Libertas, sondern eine Marketenderin

Louise von Eichendorff, die mit Adalbert Stifter befreundete Schwester des Dichters.

namens Mazebille, mit der Magog nach Amerika geht. Am Ende wird alles gut, Libertas befreit, Pinkus verscheucht, Rüpel kommt in Lohn und Brot, wird angestellt bei den Waldtieren, die Libertas retteten. Da ist die märchenhafte, irreale Wendung der Geschichte; die Realität sah ja ganz anders aus.

In den Waldtieren verkörperte Eichendorff unterschiedliche Haltungen zur Revolution, wobei die Vögel verschiedene literarische Richtungen vertreten, alles in allem aber eine positive Darstellung des »sanften« Aufbegehrens. »Die Schwalbe schoß ängstlich hin und her und schwatzte und schrie von allen Dächern und Zäunen: ›Weh, weh, Frau Libertas ist gefangen!‹ Die Lerche stieg sogleich wieder kerzengrade in die Höh' und meldetet es dem Adler, die Nachtigall schluchzte und konnte sich fast nicht erholen, selbst der Storch marschierte im Paradeschritt durch alle Wiesen und Felder und klapperte unablässig zum Appell. Bald wurde es auch weiter im Walde lebendig, der Hase duckte sich im Kohl und mochte von der ganzen Sache nichts wissen, der Fuchs wollte erst abwarten, welche Wendung sie nehmen würde, der biedere Bär dagegen ging schnaufend um und wurde immer brummiger und die Hirsche rannten verzweiflungsvoll mit ihren Geweihen gegen die dicksten Eichen, oder fochten krachend miteinander, um sich in den Waffen zu üben.«

Seine Satire wurde nicht veröffentlicht, da Eichendorff kein geeignetes Forum fand und sie wegen ihrer Kürze nur in einer Sammelausgabe von Märchen oder Erzählungen hätte veröffentlicht werden können. Zudem fand er sowohl sich selbst als auch den Text zu nah an den Geschehnissen. Er berichtete Lebrecht Dreves: »›Libertas‹ ad acta gelegt, da sie wohl mit der gegenwärtigen Zeit zu sehr kollidiert, um sich in ihr zu produzieren.« Als Eichendorff diese Zeile schrieb, im August 1849, war *toute l'Allemagne*, aber auch *toute l'Europe* wieder in den einstweiligen Ruhe(zu)stand zurückgekehrt. Die Revolution war gebrochen. In einmaliger Weise sogar, wie der Staatstreich Napoleons III., die brutale Kehrtwende zur Monarchie, symbolisierte. Da passte ein Text, an dessen Ende die Freiheit (wenn auch auf reichlich surreale Weise) triumphiert, nicht mehr zur Tagesaktualität. »Libertas« hätte als Verhöhnung der Revolution missverstanden werden können. Daher bewahrte Eichendorff sein Manuskript mit Blick auf eine spätere Veröffentlichung in der Schreibtischschublade.

Familiennöte – und ein geiziger Dichter

So richtig zum Veröffentlichen und Dichten war Eichendorff nicht zumute. Die ganze Gegenwart störte ihn. Schön vertraute er im August 1849 an: »Wahrlich, wenn ich jünger und reicher wäre, als ich leider bin, ich wanderte heut nach Amerika aus; nicht aus Feigheit, sondern aus unüberwindlichem Ekel an der moralischen Fäulnis, die mit Shakespeare zu reden zum Himmel stinkt.«

Innerhalb der Familie war viel zu viel geschehen. Tragisches. Rudolfs Frau Friederike starb nach nur einem Jahr Ehe im Kindbett. Mit ihr das Kind. Rudolf war zunächst untröstlich. Fünf Jahre später ging er dann doch eine zweite Ehe ein, diesmal mit Maria Amalia Thymian, mit der er fünf Kinder zeugte, von denen zwei als Kleinkinder starben.

Am 7. Januar 1849 starb Wilhelm von Eichendorff an einer Lungenentzündung. Seine Ehefrau Julie berichtete der Familie von den letzten Lebensjahren des verhinderten Dichters, er habe stets weiter Gedichte verfasst; viele Papiere hätten sich in seinem Nachlass gefunden, die von seiner alten Leidenschaft zeugten. Julie deutete an, dass die Lungenentzündung nur die Folge einer schon länger währenden Erschöpfung gewesen sei. Wilhelm habe sich in seinem Trienter Amt über das Maß verausgabt. Dann aber seien die Revolutionsjahre gekommen, und Bezirkshauptmann von Eichendorff habe seinen Vorgesetzten zu lax auf die Unruhen in seinem Zuständigkeitsbereich reagiert. Dem loyalen Staatsdiener wurde Sympathie mit den Aufständischen vorgeworfen! Kaum zu glauben, dass Wilhelm von Eichendorff nach über zwanzig Jahren kaisertreuer Haltung in seiner Amtsführung plötzlich politisch umgeschwenkt sein soll. Vielleicht handelte es sich um eine Beamtenintrige, sollte Wilhelms Posten einem anderen übereignet werden, und man musste sich seiner auf irgendeine Art entledigen. Er wurde nach Innsbruck strafversetzt. Seine Gesundheit zerrüttete sich schlagartig.

Die hohen Arztrechnungen und Aufwendungen für Medikamente, auch frühere Kosten für Julie, die keine Kinder empfangen konnte, hatten den Schuldenberg wachsen lassen. Julie bat ihren Schwager um finanzielle Hilfe. Es ist nicht bekannt, inwieweit Wilhelm für seine Frau vorgesorgt hatte; Renten-, Witwengelder und der Abschluss von entsprechenden Versicherungen waren noch reine Privatsache; Arbeitgeber zahlten willkürlich Pensionen, weitgehend nach eigenem Ermessen. Vermutlich waren Julies Lebenshaltungskosten nur unzureichend gedeckt. Sie fragte nach den Geldern aus dem Sedlnitzer Gut. Aber dieser »Bettelei« schob ihr Schwager gleich einen Riegel vor. Er lehnte jede finanzielle Hilfeleistung kategorisch ab.

Übrigens nicht der einzige Fall, in dem sich Eichendorff hartherzig und geizig zeigte. Ihn hatte bereits früher die Unabhängigkeit seiner Schwester Louise gewurmt, Sie war im vornehmen Haus der reichen Tante erzogen und mit einem beträchtlichen Unterhalt ausgestattet worden, während er, der jungverheiratete Beamte, jeden Kreuzer zweimal hatte umdrehen müssen. Mittlerweile galt Louise innerhalb der Familie als »nicht ganz richtig«. Alle bedauerten die vielen Taler, die sie an ihre streunenden Katzen, Hunde und anderes Getier sowie den Unterhalt bedürftiger Familien »verschwendete«. Ihr schönes Badener Haus wollte Eichendorff wenigstens seinen Kindern sichern, ehe es Arme, Tiere und die Schwester aufgezehrt hätten. 1853 traf er mit ihr die Vereinbarung, ihr eine jährliche Leibrente von 200 Talern zu zahlen, dafür sollten seine Kinder nach ihrem Tod ihr Haus bekommen. Sommertags fand sich die gesamte Familie zwar auf Gut Sedlnitz in Mähren zusammen, doch die peinliche Tante litt man nur ungern. Sie wurde ausgenutzt, ansonsten aber links liegen gelassen, sogar brüskiert. Sein Verhalten gegenüber der jüngeren Schwester war kein Ruhmesblatt für Eichendorff.

Die verkannte Schwester – ihre Freundschaft mit Stifter

Louise von Eichendorff war im Grunde eine unterdrückte Poetennatur. Adalbert Stifter bescheinigte ihr dichterisches Talent. Sie dachte jedoch zuviel nach, sie war zu wenig von ihrer jesuitischen Selbstbeschau und Gedankenwelt abgelenkt. Das bedrückte sie: »Ach, wie oft, wenn ich einsam in meinem Garten stehe, blicke ich flehend zum Himmel, betet inbrünstig, um Erkenntnis und Glauben, aber kein Trost will mir werden, weil ich nicht aufhören kann zu denken.«

Mit Stifter verband sie seit 1852 eine herzliche Freundschaft. Die Sommer 1854 und 1860 verbrachte sie bei den Stifters in Linz an der Donau. Selbst Stifters Werke, die sie einen »kräftigen, schattigen Wunderbaum« nannte, boten ihr jedoch kein dauerhaftes Refugium mehr. Louise war depressiv. Tagelang durchstreifte sie ziellos die Natur. Die Familie sah das als eines der Anzeichen einer ausbrechenden Geisteskrankheit. Mit dem Tod Josephs 1857 verlor sie ihre letzten Wurzeln. An Stifter schrieb sie: »Sie wissen es, wie vereinsamt, wie unermeßlich vereinsamt ich jetzt bin. O du mein einziger Bruder! Du seltener, du armer, armer Mann, hast du mich nun so ganz, ganz allein gelassen in dieser schönen schauerlichen Welt; – sein liebes, gutes, abgezehrtes den tiefsten Seelenschmerz ausdrückendes Gesicht steht Tag und Nacht vor meinen Blicken, und Erinnerungen zerfleischen mir mein Herz.«

Louise von Eichendorff schrieb. Ihre Briefe an Stifter verraten etwas über eigene poetische Pläne, und der verehrte Schriftsteller trat ihr zur Seite. Er wolle nun ihr Bruder sein, schrieb er 1859 an Louise, aber helfen konnte er weder ihr, noch ihrer Begabung. Ihre Verwandten, Nichten und Neffen, sorgten dafür, dass sie als »geistig umnachtet« in die Döblinger Irrenanstalt abgeschoben wurde, wo sie am zweiten Weihnachtstag 1883 starb. Man würde der Diagnose Wahnsinn eher Glauben schenken, wenn nicht ihr Werk und vor allem ihre Memoiren »Träume und Seligkeiten meiner Kindheit« verschollen wären, der Nachwelt unterschlagen. Vielleicht störte diese alte, ledige, wunderliche Tante das Dichterbild mit Familie, das Hermann von Eichendorff in seiner Biographie des Vaters entwarf, bemüht, es der Politik und Gesellschaft seiner Gegenwart anzupassen.

Der alte und die jungen Dichter

Neben den Todesfällen, welche die Revolutionsjahre für die Familie Eichendorff mit sich brachten, störten diverse Kränklichkeiten und ernstzunehmendere Krankheiten den Alltag. Eichendorff wurde physisch anfälliger. Im November 1849 erlitt er einen Choleraanfall, gottlob mit leichterem Krankheitsverlauf. Den Winter über aber war ständig jemand in der Familie krank: »Ein langweiliges Lazarett«, unkte der Dichter. Im Frühjahr 1850 ging es deshalb zur Badekur.

In Berlin genoss der Dichter die literarische Szene, die neuen Aufwind durch junge Kräfte erhielt. Nun besuchte er gerne die Dichter des literarischen Vereins »Tunnel über der Spree«, dem Emanuel Geibel, Theodor Fontane, Paul Heyse und Theodor Storm angehörten, alles Bewunderer des großen Lyrikers. Theodor Storm beschrieb ihn 1854 in einem begeisterten Brief an seinen Vater: »Es ist ein Mann von mildem, liebenswürdigem Wesen, viel zu innerlich, um was man gewöhnlich vornehm nennt, an sich zu haben. In seinen stillen blauen Augen liegt noch die ganze Romantik seiner wunderbar poetischen Welt.«

Eichendorff öffnete seinerseits sein Haus am Tiergarten (»ziemlich langweilig und sehr teuer«) der Berliner Literatur- und Kunstszene, was er bis dahin nie so systematisch getan hatte. Seine Donnerstagsgesellschaften wurden von den jungen Dichtern genauso wie von den alten Freunden besucht, unter ihnen Karl von Savigny, Bettine von Arnim, Franz Kugler und Peter Cornelius.

Der alte Eichendorff befasste sich in den letzten Berliner Jahren vermehrt mit Literaturgeschichte. Daneben erschien der Fortsetzungsband der »Geistlichen Schauspiele von Don Pedro Calderon de la Barca«. Drei Versepen rundeten sein dichterisches Werk ab. In ihnen reagierte er noch einmal auf die aktuellen Ereignisse seiner Zeit, den Putsch Napoleons III., der sich 1852 zum Kaiser der Franzosen aufschwang, was Eichendorff als »große Ordnungsmacherei in Frankreich« ironisierte. Bereits in »Libertas und ihre Freier« machte er sich über das Ordnungs- und Ruhebedürfnis der postrevolutionären Biedermänner lustig, in dem er Sarastros Arie aus der »Zauberflöte« zitierte und parodierte: »In diesen heil'gen Hallen/ Kennt man die Rache nicht –/ Und Ruhe ist vor allen/ Die erste Bürgerpflicht.«

Zwölftes Kapitel

Historie und Zeitkritik – die späten Epen

Entfesselt sind der Wogen Ungeheuer,
Wild treibt das Schiff vom Sturm gepeitscht hinab,
Aufruhr, wahnsinnig grinsend, steht am Steuer,
Und unter uns gähnt ein gemeinsam Grab.

aus: Lucius

Julian – Glaubenskampf und Zeitsatire

Das Jahr 1852 endete für den Dichter beschwerlich: Eine Infektion fesselte ihn tagelang ans Bett. Sein äußeres Leben war durch diese Krankheit wenig berührt, denn er lebte nach wie vor recht zurückgezogen, nur selten Visiten machend und empfangend. Das gesellschaftsarme Leben hielt er auch wegen seiner Frau Louise strikt durch. Louise kränkelte immer mehr, sodass selbst Sommeraufenthalte in Kurorten ihr nur für kurze Zeit Erleichterung brachten. Wechselnd litt sie unter Leber-, Gallen- und Magenschmerzen. Ihr gesamter Verdauungsapparat war in Mitleidenschaft gezogen.

Eichendorffs poetisches Schaffen wurde durch die Erkrankungen, unter denen er und seine Frau zu leiden hatten, nicht berührt. Der Dichter durfte sich eine kleine Pause gönnen. Ein größeres Werk hatte er soeben vollendet. Es behandelt eine tragische Gestalt aus der römischen Spätantike, den Kaiser Julian Apostata (331–363 nach Chr.), der das Reich ins gerade überwundene Heidentum zurückführen wollte, damit aber scheiterte. An Theodor von Schön berichtete Eichendorff am 20. Januar 1853: »Von mir erscheint nächstens ein Zyklus von Romanzen, »Julian« betitelt … In dem Gedicht ist der bekannte Kaiser Julianus Apostata gemeint.«

Eichendorff 1857

190

Die Handlung der in einzelne Szenen (Romanzen) gegliederten Versdichtung (von einem Epos im traditionellen Sinne zu sprechen, wäre verfehlt) ist rasch erzählt: Der siegreiche Feldherr Julian wird in der gallischen Stadt Lutetia Parisiorum (Paris) zum Gegenkaiser des Constantius ausgerufen. Um die Macht zu erhalten, bricht er mit seinem christlichen Glauben, wodurch er die treue Freundschaft seines alten Kampfgefährten Severus verliert. Julian zur Seite steht jetzt die schöne Fausta mit ihrer Mannschaft. In Fausta verliebt sich Severus' Sohn Oktavian und wird wiedergeliebt. Oktavian verrät seine christlichen Werte und stellt sich gegen den eigenen Vater auf Faustas Seite. Severus bietet inzwischen verfolgten Christen Schutz und Zuflucht. Fausta zwingt Oktavian, die Flüchtigen zu stellen. Er aber, in sich zerrissen, tritt ihr in der Rüstung seines Vaters kämpfend entgegen. Sie tötet ihn, im Glauben, er sei Severus. Als sie ihren Irrtum erkennt, verfällt sie in Raserei, erschlägt ihre eigenen Leute und stürzt sich selbst in einen Abgrund. Während einer Schlacht der beiden kaiserlichen Heere treffen Julian und Severus aufeinander. Severus tötet Julian. Während die Christen ihre wiedergewonnene Freiheit bejubeln, nimmt Severus sich vom Triumph aus, weil er Blutschuld auf sich geladen hat. Er stirbt – erschöpft und verwundet – auf dem Grab seines Sohnes.

Der Werktitel lautet »Julian«, doch ist der Titelheld nicht die eigentliche Hauptfigur; er steht nur im Anfangsteil, bis zum Auftritt Oktavians, im Zentrum des Geschehens. Beide Figuren sind vergleichbare Menschentypen. Beide sind *mezzo carattere*, verführbare, wetterwendische Menschen, die ihren Werten, die sich an den Glauben knüpfen, untreu werden. Ihre Beweggründe sind auf den ersten Blick verschieden; während Julian aus Macht- und Lebensgier zum Verräter wird, verrät Oktavian seinen christlichen Glauben aus Liebe. Dabei liegt ihre Hauptmotivation in ihrem Wesen begründet und ist bei beiden gleich, wie Eichendorff psychologisch fein herausgearbeitet hat. Beide Männer sind Tatmenschen, Krieger, gewohnt, sich zu behaupten und getrieben vom Drang zu überleben. Dies steht im krassen Gegensatz zur Forderung des Christentums nach Demut, Leiden, Gehorsam und dem Blick auf das Jenseits. Julian erkennt die Unvereinbarkeit seines Wesens mit den christlichen Geboten: »Wie ich auch rang und fleht' und frug: Entsagen / War stets die Antwort, die mir Christus bot, / Das schöne Leben an das Kreuz zu schlagen, / Ist Christenbrauch, und ihre Kunst ist Tod« (III, 1–4). Oktavian seinerseits vermag nicht, dem Ruf seines Vaters zu gehorchen, sich aus den Kriegshändeln herauszuhalten: »Das hat er nicht wohl bedacht, / Der Perser droht – heimkehren kann ich nicht vor der Schlacht, /

Geh, sage meinem Vater, ich wäre nicht sein Sohn,/ Ertrüg' ich dabei müßig des ganzen Heeres Hohn. // Sag ihm, ich würde kommen, doch nicht eh' Waffenklang/ Mein wackres Schild mir gescheuert rein und blank,/ Daß an dem Glanz die Zukunft sich spiegelnd einst erbaut,/ Der Kampf ist meine Heimat, die Ehre meine Braut« (X, 13–20).

Julian hat sich bereits zu Beginn des Werks vom Christentum entfernt, belächelt die christlichen Feierlichkeiten, die Bischof und Klerus von Paris zu Ehren seines Sieges veranstalten. Oktavian muss diesen Schritt erst gehen. An ihm führt Eichendorff vor, wie einer von Ruhm und Macht verführt wird. Psychologisch interessant ist die Stelle, an welcher der Dichter Julian und Oktavian zusammenführt. Julian erkennt an Oktavians Hand einen Ring wieder, den er einst Fausta (der Verkörperung einer vorchristlichen, machtgetriebenen Lebensweise) ansteckte und den sie an ihren Geliebten weitergab. Dieser Ring konfrontiert Julian mit all den hinter ihm liegenden inneren Konflikten und seiner Entscheidung gegen das Christentum. Darum starrt er plötzlich »in finstrem Sinnen« und »stürzt … wüst und bleich von hinnen«, während Oktavian sein eigenes Verhängnis in Julians Beispiel sieht, »zusammenschrickt«. Mit der weiteren Figurenentwicklung Oktavians wird auch Julians Entwicklung klar.

Neben Oktavian ist Severus die eigentliche tragische Gestalt des Werks. Severus wird gerade, weil er unverbrüchlich an seinem Glauben festhält, alles genommen: die Freundschaft zu Julian, der Feldherrnruhm, der einzige Sohn und zum Schluss noch Haus und Hof. Dramatisch genug, doch seine Tragödie kündigt sich erst in dem Augenblick an, als er erneut zur Waffe greift und Julian tötet. Damit hat er gegen seine eigene Überzeugung gehandelt, gegen das Gebot Gottes. Seine edle Motivation – er tötete Julian um der verfolgten Christen willen – spricht ihn nicht von seiner Schuld frei. »Ich hab den Kaiser erschlagen – ich kann nicht mit euch ziehn:// Ich kann nicht mit euch beten: vergib uns unsre Schuld!/ Ich üb' an meinem Schuldner Erbarmen nicht noch Huld!// Betet für meine Seele, mein Tagwerk ist vollbracht/ Und über mir herein schon dämmert die ew'ge Nacht« (XVII, 32–36).

Auf dieser Ebene der Interpretation darf man jedoch nicht stehen bleiben, wie das dem »Julian« fälschlicher Weise allzu oft geschieht. Eichendorff wird dann jedesmal eine fanatische Ideologie unterstellt, als rede er einem militanten Kreuzzug für den Sieg der Kirche das Wort; dabei war ein Scheuklappen-Katholizismus keineswegs Eichendorffs Sache, wie in diesem Buch schon an anderer Stelle dargelegt wurde. Um eine weitere Interpretationsebene des Textes aufzudecken, muss sich der historischen Persönlichkeit Julian Apostatas angenähert werden.

Flavius Claudius Julianus, so berichtet der zeitgenössisches Geschichtsschreiber Ammianus Marcellinus, erhielt als Neffe von Kaiser Constantius II. eine vorzügliche rhetorische Ausbildung, und es wurde ihm bereits mit zwanzig Jahren die schwierige Aufgabe übertragen, die Grenzen in Gallien zu sichern, ausgestattet mit dem Titel eines Cäsars, d. h. eines Mitherrschers. Er trieb die Wiedereingliederung der von den Franken okkupierten Gebiete in Gallien und Germanien voran – und schuf damit eine Grundlage für das spätere Frankenreich und seine enge Anlehnung an die römische Kultur. 361 wurde Julianus Kaiser. Besessen von der Idee der alten Größe des Römischen Reichs, wandte er sich vom Christentum ab und den alten Götterkulten zu; damit gewann er den Rückhalt der mächtigen heidnisch-reaktionären Partei innerhalb der Senatsaristokratie und einer großen Mehrheit des römischen Volkes, das längst nicht geschlossen hinter der neuen Idee des Christentums stand. Julian sicherte sich mit seiner Rückkehr zum Alten seine Machtposition.

Die örtliche Verankerung des Geschehens in Gallien, also dem späteren französischen Gebiet, bildet den ersten Schlüssel, Eichendorffs eigentliche Intention zu dechiffrieren: Er bezog sich auf Geschehnisse, die sich im Frankreich seiner Zeit ereigneten. Auf das Herrscherprofil Julians passen im 19. Jahrhundert die Napoleoniden. Napoleon Bonaparte, Hoffnungsträger so vieler, wurde den Ideen der Französischen Revolution untreu und restaurierte den Absolutismus, indem er sich zum Kaiser krönen ließ. Mit der Zeit Bonapartes, den Befreiungskriegen und dem Wiener Kongress hatte Eichendorff aber längst abgerechnet. Mit Schrecken musste er nun mit ansehen, dass sich in den Umbruchsjahren 1849 bis 1852 ein neuer Napoleon an die Spitze Frankreichs stellte, wie Julian Apostata von Bürgerkriegsstimmungen profitierend. Wie der spätrömische Kaiser nutzte Napoleon III. die Religion (die katholische (!) in diesem Fall), um seinen Thron zu stützen. Wichtigste persönliche Übereinstimmung aber, die keinen Zweifel darüber offen lässt, dass Eichendorff mit seiner Titelfigur Napoleon III. im Blick hatte, ist der Umstand, dass beide Neffen mächtiger Herrscher waren (Napoleon III. ein Neffe Bonapartes), erzogen zum Absolutismus! Julian wurde von der reaktionären Partei seiner Zeit getragen, genauso bildete sich fast sofort nach seinem Staatsstreich von 1852 ein Kult der Reaktionären um Napoleon III. »Und immer näher braust das Rufen/ Gleichwie ein Sturmwind durch das öde Haus,/ Schon donnert es herauf die Marmorstufen -/ Sie riefen ihn zu ihrem Kaiser aus« (III, 45–48).

Eichendorff kennzeichnet die Welt um Julian als Welt äußerlichen Ruhms, der Schönheit (das Marmorbild), des Reichtums (Ringmotiv).

Julian erscheint »gluthell in vollem Waffenglanze« – der Dichter bündelt in diesem Bild Ruhmsucht und Macht.

Schon bald nach dem Herrschaftsantritt Napoleons III. wurde spürbar, dass nun ein neuer Geist in Frankreich herrschte, der bald auch nach Preußen überschwappte, der Geist des Materialismus. Der frischgebackene Kaiser der Franzosen begünstigte die Wirtschaft, namentlich die Börsenspekulanten und die Unternehmerkaste des Großbürgertums. Diese immer deutlicher zutage tretende kapitalistische Orientierung seines autoritären Regimes bot nicht nur den Fabrikherren, sondern auch einer neuen technischen Intelligenz und »business class« ungewohnte sozioökonomische Entfaltungsmöglichkeiten, enttäuschte aber zugleich die Hoffnungen vieler Franzosen, die sich nun sozial überrollt sahen; der in den Operetten Jacques Offenbachs und schließlich in den Romanen Emile Zolas karikierte und kritisierte Bonapartismus war ein durch und durch janusköpfiges System. Eichendorff, dem schlesischen Adligen aus einer älteren Generation, fehlte jegliche Sympathie für die neue materialistische und hedonistische Haltung einer ganzen Gesellschaft. Seine ablehnende Haltung befähigte ihn zu einer so ironisch spitzen wie hellsichtigen Satire, einem ›Tanz ums goldene Kalb‹, der zentralen Opferszene der sechsten Romanze. »Das war ein vergnüglich Leben!/ Zwischen Palmen, schlank und glatt,/ Funkelte im Abendwinde/ Antiochia, die stolze Stadt,/ Von dem Markte, von den Gassen/ Stieg empor ein fetter Rauch,/ Ganze Hekatomben Ochsen/ Schlachtet' man nach altem Brauch,/ Überall von den Altären/ Wirbelt's durch die blaue Luft;/ Die Germanen und die Gallier/ Wittern bald den Bratenduft,/ Und derweil der Hohepriester/ Mit geprüftem Seherblick/ Und Gebete heimlich murmelnd,/ Künft'ger Zeiten Not und Glück/ In des Opferduftes Kräuseln/ und den Eingeweiden las/ Lagerten sich die Soldaten/ Gierig um den Götterfraß,/ Achten nicht der würz'gen Hauche/ Und der süßen Melodien,/ Die vom nahen Haus der Daphne/ Durch die Abendlüfte ziehn./ Halbe Heiden, halbe Christen,/ Die das Kreuz schier wund gedrückt,/ Freun sich dort der neuen Freiheit/ Und umarmen sich entzückt./ Jungfraun auch, die zweifelhaften,/ Die längst seitwärts schon geschielt/ Nach dem nackten Flügelknaben,/ Der aus allen Hecken zielt,/ Laufen aus den engen Kammern –/ Ward der *alte* Gott zum Spott:/ Draußen findet jede Nymphe/ Herzhaft ihren *jungen* Gott,/ Und zum sel'gen Ringeltanze/ Flöte nun und Leier klingt,/ Trunken rasen die Mänaden,/ Hinterdrein der Satyr springt,/ und beim rosenduft'gen Becher/ Fühlt der Weise, tiefgerührt,/ Nach der finsteren Verdummung/ Auch sein Fleisch emanzipiert.« Der ›Tanz ums goldene Kalb‹ wird bei Eichendorff in köstlicher Weise zum ›Tanz ums gebratene Kalb‹, zur »Emanzipation des Fleisches« ironisiert – kannte er etwa unsere Gegenwart?

Seinen Text ließ Eichendorff historisch getreu enden, bezog ihn aber utopisch auf die eigene Gegenwart. Julian Apostata fällt im Kampf und damit ist die heidnische Reaktion beendet. Für seine Zeit hoffte Eichendorff wohl auf Ähnliches. Er war kein Anhänger des Absolutismus, kein Freund der Oligarchie, genauso wenig aber ein Sympathisant der Demokratie. Er vertrat vielmehr ein idealistisches, wertorientiertes Gesellschaftsbild: die Staatsführung gehöre in die Hände menschlich wertvoller (= adlig im Sinn von edel, tugendhaft) Persönlichkeiten. Ein freiheitlicheres Leben sollte es geben, aber nicht durch blutige Revolutionen und nicht auf Kosten der allgemeinen Ordnung. Im »Julian« stellt ein im christlichen Sinne geführter Staat den Idealstaat dar.

Theodor von Schön musste allerdings noch einige Wochen auf den angekündigten Text warten. Die Drucklegung verzögerte sich. Im April 1853 konnte der Dichter sein Werk endlich an Freunde und Bekannte verschicken. Auch Lebrecht Dreves, der junge Lyriker, erhielt ein Freiexemplar: »Hierbei macht auch mein Julian in seinem Goldwämschen sein Kompliment und bittet bescheidentlich um Nachsicht und möglichste Herabspannung aller großen Erwartungen. Er hat freilich ohne meine Schuld, lang auf sich warten lassen, möchte er das Sprichwort: ›Was lange währt wird gut‹, wenigstens einigermaßen bewähren.« Hier täuschte sich Eichendorff. Sein Werk, dessen Thema Jahrzehnte später noch Felix Dahn zu einem Roman und Henrik Ibsen zu einem Drama inspirierten sollte, fand nur geringe Resonanz beim Publikum. Der schwer zu dechiffrierende Text stieß auf Unverständnis, was eine konstante Rezeptionsgeschichte verhinderte. (Dies erinnert auf fatale Weise an die lange Missachtung des Historienromans »Witiko«, des grandiosen Spätwerks Adalbert Stifters!) Geradezu erschreckend ist die Einschätzung der späten Eichendorff-Dichtungen bei Teilen der Forschung: »Gemütliches Abklappern der vielen Verse« (Gebhardt).

Robert und Guiscard – gegen Revolution und Reaktion

Mit seinem nächsten Werk arbeitete der Dichter auf dem mit »Julian« gewonnenen literarischen Terrain weiter. »Von mir wird nächstens wieder »Robert und Guiscard‹, eine Geschichte aus der franz: Revolution, in Versen, in Form und Stärke meines Julians ... erscheinen«, berichtete er am 11. Januar 1855 seinem Sohn Herrmann.

Im Zentrum des Epos steht ein adliges Brüderpaar, Guiscard, der seine aristokratischen Wurzeln nie in Frage stellt, und Robert, der sich den Revolutionären anschließt. Die dritte Hauptfigur der Verserzählung ist die Gärtnerstochter Marie, die Guiscard liebt und ihn vor dem aufgebrachten Volk in Sicherheit bringt. Der alte Graf von Clairmont, zunächst dem Ancien Régime ganz und gar ergeben, willigt zum guten Schluss in die Verbindung seines Sohnes Guiscard mit Mariein.

Gefasst wird diese Handlung von einer Rahmenerzählung, mit der Eichendorff wieder eine zyklische Form erzielt. In der ersten Rahmenerzählung trifft ein Ich-Erzähler in Heidelberg auf ein Familienidyll, einen edlen Greis, zwei Jungen, eine schöne Frau und ihren Mann, einen Jäger, hinter denen sich natürlich die aus Frankreich geflohene Clairmonts verbergen, wie das Epos entschlüsselt. Am Ende des Textes steht wieder das Heidelberger Genrebild einer harmonischen Familie. Einer bürgerlichen Familie, so mutet es auf den ersten Blick an, und es ist verführerisch, Eichendorffs Text daraufhin als Absage an die Aristokratie und als Fürsprache zugunsten einer bürgerlichen Gesellschaft zu deuten. Die einzelnen Motive der Genreszenen geben aber ein anderes Bild, das einer künstlich konservierten Adelsgesellschaft. Der Garten des einsam gelegenen Bürgerhauses (ausdrücklich Haus, nicht Schloss – es war typisch für das gehobene Bürgertum der Zeit, einen Garten vor den Toren der Stadt zu besitzen), entspricht nämlich keineswegs der üblichen bürgerlichen Gartenanlage, sondern ist wie ein barocker Schlosspark gestaltet: »Ein Gärtchen wie ein Teppich lag daneben,/ Mit bunten Steinen kunstreich ausgelegt,/ Wo Tulp' und Nelken Namenszüge weben,/ Von Buchsbaum labyrinthisch eingehegt;/ Der Lenz von allen Bergen sah verwundert/ Auf dieses Stück vom vorigen Jahrhundert.«

Das kleine Haus ist mit altem vergoldeten Hausrat und Nippes ausgestattet. Der Greis erscheint in altmodischer Kleidung. Der Hausherr figuriert ausdrücklich als Jäger, d. h. in einer adligen Beschäftigung, und seine Kinder spielen ›Royalisten im Kampf‹. Die aristokratische Lebensform ist also nicht aufgegeben und aufgelöst, sondern hat sich nur den Zeitumständen angepasst, und ihre Träger sind jederzeit bereit – dies das Bild der Kinder, der Zukunft, die sich als Royalisten üben –, erneut die Macht zu übernehmen. Wobei Eichendorff dadurch, dass er ausdrücklich zwei Brüder nennt (ein neuer Robert, ein neuer Guiscard) auf die Wiederholbarkeit von Geschichte anspielt.

Der Titelheld Robert, der zum Anhänger der Revolution wird, verliert sich in ihren Wirren. Eichendorff lässt im Unklaren, ob Robert stirbt oder lebt: »Den Robert hatt' auf Clairmonts Schloß die Kunde/ Längst totgesagt, doch niemand kennt sein Grab.« Wie die Adelsherrschaft, so lebt auch die Revolutionsbewegung weiter fort, und jederzeit kann ein neuer Umsturzversuch über die Welt hereinbrechen.

Verständnis bringt Eichendorff nur für die revolutionäre Seite auf. In seinem Text weist er darauf hin, dass der Adel selber Schuld an seinem Untergang trägt und zwar – wie schon in seiner früheren Novelle »Schloß Dürande« – durch hochmütige, auf Privilegien bedachte Haltung (repräsentiert durch den alten Clairmont). Rechtzeitige Kompromissbereitschaft hätte die Aristokratie retten können. Robert wendet sich nämlich der Revolution zu, als er sich von all den Seinen verlassen und ungeliebt fühlt, sprich, die zurückgesetzten Gesellschaftsschichten provozieren den Aufstand des Volkes. Roberts Klage: »Hier war er mit der Mutter oft gegangen,/ Ein frommes Kind, bei stillem Abendrot,/ Die streichelt’, wenn er weinte, ihm die Wangen,/ Jetzt war die Mutter lange tot,/ Der Vater hatt’ zu ihm kein rechtes Herze,/ Und niemand fragte mehr nach seinem Schmerze.« Robert versucht, seinem Vater und Bruder seinen Standpunkt klarzumachen, dass eine Welterneuerung, eine Umorientierung des Adels allein ihn retten könne. »Von Menschenadel geht durchs Volk ein Ahnen,/ Der älter ist als unsre ältsten Ahnen.« Bis zu diesem Zeitpunkt zeichnete Eichendorff die Figur zwar düster, aber sympathisch. Der alte Clairmont reagiert allerdings wütend und höhnisch auf Roberts Äußerungen, und diese letzte Zurückweisung des Vaters treibt den jungen Grafen aus dem Haus, Paris zu und damit in den Sog des von Eichendorff als unrecht empfundenen gewaltsamen Umsturzes. Als Robert zudem annehmen muss, seinen Bruder Guiscard im Kampf erschlagen zu haben, verliert er sich endgültig an die Revolution, selbstzerstörerisch. So wie die ersten Übergriffe beim Sturm auf die Bastille eine dauernde Folge von Straßenkämpfen und Mordtaten auslöst. Eichendorff bewertet die Revolution des Volkes (negativ) als einen unaufhaltbaren Selbstläufer, der von keiner Instanz, sei es Armee oder Nationalversammlung mehr auszuhalten war. »Wer mag den Sturm in seinem Fluge halten?/ Schon hatt’ der Leidenschaften Trauerspiel/ Entfesselt die dämonischen Gewalten,/ Gleichwie Lawinen, die, fernab vom Ziel/ Im Sturze wachsend, von den sonn’gen Höhen/ Zum dunklen Abgrund donnernd niedergehn.« Das vorgebliche Ziel der Revolution, Freiheit, lässt sich nach des Dichters Meinung auf diese Weise nicht erreichen, im Gegenteil: »Wüst lagen längst der Freiheit grüne Bäume.«

Guiscard und sogar der alte Graf erkennen gerade noch rechtzeitig, dass ein Miteinander der verschiedenen Gesellschaftsschichten möglich ist. Marie, die Guiscard vor seinen Häschern rettete, wird seine Frau, der alte Graf akzeptiert sie als seine Tochter. Eichendorff entwirft hier das utopische Bild einer Gesellschaft, wie sie aussehen könnte. Utopisch deshalb, weil das Zusammenleben der neu verbundenen Familie nur im Exil, in einer gewissermaßen zeitlosen Umgebung existieren kann. Eichendorffs Heidelbergmotiv ist ein durch und durch märchenhaftes, pastorales. »In dieses Märchens Bann verzaubert.«

Eichendorff reagierte mit »Robert und Guiscard« auf die jüngst vergangenen Geschehnisse rund um die Revolution von 1848/49, aber auch auf die Reaktion, die besonders in Preußen nach der Niederlage der Revolution einsetzte. Die liberalen Staatsmodelle, wie sie in einzelnen Staaten des Deutschen Bundes – Württemberg, Sachsen u.a. – bereits praktiziert wurden, waren ernsthaft bedroht, als unter dem Vorsitz der deutschen Großstaaten wie Preußen 1851 ein so genannter »Reaktionsausschuß« zur Kontrolle der liberalen Bundesstaaten und ihrer Verfassungen errichtet wurde. Eichendorffs Text gibt daher einer ständigen Befürchtung Ausdruck.

»Robert und Guiscard« erschien im März 1855, ein wunderbar zu lesendes Werk mit seiner stimmungsvollen Schilderung des Heidelberger Gartenhauses als einer bedrohten Idylle, seinen kleinen Seitenhieben auf die Kulturszene der Zeit, den dramatischen Kampf- und Verratsszenen, der psychologischen Einfühlung in jede einzelne Figur und der bis ins Detail ausgefeilten Motivarbeit. Das Epos ist ein sehr reifer, sehr vielschichtiger Text, der leider immer noch zu wenig Beachtung findet.

Lucius – ein Epos als Märtyrerdrama

Zum Zeitpunkt der Veröffentlichung seines Versepos über die Französische Revolution wohnte der Dichter mit seiner Ehefrau in Berlin (im späteren Bezirk Kreuzberg). Louise ging es nach der lebensbedrohlichen Erkrankung im vergangenen Winter nur wenig besser. Sie bedurfte der Ruhe. Und deshalb hatte sich das Paar weiterhin äußerst zurückgezogen. Für Eichendorff war diese einsame Lebensweise oft zermürbend. Sie war in dieser extremen Form ja nicht selbst gewählt, sondern ergab sich aus äußeren Umständen. Eichendorff bekannte 1855, ihm sei nicht mehr »singerlich« zumute. Die Abgeschiedenheit, in der er lebte, begann sich auf seine poetische Kraft negativ auszuwirken.

In seinem dritten Epos, »Lucius«, bündelte der schlesische Dichter noch einmal alle seine Fähigkeiten. Am 23. Februar 1857 verkündete er seinem Sohn Hermann die Vollendung des »epischen Gedichts«, wie er seinen Text nannte.

Ein religiöser Text und ein politischer Text zugleich. Die römischen

Feldherren und Freunde Nerva und Lucius kehren aus den nördlichen Provinzen ins kaiserliche Rom Domitians zurück und finden vieles verändert. Lucius sieht in seiner Gegenwart keinen Sinn mehr und lässt sich von dem Christenknaben Guido – einer Art Engelserscheinung – zum Christentum führen. Bei einer Verfolgungswelle verteidigt er die Christen, geschützt von Julia, die sich ihres wertlosen Lebens bewusst geworden ist und es hinwirft, um an Lucius Seite zu sterben. Nerva ist gerührt vom Anblick des toten Paares – zumal auch er Julia begehrte –, deshalb verbietet er jede weitere Verfolgung.

Durch den Opfertod der Liebenden und die metaphysische Figur Guido, von dem keiner weiß, »woher er stammt, woher gekommen« und der Lucius begleitet »wie der Stern am wolkenlosen Himmel«, erhält das Epos den Stempel eines Märtyrerdramas. Eichendorff, der sich damals, vornehmlich in Diskussionen mit dem befreundeten Fürstbischof von Breslau, mit Heiligenviten beschäftigte, war mit den barocken Märtyrerdramen seiner Landsleute Daniel Caspar von Lohenstein und Andreas Gryphius wie auch den Jesuitendramen dieser Epoche wohl vertraut. Sein wichtigster Leitstern waren jedoch die Märtyrerdramen Calderóns (z. B. »Der standhafte Prinz«), mit dessen Werk Eichendorff sich nach wie vor intensiv befasste. Das Epos – und dies ist formal wie gattungsgeschichtlich interessant – führt viele Elemente des Märtyrerdramas auf, etwa den durch den Opfertod schlagartig gerührten und gewandelten Herrscher, den mahnenden Traum des Herrschers, den Monolog des ›Märtyrers, in dem er sich zum Glauben bekennt und zum Opfertod entschließt (XI. Gedicht), das Verführungsmoment, in dem der Märtyrer seine Constantia, seine Beständigkeit beweisen muss, und den grausamen Frevel der Christenverfolger, in »Lucius« der Tod des jungen Christen in der Arena.

Die Aussage der rein religiösen Ebene des Versepos ist deutlich: Die diesseitige Welt erweist sich als »morsch geworden«, als »faule, wurmzerfressene Welt«, die zusammenzubrechen scheint, während die jenseitige Welt, das Reich Gottes, als einzige mögliche, bessere Welt beschrieben ist. Gänzliche Überhöhung findet das religiöse Moment im Abschlusslied: »Im Morgenglanz nur schwirren Lerchenlieder,/ Und in den Katakomben sang es wieder:/ Und die Vöglein hoch in Lüften/ Über blaue Berg' und Seen/ Ziehn zur Ferne nach den Klüften,/ Wo die hohen Zedern stehn,/ Wo mit ihren goldnen Schwingen/ Auf des Benedeiten Gruft/ Engel Hosianna singen/ Nächtlich durch die stille Luft.«

Die nächste Ebene des Epos ist die politische. Vier zentrale männliche Figuren führen vier verschiedene Positionen der Macht vor. Kaiser

Domitian (81–96 nach Chr.) wird von Eichendorff als grausamer Despot beschrieben, was durchaus dem von Tacitus gezeichneten Bild dieser historischen Persönlichkeit entspricht. Danach soll Domitian in seinen späten Herrscherjahren zum Tyrannen geworden sein, der von blutigen Gladiatorenspielen derart fasziniert war, dass er sich ihretwegen hoch verschuldete. In seine Regierungszeit fallen Christenpogrome und viele Hinrichtungen angeblicher Verschwörer aus dem Kreise der Senatoren. Eichendorff schuf eine düstere Szene, in der Domitian eine Todesliste entwirft: »So saß er grübelnd, ob er sich besinne –/ Der schien ihm falsch, auch jener könnt' es sein,/ Und immer mehrere gleich einer Spinne,/ Flocht er ins Todesnetz geschäftig ein,/ Verzeichnend Mann auf Mann in seine Rollen,/ Die morgen sie dem Orkus weihen sollen.«

In direkteste Konfrontation mit Domitian tritt der Soldat Stephan. Er wird an Domitian zum Tyrannenmörder und entleibt sich daraufhin selbst. Von Anfang an wird Stephan als »finster«, »düster« und »streng« geschildert, in der Motivwelt der Eichendorffschen Dichtungen bedeutet das eine negative Zeichnung, vergleichbar dem Robert in »Robert und Guiscard«, dem Jäger Renald in »Schloß Dürande« und Figuren wie Rudolf in »Ahnung und Gegenwart«. Alle sind Revolutionäre, und auch Stephan wird durch den Mord zum Umstürzler, allerdings aus dem Beweggrund persönlicher Rache. Stephan steht für die nicht mehr kontrollierbare Revolution von unten: »Furien mit den Schlangenhaaren,/ Geister, die in Wettern fahren,/ Kommt, ich führe eure Scharen!«

Stephan nahe steht Lucius, den Eichendorff in seiner Figurenexposition als den genialsten, strahlendsten der drei Feldherrn einführt. Ihn treibt eine besondere Idee an. In der Szene mit dem trauernden Stephan formuliert Lucius seine politischen Ziele: »Gedenk', was in der Fremde wir beschworen,/ Nicht herrschen soll das Heer, des Cäsars Knecht,/ Es soll der freie Rat der Senatoren/ Treu wieder wahren und das ew'ge Recht,/ Die Fäulnis wollten mit dem Schwert wir schneiden,/ Vom Leben oder selbst vom Leben scheiden.« Eine Republik mit freiheitlicher Ausrichtung, eine Wiederherstellung der alten Stellung des römischen Senats. Lucius, der Idealist, hat seine Freunde zu Verschwörern gemacht und glaubt sich der Verwirklichung seiner Ziele nahe. »Ich wittre Morgenlüfte«, ruft sein Page aus – der Morgen als traditionelles Motiv für den Neuanfang, den Aufbruch.

Eichendorff zeichnete Lucius positiv – nicht allein den schließlich zum Christentum bekehrten Lucius, sondern auch, und das ist bemerkenswert, den Republikaner und Verschwörer Lucius. Einmal mehr enthüllt sich damit der Dichter als Freund des Liberalismus, wenn er ihm auch nicht bis zur letzten Konsequenz zu folgen vermag. Auch eine Art des Selbstschutzes des Künstlers, denn der ehemalige Zensurbeamte wusste nur zu gut, dass er in seinen Werken keine klare politische Stellung beziehen durfte, wollte er weiterhin veröffentlichen. »Es darf der Tag nicht wissen, was wir träumen«, heißt es in »Lucius«.

Eine glänzende Figurenentwicklung gelang dem Dichter mit Lucius' Mitverschworenem Nerva. Begabt, adlig, zum Triumphator geschaffen, so führt Eichendorff diese Figur ein. Ein *mezzo carattere*, wie sich bald herausstellt, denn neben wahrem Adel wird Nerva auch von Begierden (Werben um Julia) und Ruhmsucht geleitet. Das führt logischerweise dazu, dass Nerva die Ideen des Freundes verrät und sich nach Domitians Tod mit Freuden das kaiserliche Diadem aufsetzen lässt.

Für Lucius sind damit alle republikanischen Träume zerbrochen. Resigniert sieht er sein Heil nun jenseits der Welt. »Mir träumte einst von einem wunden Leuen, / Vorüber! Morsch geworden ist die Welt –/ Durch der entfernten Gassen stille Ruhe/ Führ mich wohin du willst, ins Frei', ins Freie«, sagt er zu Guido.

Sein Opfertod bewirkt immerhin, dass Nerva ein einsichtigerer Herrscher wird, als es Domitian war. Der historische Nerva (96–98 nach Chr.), Adoptivvater des späteren Kaiser Trajan, vermied jede weitere Christenverfolgung. Er versuchte, die Staatsschulden seines Vorgängers durch Sparsamkeit auszugleichen und soll sich der Bedürftigen seines Reiches angenommen haben.

Über den Punkt Revolution lässt sich unschwer die Brücke zu Eichendorffs Gegenwart schlagen. In seinem Epos schildert der Dichter den Umsturzversuch der Jahre 1848/49, aber genauso sein Scheitern. Nirgendwo in Europa konnte sich die republikanische Position dauerhaft erhalten. Überall wurde die Revolution niedergeschlagen und die Monarchie restauriert. Aus scheinbar dem Liberalismus aufgeschlossenen Machthabern wie in Frankreich Louis Napoléon oder in Preußen Friedrich Wilhelm IV. wurden in kürzester Zeit autoritäre Herrscher. Ihren dichterischen Spiegel finden sie in Eichendorffs Nerva. Jenen, die wie Lucius wirklich freiheitlich dachten, blieb in Wahrheit nur die Resignation, der Rückzug aus dem politischen Leben.

Zunächst ist die Hinwendung zur Religion für Lucius nur ein Verzweiflungsakt. Aus ihm wird aber bald Überzeugung. An dieser Stelle wird Eichendorffs Text utopisch. Weder ein Christenstaat, noch der herbeibeschworene Frieden sind realisierbar.

Die fast überzogen wirkende religiöse Schlussapotheose trifft aber noch einen anderen politischen Umstand, eine poetische Korrektur der politischen Wirklichkeit gewissermaßen. Als Friedrich Wilhelm IV. im Juni 1840 inthronisiert wurde, glaubte er, einen christlichen Staat verwirklichen zu können. Zu diesem Zweck öffnete er sich der katholischen Kirche, gestattete ihr mehr Freiheiten als zuvor. Diesem von allen katholischen Untertanen positiv empfundenem Verhältnis folgte nach der 48er Revolution die drastische Wendung. Die katholische Bewegung in Preußen hatte bis dato dem Liberalismus näher gestanden als dem Absolutismus. Das warf natürlich ein obskures Licht auf Preußens Katholiken, vermeinte die Regierung. Von 1850 an gab es im Ministerium Otto von Manteuffels eine antikatholische Ausrichtung. Bereits zugestandene Privilegien wurden zurückgezogen, Studien- und Lehrbefugnisse wieder eingeschränkt, das Kultusministerium verfolgte das Ziel der Ausgrenzung der katholischen Untertanen. Auf bestimmte Orden reagierte der Staat misstrauisch, vor allem begegnete er den Jesuiten feindselig. Eichendorffs Text liest sich wie eine Trotzreaktion auf die restriktive Handhabung der katholischen Frage durch Preußen. Und vor dem Hintergrund der politischen Begebenheiten wird das Märtyrerdrama zu einem gewagten politischen Text. Klugerweise ließ der Dichter seinen »Lucius« denn auch nicht in Berlin oder Paderborn erscheinen, sondern im sächsischen Leipzig, wo die Stimmung auch nach 1850 vergleichsweise liberal war und die Zensoren bekanntermaßen großzügig verfuhren.

Mit dem Erzählgedicht »Lucius« erschien 1857 Eichendorffs letztes großangelegtes Werk.

Er soll – so die Aussagen seiner Kinder – sich schon lange nicht mehr in »rechter Dichterlaune« befunden haben. Seit er selber immer mehr kränkelte und im Januar 1855 gar das Leben seiner Frau durch langwierige Krankheit bedroht war, brachte er nicht mehr die alte Kraft und die Ruhe zum Dichten auf. Seit dem Sommer 1855 ging es dann Louise immer schlechter, und ihr hinfälliger Zustand zog all seine Aufmerksamkeit auf sich.

Dreizehntes Kapitel

Am Ende eines Dichterlebens

Wir sind durch Not und Freude
Gegangen Hand in Hand,
Vom Wandern ruhn wir beide
Nun überm stillen Land.

Rings sich die Täler neigen,
Es dunkelt schon die Luft,
Zwei Lerchen nur noch steigen
Nachtträumend in den Duft.

Tritt her und laß sie schwirren,
Bald ist es Schlafenszeit,
Daß wir uns nicht verirren
In dieser Einsamkeit.

O weiter, stiller Friede!
So tief im Abendrot
Wie sind wir wandermüde –
Ist das etwa der Tod?

Im Abendrot

Abschied in Neisse

Ein letztes Mal wollten sie die Stätten ihrer Kindheit und Jugend sehen, den Kreis für sich schließen. Joseph von Eichendorff war sehr in Sorge um seine schwerkranke Frau und erfüllte ihr nur zu gerne ihren Wunsch. Nach Neisse wollte sie, dorthin wo sie lustige und lebendige Monate im Mädcheninstitut der Magdalenen verbracht hatte und wo nun Tochter Therese mit ihrer Familie lebte.

Eichendorffs Sterbehaus

Am 14. November 1855 kam das Ehepaar in Neisse an, dem heutigen Nysa. Diese oberschlesische Residenzstadt mit ihren barocken Kirchen und Palais wurde zur letzten Lebensstation Eichendorffs, und dem kann man, wenn man so will, einen gewissen Symbolwert beimessen: In Neisse hatte einst, im August 1769, die denkwürdige Begegnung zwischen dem skeptischen, gealterten Preußenkönig Friedrich dem Großen und dem ungestümen jungen Kaiser Joseph II. stattgefunden, die beiden ungleichen Herrscher empfanden Sympathie für einander, dennoch blieben sie scharfe politische Konkurrenten. Die kleine schlesische Stadt war durch dieses Treffen ein Kreuzungspunkt zweier Welten, der preußisch-protestantischen und der österreichisch-katholischen, geworden. In Eichendorffs Persönlichkeit und Werk durchdringen sich diese beiden Welten auf schier unentwirrbare Weise, ihr Widerstreit hatte in der Psyche des schlesischen Freiherrn einen tragischen Zwiespalt hinterlassen und sich doch als *conditio sine qua non* seines Schaffens erwiesen.

Seit langem kränkelte Louise. Schmerzen im Oberbauch plagten sie. Mit Kuren in Karlsbad und anderswo hatte sie gehofft, ihrer Leiden wieder Herrin zu werden. Stattdessen verschlechterte sich ihr Befinden von Jahr zu Jahr; wie sich herausstellte, war ihre Leber stark angegriffen, ein rettungsloser Zustand.

Louise konnte die Stadt ihrer Jugend nicht mehr genießen. Nicht einmal ein kurzer Blick war ihr vergönnt, denn bei der Ankunft des Ehepaares war es schon dunkel, und am nächsten Tag schaffte Louise nicht einmal mehr die wenigen Schritte zum Fenster der Straßenseite, um auf das Leben draußen hinabzusehen. Kaum im Haus des Schwiegersohns eingetroffen, einem breit entlang der Straße gezogenen, zweigeschossigen Haus mit Garten, wurde sie bettlägerig. Die Tochter teilte sich mit dem Dienstmädchen in ihre Pflege. Zunächst lagerte man sie auf dem Sofa im Wohnzimmer, damit sie wenigstens am Familienleben noch teilhaben konnte. Doch zusehends wurde sie schwächer und ruhebedürftiger, sodass sie dauernd in ihrem Bett blieb. Sie sprach nicht mehr, nachdem sie dem herbeigerufenen Pfarrer gebeichtet und die Letzte Ölung empfangen hatte. Dann fiel sie in Bewusstlosigkeit und dämmerte am 3. Dezember in jene bessere Welt hinüber.

Eichendorff brach zusammen. Nicht laut wehklagend jedem sichtbar, sondern es war auf seine Weise ein stiller Zusammenbruch, der sich nur in Details nach außen zeigte, körperlich in einer ungewohnten Zerbrechlichkeit, seelisch in einer gewissen Inaktivität und Lustlosigkeit selbst der Literatur gegenüber. Ein Riss sei durch sein Inneres gegangen, bekannte er einem Freund. Seine Tochter bemerkte in einem Brief an ihren Bruder

Hermann: »Seit der Mutter Tod war er nicht mehr der alte. Wir haben wenig über diesen Verlust gesprochen, aber wie der arme Vater darunter gelitten hat, weiß ich am besten. Im Sommer ... waren seine Kräfte schon sehr geschwunden.«

Nach außen hielt er sich, von Kopf bis Fuß preußischer Regierungsrat, akkurat und aufrecht. Nur seiner Tochter gegenüber ließ er sich zuweilen gehen. Er zwang sich zu arbeiten, zu lesen. Er glaubte nicht an den Trost der alle Wunden heilenden Zeit, wie er einem Bekannten schrieb, sondern meinte: »Hier hilft und rettet nur die gläubige Hoffnung des Wiedersehens und das Gebet, durch das wir bis dahin mit den vorausgegangenen Geliebten unsichtbar verbunden bleiben.« In dieser Konzentration auf die Wiederbegegnung im Jenseits lag aber weniger Trost als vielmehr schon Abschied. Eichendorff wollte nicht mehr. »Ach, ich leide unsäglich, meine ganze Zukunft kommt mir noch ganz unmöglich vor«, schrieb er seinem Sohn Hermann.

SCHNEEGLÖCKCHEN

's war doch wie ein leises Singen
In dem Garten heute nacht,
Wie wenn laue Lüfte gingen:
»Süße Glöcklein, nun erwacht,
Denn die warme Zeit wir bringen,
Eh's noch jemand hat gedacht.« –
's war kein Singen, 's war ein Küssen,
Rührt' die stillen Glöcklein sacht.
Daß sie alle tönen müssen
Von der künft'gen bunten Pracht
Ach, sie konnten's nicht erwarten,
Aber weiß vom letzten Schnee
War noch immer Feld und Garten,
Und sie sanken um vor Weh.
So schon manche Dichter streckten
Sangesmüde sich hinab,
Und der Frühling, den sie weckten,
Rauschet über ihrem Grab.

Er versuchte abzuschließen. Literarisch schlug sich das in zahlreichen Skizzen zu einer Art Autobiographie unter dem Titel »Erlebtes« nieder. Eigentlich mehr eine Sittengeschichte seiner Epoche als persönliche Memoiren. Das lebendige Bild der ›alten Welt‹ der Adelsherrschaft sollte am Beginn des Buches stehen, »Der Adel und die Revolution«. Seinen Studienorten, dem studentischen Treiben und der Kritik an der Burschenschafterei sowie der ›Heidelberger Romantik‹ war das zweite Kapitel gewidmet. Aus der Konzeption dieses Kapitels, in dem der Zusammenbruch Europas durch Napoleons Eroberungslust schon angerissen wird – Eichendorff verzahnte gerne Kapitel durch Voraus- bzw. Zurückweisungen –, kann geschlossen werden, dass den Befreiungskriegen das dritte Kapitel zugedacht war.

Die Skizzen verraten nichts von Sangesmüdigkeit und Abschiedsbereitschaft. Hier sprüht das wohlbekannte satirische Feuer Eichendorffs, sein ganzer ironischer Witz ist da. Die Absicht, ein Fazit zu ziehen, ist allenfalls in dem im 2. Kapitel eingeschalteten ausführlichen Zitat aus seinem Debütroman »Ahnung und Gegenwart« erkennbar.

Protestantenfresser?

Ganz abgeschottet von der Welt darf man sich den alternden Dichter auch nicht vorstellen. Im Gegenteil verfolgte er mit regem Interesse den Literaturbetrieb. Und in den Dichterrunden Deutschlands war sein Name geschätzt. Er war dem literarischen Nachwuchs keine unbekannte Größe und stand auch nicht am Rand der Literaturszene, wie es man aufgrund seines eingekapselten Lebens geglaubt hat. Paul Heyse schrieb ihm aus München: »Ich habe hier vielfach Gelegenheit, meiner Verehrung unter Gleichgesinnten Luft zu machen. Außer Geibel, der nie vergißt, wie viel er Ihnen verdankt, sind unter der jüngeren Münchener Poetenschaft viele, die mich darum beneiden, daß ich Sie einige Male gesehen und gesprochen.« Karl von Holtei, mit dem er seit Jahren in Kontakt stand, schickte ihm im Herbst 1856 seinen neuem Roman »Christian Lammfell«. Eichendorff bedankte sich: »Ihr Brief, mein Lieber hochverehrter Freund, hat mich glücklich hier in Neiße aufgefunden ... Ihren ›Christian Lammfell‹ habe ich allerdings mit großem Genuß gelesen und weiß recht wohl, daß Sie kein ordinairer Katholikenfresser sind, so wenig als ich ein Protestantenfresser.«

Als »Protestantenfresser« wurde er indirekt bezeichnet, nachdem seine »Geschichte der politischen Literatur Deutschlands« erschienen war. Man bezichtigte ihn einer einseitigen katholischen Blickrichtung, so erschien in den Leipziger »Blättern für literarische Unterhaltung« vom 19. März 1857 die Kritik: »Eichendorffs Standpunkt ist ein so entschieden katholischer, daß man seine vorliegende Schrift recht eigentlich als eine

Streitschrift gegen den Protestantismus ... betrachten darf ... einseitig auf dem Glauben an das katholische Dogma.«

Wenn Eichendorff eine Scheuklappenmentalität auch nicht vorgeworfen werden kann, so ist doch die strenge Religiosität, die im Alter zunahm, unübersehbar. Aus einem religiösen Individualisten, der sich lose am katholischen Dogma orientierte, wurde mit den Jahren, vor allem durch die privaten Schicksalsschläge, ein konsequenter Katholik. Hatte er sich stets um Objektivität in religiösen Fragen bemüht, ohne seinen Standpunkt zu verlassen, so verschob sich in der Revolutionszeit 48/49 seine Objektivität. In seinem Epos »Julian« hatte der Dichter das Thema Heidentum versus Christentum wesentlicher hervorgehoben als in allen früheren Werken. Die Kontrastierung ist schärfer, man könnte auch sagen, es fehlen die in »Ahnung und Gegenwart« oder im »Marmorbild« noch vorhandenen Zwischentöne; schwarz-weiß, böse-gut wertet Eichendorff nun. In dem in »Julian« eingelassenen Gedicht »Von kühnen Wunderbildern« ist der Bruch zwischen Heiden- und Christentum schroff gezeichnet: »Frau Venus hört das Locken/ Der Vögel heitern Chor,/ und richtet froh erschrocken/ Aus Blumen sich empor //... Sie selbst muß sinnend stehen/ so bleich im Frühlingsschein,/ Die Augen untergehen,/ Der schöne Leib wird Stein. – // Denn über Land und Wogen,/ Erscheint, so still und mild,/ Hoch auf dem Regenbogen/ Ein andres Frauenbild.// Ein Kindlein in den Armen/ Die Wunderbare hält,/ Und himmlisches Erbarmen/ Durchdringt die ganze Welt.« Die triumphierende Kirche meldet sich zu Wort.

Seine Religiosität hatte ihm im Leben immer wieder Trost gespendet. Jetzt, in seiner Vereinsamung, war ihm der Glaube ein Anker. Er fühlte sich allein, übrig geblieben und bereits fremd in der Welt, selbst in seiner alten Heimat. An Schön schrieb er am 30. Januar 1856: »Fast alle meine Bekannten sind gestorben und Oberschlesien ist mir fremder geworden als jede andere Provinz.«

Die Heilige Hedwig – eine christliche Utopie

Ungefähr zu dieser Zeit lernte er den Breslauer Fürstbischof Heinrich Förster (1799–1881) kennen; die Männer freundeten sich an, und der Bischof lud den Dichter zu sich auf Schloss Johannesberg in Jauernig, auf der mährischen (österreichischen) Seite Schlesiens, ein. Mehrmals verbrachte Eichendorff dort einige Wochen in anregenden Gesprächen über Religion und Dichtung. Förster weckte das Interesse des Dichters für Heiligenlegenden.

Allgemein nahm seit der Mitte des 19. Jahrhunderts das Interesse am Wundersamen, an der Mystik und am Geheimnisvollen zu. Die politischen Krisen der letzten Jahrzehnte und das Vordringen kapitalistischer, industrieller Wirtschafts- und Arbeitsweisen hatte die Menschen nachhaltig mit der Wirklichkeit der Welt konfrontiert. Mehr als früher zählten der Reichtum, der geschäftliche Erfolg und die berühmten »Ellenbogen«. Adlige Standesprivilegien wurden noch nicht angetastet, vom aufstrebenden Bürgertum aber immer mehr an bürgerlichen Tugenden und Verhaltensweisen gemessen; am unteren Ende der Gesellschaft stellte das Auftreten vom Massenarmut infolge der Frühindustrialisierung (z. B. die elende Lage der schlesischen Weber) die überkommenen christlichen Formen der Mildtätigkeit in Frage. Viele Menschen erlebten diesen drastischen Werteumbruch als allzu gewaltsam. Sie kompensierten die zunehmende soziale Kälte der Gesellschaft mit einem überbetonten Gefühlskult. Das Innerliche, fast nur emotional Verstehbare zog sie an. Wie Wolfgang Menzel ätzend bemerkte: »Die Wundersucht erzeugt sich periodisch, sie ist ein Produkt pfäffischer Verdummung, oder sie ist eine Reaktion gegen die Prosa der Vernunft.« In der Bildenden Kunst setzte sich das Mythologische durch, in der Musik eine sentimental geprägte Neo-Romantik, Reaktionen auf die historiografische Genauigkeit und forciert rhythmische Bewegtheit der Epoche zwischen 1819 und 1849. In der Literatur wandte man sich wieder ab von der scharfzünzigen, ironiegesättigten Sprache des Vormärz, und man suchte nach konträren Sujets. Eine neue Okkultismuswelle schwappte über Europa hinweg. In den Salons der Großstädte traf man sich jetzt häufiger zu Séancen als zu literarischen Diskursen. Für viele Kranke wurde es selbstverständlich, ihr Heil auch bei einem Magnetiseur zu suchen, der nach der Mesmerschen Methode mit animalischem Magnetismus arbeitete. Daneben kam gerade in den höheren Gesellschaftsschichten eine neue Frömmigkeitsbewegung auf, die das neue Wertgefüge zementierte. Spiritismus, Magnetismus und Hypnose, die von der geheimnisumwitterten Russin Helena Blavatsky begründete Theosophie – all dies sollte den kritischen Schriftstellern der nächsten Generation wie Émile Zola und Anton Tschechow als modische Beschäftigung gelangweilter Damen der Gesellschaft gelten. Bereitwillig wurde wieder an Mirakel geglaubt. Passenderweise geschah dann prompt das Wunder von Lourdes: die Mutter Gottes erschien angeblich der Tagelöhnertochter Marie Bernadette Soubirous (1858), und schon 1846 hatten zwei Hirtenkinder bei La Salette eine Marienerscheinung.

Die Künste beteiligten sich am verstärkten religiös motivierten Mystizismus. Die Welt des Wunderbaren und Religiösen floss in Richard Wagners Oper »Lohengrin« zusammen, die – symbolhaft und symptomatisch – gerade zur Jahrhundertmitte uraufgeführt wurde. Hector Berlioz schrieb 1854 die ›Trilogie sacrée‹ »L'enfance du Christ« und läutete damit eine Epoche französischer Oratorienkompositionen oder besser: ›Drame sacré‹ ein, eine Gattung, der auch »Die Legende von der heiligen Elisabeth« (1857–62) von Franz Liszt nahe steht – die zugleich eine Huldigung an die junge Kaiserin Elisabeth (Sisi) ist, die ein neues sensitives Frauenbild verkörperte und durch ihr Eintreten für die ungarische Nationalbewegung in ganz Europa Beifall fand. Robert Schumann hatte bereits in den musikalischen Legenden »Das Paradies und die Peri« (1843) und »Der Rose Pilgerfahrt« (1851) Mystik, Märchen und Religion miteinander in Verbindung gebracht. Die Maler fanden Gefallen an Heiligendarstellungen; so erreichten etwa Ludwig Richter mit der 1841 vollendeten »Genoveva in der Einsamkeit« oder Moritz von Schwind mit seiner »Heiligen Elisabeth auf der Wartburg« großen Zuspruch beim Publikum.

Joseph von Eichendorffs Hinwendung zu einem Heiligenstoff entsprach durchaus einem Trend seiner Zeit. Mit der Heiligenvita versuchte er, der seiner Meinung nach von Unmoral unterhöhlten Gegenwart ein moralisch vollkommenes Menschenbild entgegenzusetzen. Der christliche Glaube bedeutete ihm die einzige Möglichkeit zur Rettung der Welt, die auseinander zu brechen schien. Mit seiner »Heiligen Hedwig« wollte er diese These untermauern, die bereits im Versepos »Lucius« formuliert war: »Christus, du hast gesiegt! In qualm'gen flammen/ Brach, wo ich sie gefaßt, mir überm Haupt/ Die faule, wurmzerfressne Welt zusammen.« Das beispielhafte Leben der Heiligen sollte einer Welt, deren Laster »Hochmut, Dünkel des Wissens etc., etc. heißen«, den Spiegel vorhalten. Eichendorff forderte: »Die Liebe und Demut ist es, die uns nottut«, nicht blind und kritiklos solle man einem Heiligenleben folgen, sondern (sehr unserer Zeit gemäß!) das Nachahmungswerte aufnehmen und für sich in seine Zeit übersetzen.

Einen Gegenpart zum Materialismus um 1850 bildete das Leben der heiligen Hedwig allemal: Die bayerische Grafentochter aus dem weitverzweigten Hause Andechs-Meranien wurde etwa 1195 mit vermutlich fünfzehn Jahren dem Herzog Heinrich I. von Schlesien vermählt, dem sie sieben Kinder schenkte. Sie lebte wohlbehütet und im standesgemäßen Luxus der damaligen höfischen Gesellschaft, aber sie lehnte dieses Leben ab. Bewusst verzichtete sie auf alle Zeichen äußeren Reichtums, trug einfache Gewänder, mied Vergnügungen und ging die meiste Zeit des Jahres über barfuß. Sie engagierte sich in der Armenpflege und gründete zahlreiche Klöster. Zudem befasste sie sich mit kulturellen Angelegenheiten ihres Landes. Unerhört für ihre Zeit und ihren Stand, verzichtete sie auf Abgaben ihrer Hörigen. 1238 starb der Herzog, und Hedwig konnte sich als Witwe ins Klosterleben zurückziehen, was ihr seit langem am Herzen lag. Im Zisterzienserkloster Trebnitz liegt sie begraben. Etwa zwanzig Jahre nach ihrem Tode (1243) wurde sie heilig gesprochen und als Patronin der Brautleute verehrt; ihre Reliquien werden in Andechs bewahrt. Sie genießt noch heute fast ebenso hohe Verehrung wie ihre Nichte, die heilge Elisabeth von Thüringen.

Was den Dichter Eichendorff seit »Ahnung und Gegenwart« immer wieder bewegte, sucht er in seiner Heiligenlegende noch genauer auf den Punkt zu bringen: Die ihn umgebende Gesellschaft sah er als marode, gierige Welt, der nur Verzicht und eine christliche Grundhaltung etwas entgegenzusetzen hatten. Schon in der Einleitung seiner Heiligenvita wird klar, dass Eichendorff nicht nur seine eigene Ästhetik noch einmal formuliert, sondern einen neuen Kampf begonnen hat, den gegen Materialismus und Chauvinismus.

Im Hedwigfragment entwickelte er den Unterschied zwischen Christentum und Nationalität, versuchte deutlich zu machen, wie klein und letztlich erfolglos der Nationalgedanke ist, die Einkapselung in viele kleine Staaten, und wie notwendig es wäre, fielen diese Staatsgrenzen durch die höhere Idee des vereinenden Christentums: »So geht also über der Historie aller Staaten beständig eine höhere Weltgeschichte der Menschheit … in dieser Region der Weltgeschichte gibt es keinen Unterschied der Nationen, der Stände und des Geschlechts.« Das ist im Wesentlichen ein revolutionärer Gedanke, den Eichendorff hier aufwarf, gleichwohl ein utopischer.

Um 1856 ist Eichendorff mit seinen antichauvinistischen Gedanken allerdings unpopulär. Die machtpolitische und wirtschaftliche Konkurrenz der Staaten forciert nationalistische Grundhaltungen, die im Deutsch-Dänischen Krieg (1864), Deutschen Krieg (1866) und Deutsch-Französischen Krieg (1870/71) blutig eskalieren werden. Dem schlesischen Dichter war der überbordende Chauvinismus ein Greuel. Seine Ablehnung des patriotischen Hurra-Geschreis, der verhassten »Vaterländerei«, wurde schon in früheren Kapiteln erwähnt. Schon deshalb wählte er sich eine Heilige zum Thema, die als Patronin der Schlesier von zwei Nationen verehrt wird, von Deutschen und Polen, und die bayerische Wurzeln hatte. Geschickt ist hier ein ideelles Bündnis zwischen dem Königreich Bayern, dem Königreich Preußen und dem seiner Eigenstaatlichkeit beraubten Polen geschlossen worden. Drei Länder, die sich um 1850 unverträglich gegenüberstanden.

Einen europäischen Einigungsgedanken pflegte Joseph von Eichendorff dagegen nicht, sondern den einer Einheit der Christenheit. Zum Europäer à la Stefan Zweig lässt sich Eichendorff nachträglich daher nur schwer machen, obwohl es in der jüngeren Forschung gern versucht wird; der Dichter dachte weder in nationalen noch in supranationalen Dimensionen. Aber in seiner christlichen Ideenwelt, wie auch im europäischen Gedanken unserer Tage, liegt die Grundidee, Barrieren und Grenzen fallen zu sehen und dadurch ein gleiches und freies Leben zu gewährleisten und dies für möglichst viele Menschen.

Eichendorffs Schicksal aber war es, als explizit deutscher Dichter vereinnahmt zu werden. Bereits sein Sohn Hermann, seines Zeichens preußischer Regierungsrat, wirkte an dem nationaldeutschen Strickmuster mit, indem er alle Gedichte seines Vaters unterdrückte, in denen kritische Töne allzu laut wurden, etwa das Gedicht »Familienähnlichkeit«. Der Herausgeber der ersten Historisch-kritischen Ausgabe, Wilhelm Kosch, merkte in seinem Vorwort an: »Eichendorff ist ... der deutscheste der deutschen Dichter.« Nur wenige erkannten, wie wenig das stimmte und wie abgründig seine Lyrik war (Theodor Storm). Ihn zum deutschen National-Dichter zu machen, bedeutete vor allem, dass man Eichendorffs Werke für harmonisch erklären musste, volksnah, natürlich, gemütvoll und von tiefer Wahrheit erfüllt. Dazu wurden viele Zeitlieder und manche anderen Gedichte, auch der Roman »Dichter und ihre Gesellen« und Novellen wie »Die Entführung« oder »Schloß Dürande« fast völlig aus dem kollektiven Bewusstsein gedrängt, zugunsten einer überschaubaren schmalen Reihe ›eingängiger‹ und ›sanfter‹ Poeme wie die Novellen »Aus dem Leben eines Taugenichts« und »Das Marmorbild« und vor allem Gedichte wie z. B. »Mondnacht«, »Wem Gott will rechte Gunst erweisen«, »Frische Fahrt«, »Weihnachten« und »In einem kühlen Grunde«. Kurz gesagt: Eichendorff fürs Poesiealbum! Vor allem die musikalische Rezeptionsgeschichte machte aus Eichendorff einen Dichter des Sentiments und des Naturgefühls. Und dabei blieb es bis Ende der Achtzigerjahre des 20. Jahrhunderts. Nach dem Zweiten Weltkrieg verstärkte sich seine Rezeption als deutscher National-Dichter durch das Beiwort Heimat-Dichter. Eichendorff ging sozusagen ins »schlesische Himmelreich« ein. Viele Vertriebene fanden ihrem Heimweh und ihrer Wehmut in Eichendorffs Gedichten eine Sprache gegeben; Eichendorffs verlorenes Lubowitz war für sie eins mit dem verlorenen Schlesien.

Eichendorff als Europäer, Eichendorff als Heimatdichter – beide Sichtweisen engen das Werk ein und setzen falsche Prioritäten. Dennoch: Warum sollten nicht beide Formen der Vereinnahmung bis zu einem gewissen Grade akzeptiert werden, nur weil politisch das eine oder andere gerade nicht ›korrekt‹ ist? Müßig sind solche Aufregungen ohnehin, denn es bestimmt letzten Endes doch jeder Leser selbst, was er seiner Lektüre entnimmt.

Ganz und gar unpopulär ist es und war es eigentlich seit dem vorigen Jahrhundert, den katholischen Dichter zu würdigen. Mit Religionen und Konfessionen tun sich manche Wissenschaftler und Leser schwer, die auf einem angeblich so aufgeklärten Nährboden gezogen wurden. Dabei sah Eichendorff sich selber am Ende seines Lebens, Resümee ziehend, so am liebsten.

»Es walten im Leben des Menschen seit dem Sündenfall zwei geheimnisvolle Kräfte, die beständig einander abstoßen und in entgegengesetzten Richtungen feindlich auseinandergehen … Jene strebt erhaltend nach Vereinigung mit dem göttlichen Zentrum alles Seins, sie ist die Liebe, während die andere verneinend nach den irdischen Abgründen zur Absonderung, zur Zerstörung und zum Hasse hinabführt. Der Kampf dieser beiden Grundkräfte, je nachdem im Wechsel der Zeiten die eine oder die andere die Oberhand gewinnt, bildet die Weltgeschichte, deren große Aufgabe eben der endliche Sieg der göttlichen Grundkraft ist. Durch Kunst und Philosophie des ganzen Altertums, sowie durch den träumerischen Instinkt aller wilden Völker geht rührend die unabweisbare Ahnung einer höheren Natur, das Heimweh nach einem ursprünglichen, halbvergessenen, schöneren Vaterlande, mit dem sie sich durch Opfer zu versöhnen streben; ein prophetisches Sehnen nach der Zeit der Erlösung, wo Christus erbarmend in die Welt tritt, und allen zuruft: Ich bin das Leben, der Weg und die Wahrheit« (aus: »Die Heilige Hedwig«).

Sein Werk wird es auch in Zukunft schwer haben, in seiner ganzen Spannweite wahrgenommen zu werden, denn sein Aufruf zu einem demütigeren Leben, zu Selbstbestimmung, Milde und Liebe wird in unserer Gegenwart, einer sausenden »geschäft'gen Welt«, von vielen mit müdem Lächeln quittiert werden. Liebe – welch' naive Fantasterei, ein »Taugenichts«-Traum.

Auf dem Johannesberg

Die Arbeiten an seinen Dichtungen richteten den Witwer allmählich wieder auf. Im Dezember 1855 fühlte er sich noch »bis in den Tod betrübt … als könnte ich nie wieder fröhlich sein« und sein Werk über die »politische Literatur Deutschlands« bezeichnete er als sein Schmerzensbuch, geschrieben in der schweren Trauerzeit, aber die Arbeit lenkte ihn tatsächlich etwas ab. Die Freundschaft mit Fürstbischof Förster führte zu Einladungen auf das bischöfliche Schloss Johannesberg in Jauernig (Javorník, heute Tschechien), einem Städtchen am Fuß des Reichensteiner Gebirges. Diese Aufenthalte waren Balsam für Eichendorff. Im Sommer 1856 schwärmte er: »Johannisberg ist ein prachtvoller Ort. Ein uraltes, sehr großes Schloß auf einem hohen Berg, an dessen Fuß sich das Städtchen Jauernich malerisch herumzieht. Rings um das Schlößchen ein großer sehr schöner Park mit Springbrunnen; von der einen Seite der Blick in die Felsen- und Waldschluchten des Gebirges, von der anderen eine unermeßliche Aussicht über halb Schlesien.«

Sein Tagesablauf auf Schloss Johannesberg war sehr regelmäßig. Täglich besuchte er um 7 Uhr die Messe und ging danach spazieren. Nach dem Mittag spielten die bischöflichen Besucher Billard. Ausflüge und Spaziergänge schlossen sich an. Nach dem früh eingenommenen Abendessen saß der Bischof mit seinen Gästen disputierend bei einer feinen Zigarre zusammen. Gegen 21 Uhr zogen sich alle in ihre Schlafzimmer zurück. Eichendorff erwanderte sich die Gegend um das Schloss, und einer seiner Lieblingsplätze wurde später von Heinrich Förster ›Eichendorff-Ruh‹ getauft.

Auf seinem täglichen Spaziergang bestand er auch daheim in Neisse. Er befand: »Die Gegend um Neiße ist allerdings paradiesisch und gerade auf dem schönsten Punkte mit dem Blick auf das nahe Gebirge habe ich mit den meinigen meinen Sommeraufenthalt aufgeschlagen« (1856). Bei diesen ausgedehnten Spaziergängen stützte er sich auf einen modischen schwarzen Rohrstock mit silbernem Griff. Niemals versäumte er den täglichen Besuch am Grab seiner Louise auf dem Jerusalemer Friedhof.

Im Februar 1857 schloss er die Arbeit am »Lucius« ab, seiner letzten vollendeten Dichtung. Er arbeitete weiter an seinen Memoiren und las viel Calderón. Im Sommer fand er sich wieder auf Schloss Johannesberg ein, wo er als Dichter des »Lucius« gerühmt wurde.

Die Krankheit zum Tode

Seiner Tochter war Eichendorffs Magerkeit und sein eingefallenes Aussehen nicht verborgen geblieben. Sie bemerkte seinen zunehmenden Kräfteschwund und die wachsende Anfälligkeit für Krankheiten. Tatsächlich machte dem Dichter im Herbst eine anfangs leichte Erkältung zu schaffen. Schon in Jauernig war er einmal kurzzeitig erkrankt, hatte sich

213

aber mit Fasten und Rotwein selbst kuriert. Jetzt wurde die Erkältung aber heftiger. Sie war zum akuten Ausbruch gekommen, weil er bei kaltem Herbstwetter ohne Pelzmantel ausgegangen war. Er hatte das wärmende Kleidungsstück partout nicht mehr anlegen wollen, weil er einen älteren, armen Mann in der Kirche hatte frieren sehen, während er selbst wohlverpackt dem Wort Gottes lauschte.

Therese holte den Arzt, der eine Lungenentzündung diagnostizierte. Der Kranke mochte nicht mehr in seinen Räumen allein bleiben, daher betteten ihn seine Kinder in ihre Wohnung. Er wurde schnell unendlich schwach. Therese rief den Kaplan herbei, der die Sterbesakramente spendete. Vier Tage dauerte Eichendorffs sanftes Hinüberdämmern in die andere Welt. Er hatte sich anscheinend gewünscht, am Todestag seiner Frau, dem 3. Dezember, zu sterben – er starb am 26. November 1857.

Sein Leichnam wurde im Sterbezimmer aufgebahrt. Bald war es mit Lorbeer- und Immortellenkränzen geschmückt, die ihm seine Bewunderer als letzte Gabe brachten. An einem Montagmorgen wurde der Sarg des Dichters in das Grab auf dem Jerusalemer Friedhof hinabgelassen.

Joseph von Eichendorffs Tod verlief so geräuschlos, wie fast seine ganze Lebenszeit hingegangen war. Nur in Wien gedachte man seiner feierlich. In der Kirche Maria zur Stiegen wurde ihm zu Ehren ein Requiem gesungen.

WANDERSPRUCH

Was willst auf dieser Station
So breit dich niederlassen?
Wie bald nicht bläst der Postillon,
Du mußt doch alles lassen.

Anhang

AUSGEWÄHLTE LITERATUR

Die literarischen Texte wurden vornehmlich zitiert nach: Joseph von Eichendorff. Werke in vier Bänden, München 1970.
Briefe und Tagebücher nach der Historisch-Kritischen und der Frankfurter Ausgabe seiner Werke.

Ausgaben

Tagebücher / Autobiographische Dichtungen / Historische und politische Schriften, hg. v. Hartwig Schultz 1993.
Sämtliche Werke. Historisch-kritische Ausgabe, Regensburg/Stuttgart/Tübingen 1950ff.
Sämtliche Werke, hg. v. Hermann von Eichendorff, 6 Bde., Leipzig 1864.
Werke in vier Bänden, München 1970.
Werke in sechs Bänden, hg. v. Wolfgang Frühwald u. a., Frankfurt a. M. 1993.

Zeitschriften

Aurora. Jahrbuch der Eichendorff-Gesellschaft.
Neue Berlinische Monatsschrift.
Neue Heidelberger Jahrbücher.

Biografien und übergreifende Werke

Joseph Freiherr von Eichendorff. Ausstellung zum 100. Todestag. Kurpfälzisches Museum der Stadt Heidelberg, München 1957.
Joseph von Eichendorff. Leben und Werk in Texten und Bildern, hg. v. Wolfgang Frühwald und Franz Heiduk, Frankfurt a. M. 1988.
Herman Korte: Joseph von Eichendorff, Reinbek 2000.
Robert Mülher: Lebendige Allegorie. Studien zu Eichendorffs Leben und Werk, Stuttgart 1998.
Heinz Ohff: Joseph Freiherr von Eichendorff, Berlin 1983.
Hans Pörnbacher: Joseph Freiherr von Eichendorff als Beamter, Dortmund 1964.
Günther Schiwy: Eichendorff. Der Dichter in seiner Zeit, München 2000.
Volkmar Stein: Joseph von Eichendorff. Ein Lebensbild, Würzburg 2001.
Paul Stöcklein: Joseph von Eichendorff, verm. Aufl., Reinbek 1985.
Christoph Wetzel: Joseph von Eichendorff, Salzburg 1982.

Literatur zu Einzelaspekten und dem kulturgeschichtlichen Hintergrund

Berlin zwischen 1789 und 1848. Facetten einer Epoche. Ausstellungskatalog, Berlin 1981.
Klaus Hermsdorf: Literarisches Leben in Berlin. Aufklärer und Romantiker, Berlin 1987.
Eichendorff und die Spätromantik, hg. v. Hans-Georg Pott, Paderborn/München/Wien/Zürich, 2. Aufl., 1988.
Klaus Köhnke: Hieroglyphenschrift. Untersuchungen zu Eichendorffs Erzählungen, Stuttgart 1998.
Volker Freund: Hans Pfitzners Eichendorff-Lieder. Studien zum Verhältnis von Sprache und Musik, Hamburg 1986.
Nikolaus Gussone: Friedrich von Spee und Joseph von Eichendorff, in: Oberschlesisches Jahrbuch Bd. 5, Dülmen 1989.
Joseph von Eichendorff und Westfalen, Ratingen 1990.
Philipp w. Wildmann: »Solches Gepolter in der Kriche«. Studien zu Joseph von Eichendorffs Streitschrift zum Deutschkatholizismus, Münster 2001.
Hermann Korte: Das Ende der Morgenröte. Eichendorffs bürgerliche Welt, Frankfurt a. M. 1987.

Franz Xaver Ries: Zeitkritik bei Joseph von Eichendorff, Berlin 1997
Hartmut Boockmann: Die Marienburg im 19. Jahrhundert, Frankfurt a. M. 1982.
Dieter Zimmerling: Der Deutsche Ritterorden, München 1990.
Danziger Malerei des 19. Jahrhunderts (Ausstellungskatalog), Münster 2005.

Literatur von und über Zeitgenossen

Alois Uhl, Das Sterben der Päpste, Düsseldorf 2007.
Hugo Dittlerner: Adalbert Stifter, München 2003.
Wilhelm Kosch: Louise Freiin von Eichendorff in ihren Briefen an Adalbert Stifter, Nijmwegen
    1948.
Otto Heinrich von Loeben: Gedichte, ausgewählt und herausgegeben von Raimund Pissin,
    Darmstadt, 2. Aufl., 1968.
Otto Heinrich von Loeben (Isidorus Orientalis): Guido. Roman, Mannheim 1808.
Johanna Schopenhauer: Im Wechsel der Zeiten… Jugenderinnerungen, Tagebücher, Briefe,
    Düsseldorf 2000.
Heinrich von Treitschke: Preußische Jahrbücher, Bd. 18, Berlin 1866.

Literarische Darstellungen

Irma Hildebrandt: Im Tück'schen Eichendorffschen Frieden. Gedichte, Waldkirch 1988.
Marie Louise Kaschnitz: Florens. Eichendorffs Jugend, Düsseldorf, 2. Aufl., 1985.

Eichendorff und seine Zeitgenossen im Internet

www.litlinks.it/I/loeben.htm [http://www.litlinks.it/I/loeben.htm]
www.textkritik.de/gentz_mueller [http://www.textkritik.de/gentz_mueller]
www.en.wikipedia.org/wiki/Philipp_Veit [http://www.en.wikipedia.org/wiki/
    Philipp_Veit].
www.wangen.de [http://www.wangen.de/]
www.gutenberg.spiegel.de/autoren/eichndrf.htm
    [http://www.gutenberg.spiegel.de/autoren/eichndrf.htm]
www.westpreussisches-landesmuseum.de
    [http://www.westpreussisches-landesmuseum.de/]
www.provinz-ostpreussen.de [http://www.provinz-ostpreussen.de/]
www.adalbertstifter.at [http://www.adalbertstifter.at/]
www.erzbistum-muenchen.de [http://www.erzbistum-muenchen.de/]

Museen
(Angaben ohne Gewähr)

Deutsches Eichendorff Museum
Lange Gasse 1
88239 Wangen

Eichendorff-Gesellschaft (mit Archiv und Ausstellung)
Bahnhofstraße 62
40883 Ratingen

Eichendorff-Kultur- und Begegnungszentrum Lubowitz
u. Zankowa 1–3
PL 47-417 Lubowice

PERSONENREGISTER

BILDNACHWEIS

Titelbild   Porträt Joseph Freiherr von Eichendorff, Radierung, koloriert, von Eduard Eichens.
© akg-images.

7   Schloss Lubowitz bei Ratibor, das Geburtshaus. © Eichendorff-Gesellschaft.

20/23   © Deutsches Eichendorff-Museum, Wangen.

26   Giebichstein. Nach einer Lithographie von G. Frank. Aus: Wegweiser durch Halle und seine Umgebungen. Bearbeitet von Franz Knauth, Halle 1853. Reprint: © fliegenkopfverlag, Halle 1990, S. 128.

29   © Heinrich-Heine-Institut, Düsseldorf.

41   © Deutsches Eichendorff-Museum, Wangen.

48   Jagdszene. Scherenschnitt von Bettine Brentano. Reprint: © Foto Killian, Rüdesheim.

52   © Deutsches Eichendorff-Museum, Wangen.

63   Eichendorff als Lützowscher Jäger, 1814. © Deutsches Eichendorff-Museum, Wangen.

69   © Bildarchiv Preußischer Kulturbesitz, Berlin.

77   Eichendorff, 1809. Gemälde von K. J. Raabe. © Deutsches Eichendorff-Museum, Wangen.

79   © Deutsches Eichendorff-Museum, Wangen.

89   Die Marienburg. © Deutsches Eichendorff-Museum, Wangen.

96   © Deutsches Eichendorff-Museum, Wangen.

104   Spottblatt auf den preußischen Ministerrat. Zeitgenössische Radierung.

122   Der Taugenichts spielt auf seiner Geige. Lithographie von A. Schrödter, 1842. © akg-images.

125   © Museum Hanau, Schloß Philippsruhe.

141   J. P. Hasenclever, Das Lesekabinett (Ausschnitt), 1843. © akg-images.

145   Friedrich Carl von Savigny. Bleistiftzeichnung eines unbekannten Künstlers, entstanden um 1805. © Freies Deutsches Hochstift, Frankfurter Goethe-Museum. Foto: Ursula Edelmann.

162   Porträt Joseph Freiherr von Eichendorff, Radierung, koloriert, von Eduard Eichens. © akg-images.

171   © Städel Museum, Frankfurt am Main.

179   Das Hermannsdenkmal im Teutoburger Wald. © Heinrich-Heine-Institut, Düsseldorf.

185   © Deutsches Eichendorff-Museum, Wangen.

190   Eichendorff, 1857. © Deutsches Eichendorff-Museum, Wangen.

203   Sterbehaus in Neisse. Radierung von F. Wöber. © Deutsches Eichendorff-Museum, Wangen